Nina Grunenberg

Die Wundertäter

Nina Grunenberg

Die Wundertäter

Netzwerke
der deutschen Wirtschaft
1942 bis 1966

Siedler

FSC

Mix

Produktgruppe aus vorbildlich
bewirtschafteten Wäldern und
anderen kontrollierten Herkünften

Zert.-Nr. SGS-COC-1940
www.fsc.org
© 1996 Forest Stewardship Council

Verlagsgruppe Random House FSC-DEU-0100
Das für dieses Buch verwendete FSC-zertifizierte
Papier EOS liefert Salzer, St. Pölten.

Erste Auflage

© 2006 by Siedler Verlag, München,
in der Verlagsgruppe Random House GmbH

Umschlaggestaltung: Rothfos + Gabler, Hamburg
Lektorat: Frank Fischer, Nürnberg
Satz: Ditta Ahmadi, Berlin
Druck und Bindung: GGP Media GmbH, Pößneck
Printed in Germany 2006
ISBN-10: 3-88680-765-7
ISBN-13: 978-3-88680-765-9

www.siedler-verlag.de

Für Reimar Lüst

Das Leben wird nach vorwärts gelebt,
aber nur nach rückwärts verstanden.

Kierkegaard

Inhalt

Welches »Wunder«, welche »Täter«?

Wir Deutsche lieben Wunder. Auch Bundeskanzlerin Angela Merkel macht da keine Ausnahme. In ihrem erklärten Bestreben, Deutschland in puncto Wachstum, Beschäftigung und Wohlstand binnen zehn Jahren wieder unter die ersten Drei in Europa zu führen, beruft sie sich gern auf Ludwig Erhards »soziale Marktwirtschaft«.

Die Kernsätze Erhards, so versicherte sie am 25. Januar 2006 auf dem Weltwirtschaftsforum in Davos, hätten für sie »nichts, aber auch gar nichts an Aktualität verloren«. Angela Merkel verrät ihren Zuhörern auch den Grund dafür: »Daraus entstand das, was man in Deutschland das Wirtschaftswunder nennt.« In ihrer ersten Regierungserklärung am 30. November 2005 hatte die Kanzlerin den Mitgliedern des Deutschen Bundestags eine rhetorische Frage gestellt: »Warum soll uns das, was uns früher und was uns zu Beginn dieser Bundesrepublik Deutschland, in den ersten Gründerjahren, gelungen ist, heute, in den – wie ich sage – zweiten Gründerjahren, nicht wieder gelingen?«[1]

Zweite Gründerjahre also, gar ein neues »Wirtschaftswunder«? Ludwig Erhard, der 1977 im Alter von achtzig Jahren starb, ist für die Westdeutschen noch dreißig Jahre nach seinem Tod das Symbol ihres fulminanten Wiederaufstiegs nach dem Zweiten Weltkrieg. Mit der unbekümmerten Inanspruchnahme seiner Person durch die gegenwärtige Regierung hätte er jedoch seine Schwierigkeiten gehabt. Allein das Wort »Wirtschaftswunder« bereitete ihm heftiges Unbehagen. Überhaupt war das Wirken übersinnlicher Mächte seine Sache nie, schon gar nicht in seiner unbestrittenen Domäne, der Wirtschaftswissenschaft. Er hielt sich an Tatsachen, Zahlen und Fakten.

»An Wunder aber vermag ich gerade im Bereich der Wirtschaft nicht zu glauben«, hatte der nüchterne Ökonom am 21. Juni 1948 den hungernden Deutschen in einer Rundfunkansprache zugerufen. Danach kündigte er die sofortige Auflösung von bisher geltenden Preisbindungen an, um, wie er sagte, »dem Wettbewerb und der daraus resultierenden Preissenkung Raum zu geben«.[2]

Erhards Appell kam genau zum richtigen Zeitpunkt. Am Vortag hatten die Bewohner der drei Westzonen »richtiges« Geld erhalten. Erhard ging es vor allem darum, im deutschen Volk das Vertrauen in die neue Währung, die D-Mark, zu wecken und dem Geld wieder seine eigentliche Funktion zurückzugeben. Für jeden Deutschen in den drei Westzonen waren 60 Deutsche Mark »Kopfgeld« vorgesehen, von dem am 20. Juni 40 DM ausgegeben wurden. Die Betriebe erhielten Mittel, um Löhne und Gehälter auszuzahlen. Die meisten Verbindlichkeiten wurden im Verhältnis 100 : 10 umgestellt. Ein Witzbold bei »News Chronicle« registrierte, daß in »dieser Woche die stabilste Währung in Europa zerstört wurde«: die Währung der Zigarette.

Als dann in der letzten Juniwoche 1948 der berühmte »Schaufenstereffekt« eintrat und sich die armseligen Läden plötzlich mit den erstaunlichsten, lange entbehrten Waren füllten, waren die Deutschen überwältigt. So ist es auch nicht verwunderlich, daß in diesen Tagen die ersten Zeitgenossen begannen, ein »Wunder« für diesen phänomenalen Wandel verantwortlich zu machen. Oder war es etwa kein Wunder, daß die D-Mark der »Lucky Strike« ihren Rang als Leitwährung ablief?

Selbst die unerschütterlichsten Optimisten konnten im Sommer des Jahres 1948 nicht vorhersehen, daß die skeptisch begrüßte Deutsche Mark binnen einem Jahrzehnt zur härtesten Währung in Europa aufsteigen sollte. Als es dann soweit war, sprach bereits die ganze Welt vom »deutschen Wirtschaftswunder«. Es war die erste Vokabel, die nach »Achtung« und »Blitzkrieg« den Sprung in den Fremdwortschatz der benachbarten Völker schaffte.

Der rasante Aufstieg eines zerstörten, von Hitlers Diktatur ruinierten, von der Welt geächteten (und obendrein drastisch verkleinerten) Landes zur führenden Wirtschaftsmacht des Kontinents – wie war er anders zu erklären als durch ein Wunder? Der erste Politiker, der nach 1945 öffentlich über Irrationales spekulierte, war Heinrich Pünder, der dem Wirtschaftsverwaltungsrat der britisch-amerikanischen Bizone vorsaß: »Es ist fast wie ein Wunder«,[3] staunte er Ende August 1948 über den allgemeinen Aufwärtstrend.

Merkwürdig, daß die Deutschen der »Zusammenbruchsgesellschaft« anno 1945 von »Wundern« überhaupt noch etwas hören wollten. Eigentlich hätten sie davon ein für allemal kuriert sein müssen. Nur allzugern hatten sie sich im Inferno des Krieges am Mythos der »Wunderwaffen« aufgerichtet. Ihr baldiger Einsatz, von Propagandaminister Joseph Goebbels unermüdlich angekündigt, sollte den »Endsieg« bringen. Daß die »Wunderwaffen«, wie fast alles in den zwölf Jahren der Nazidiktatur, nur fauler Zauber waren, begriff die Mehrheit der Zeitgenossen erst hinterher.

Mit »Wundern« scheint es in der deutschen Geschichte eine besondere Bewandtnis zu haben. Das »Mirakel des Hauses Brandenburg«, der plötzliche Tod der Zarin Elisabeth Anfang Januar 1762, bewahrte Friedrich den Großen vor der Niederlage im Siebenjährigen Krieg und dem für diesen Fall geplanten Selbstmord. Ganz ähnlich hoffte auch der in seinem Bunker vor sich hin phantasierende Hitler bei der Nachricht vom Tode Roosevelts auf ein Mirakel in eigener Sache.

In der Serie der »braunen« Wunder stand an erster Stelle Albert Speers vermeintliches »Rüstungswunder«, der explosionsartige Anstieg der Kriegsproduktion. »Wir müssen nur noch ein Jahr durchstehen«, sagte er im Januar 1945, »dann haben wir den Krieg gewonnen.«[4] Noch in den Verhören durch die Amerikaner zeigte sich Speer von sich selbst beeindruckt, als er auf seine Erfolge verwies.

Aber auch ein »Wirtschaftswunder« hatte es bei den Nazis schon einmal gegeben. 1936 erschien im Amsterdamer Querido-

Verlag ein Buch des emigrierten Redakteurs des »Berliner Tageblatts« Hans Erich Priester. Es trug den Titel »Das deutsche Wirtschaftswunder«. Der Autor beschrieb darin die Wirtschafts- und Finanzpolitik des »Dritten Reiches« und ihren offensichtlichen Erfolg: Die Arbeitslosen verschwanden von der Straße. Nur wenige sahen damals, daß die deutsche Wirtschaft ihren Aufschwung ganz wesentlich dem Aufschwung in den USA dankte.

Auch die größten Wunder haben in der Regel natürliche Ursachen. Wunder gibt es nicht, bestätigen denn auch die Ökonomen und weisen mühelos nach, daß der Aufstieg Nachkriegsdeutschlands dem Zusammentreffen richtiger Entscheidungen, günstiger Umstände und glücklicher Fügungen zu verdanken sei.

Aber wer traf diese Entscheidungen? Wer sorgte für diese außergewöhnliche deutsche *success story*, die selbst kühlen Beobachtern im In- und Ausland fast einhellig wie ein »Wunder« vorkam? Bundeskanzler Konrad Adenauer und Wirtschaftsminister Ludwig Erhard stellten die entscheidenden Weichen und profitierten politisch vom ökonomischen Aufschwung. Aber am Schwungrad der deutschen Wirtschaft standen sie nicht. Die Bundesrepublik Deutschland glich, so formulierte einmal der bekannte Historiker Werner Abelshauser, »lange einer erfolgreichen Wirtschaft auf der Suche nach ihrem politischen Daseinszweck«.[5]

Die Wundertäter – wer waren sie? Wer kennt diejenigen, die in den Unternehmen Verantwortung trugen, Erhards marktwirtschaftliches Konzept umsetzten und die gigantische Industrieruine, die von Hitlers Vernichtungskrieg übriggeblieben war, zu neuem Leben erweckten? Wie dachten sie, wie tickten sie, was gab ihnen Zuversicht, trieb sie an? Gerade weil diese Fragen so naheliegen, ist es erstaunlich, daß sie bisher so gut wie gar nicht gestellt, geschweige denn in einem größeren Zusammenhang beantwortet wurden. »5000 Zeithistoriker in Deutschland – und keiner, der sie mal gefragt hätte, als sie noch lebten«,[6] empörte sich Joachim Fest mit Recht.

Nach wie vor tauchen die Namen der tatsächlichen Macher des »Wirtschaftswunders« in den voluminösen Geschichtswerken der Historikerzunft bestenfalls am Rande auf. Ihr Wirken wird stiefmütterlich behandelt. Offensichtlich nehmen sie auf der Prioritätenliste der westdeutschen Historiker keine vorderen Plätze ein, was bis in die späten 1960er Jahre hinein auch mit ihrer tiefen Verstrickung in den nationalsozialistischen Sumpf zu tun hatte. Der Blick über die imaginäre »Stunde Null« hinweg in die Abgründe der Vergangenheit wurde nach Möglichkeit vermieden, von den Historikern, aber vor allem von den Protagonisten selbst, die ihre Spuren in den Führungsetagen des »Dritten Reiches« mehr oder minder absichtsvoll verwischten.

Bis auf wenige Ausnahmen leben die Männer, die hinter dem »Wunder« standen, heute nicht mehr. Da ihre Generation zeitlebens großen Wert auf Verschwiegenheit und Diskretion legte, überrascht es nicht, daß sie in eigener Sache wenig Schriftliches hinterließen. »Nur nichts Geschriebenes«, hieß es in ihren Kreisen, und wenn doch, dann »nichts Unterschriebenes«. Was sie sich zu sagen hatten, erledigten sie unter vier Augen. Geordnete Nachlässe mit Gedanken und Erinnerungen, mit Zeugnissen über die privaten, gesellschaftlichen, gar politischen Motivationen ihres Handelns sind sehr selten. Dafür wimmelt es in den Archiven der Unternehmen von Jagdeinladungen und tiefempfundenen Dankschreiben für viele »schöne Hirschbrunfterlebnisse«. In den Memoiren, die einige von ihnen schrieben oder schreiben ließen, fällt vor allem eines auf: Das Jahr 1945 spielte darin kaum eine Rolle. Darüber sprach man entweder nicht oder erst viel später, dann aber merkwürdig verquer. Bei einem Herrenabend zu Ehren von Hans-Günther Sohl würdigte der CDU-Politiker Kurt Birrenbach 1965 Sohls Einsatz während der Kriegsjahre und sagte dann: »Die Zeit von 1945 bis 1948 sollten wir aus bitterer Erinnerung außer acht lassen. Sie haben, lieber Herr Sohl, kein Ressentiment gehabt – la guerre c'est la guerre –, man muß in die Zukunft blicken, und dieses haben Sie getan.«[7] Sohl symbolisierte fünfundzwanzig Jahre Thyssen: Als er im Unternehmen anfing, war es Teil der Vereinigten Stahlwerke, 1945 bis 1953 bestand das Unternehmen aus seiner Person. 1953 wurde die August-Thyssen-Hütte (ATH) neugegründet. So wie der Name Sohl für

Thyssen stand, so repräsentierten Hermann J. Abs die Deutsche Bank, Wilhelm Zangen Mannesmann oder Karl Winnacker die Hoechst AG.

Die Wirtschaftsführer, die Westdeutschland aus den Trümmern des Nationalsozialismus aufbauten, waren Männer, die es in sich hatten: farbige, knorrige Figuren, kein glattes Holz, jeder auf seine Weise unverwechselbar. Der Begriff »Manager« war ihnen fremd.

Über einen Kamm zu scheren sind sie nicht, was dem Versuch einer »Kollektivbiographie« – das Wort ist ein Widerspruch in sich – natürliche Grenzen zieht. Doch es gibt Gemeinsamkeiten. Die Wundertäter waren ausnahmslos im Deutschen Kaiserreich zur Welt gekommen, die meisten zwischen 1880 und 1910. Allesamt waren sie fest in der vermeintlichen Sekurität des wilhelminischen Deutschland verwurzelt. Danach allerdings wurde ihnen – mit dem Ersten Weltkrieg, Weimar, Hitler und dem Zweiten Weltkrieg – ein Pensum auferlegt wie keiner anderen Generation.

Mit der gedanklichen Verarbeitung des Geschehenen wären sie wohl selbst dann nur schwer hinterhergekommen, wenn sie nichts anderes zu tun gehabt hätten. Sie dachten meist patriarchalisch, ständestaatlich, antikommunistisch; politisch waren sie rechts bis rechts außen angesiedelt. Den Nationalsozialismus hatten die meisten von ihnen anfangs begrüßt. Autoritäre Herrschaftsstrukturen befürworteten sie nicht nur, weil sie hofften, damit wieder an Deutschlands ehemalige Größe anknüpfen zu können – sie versprachen sich davon vor allem gute Geschäfte. Nur die allerwenigsten, wie der Gründersohn Fritz Thyssen, der mit Hitler brach und 1939 emigrierte, fanden im Laufe der Jahre die Kraft, sich innerlich und äußerlich konsequent vom Nazi-Regime loszusagen.

Hinterher hakten sie die zwölf Hitlerjahre ungerührt als »accident de parcours« ab und machten weiter, sobald ihre »Entnazifizierung« abgeschlossen war und die Alliierten grünes Licht gaben. Ihr geistiger Bezugspunkt war und blieb die Vorkriegszeit.

Was die deutsche Wirtschaft produziert hatte, war Weltstandard gewesen. Zumindest ihr Können und ihre Erfahrung konnte ihnen niemand absprechen, auch die Sieger nicht, die im Gegenteil schon bald auf sie angewiesen waren. Das war Balsam für ihr lädiertes Selbstbewußtsein. Daß sie keineswegs aus dem Nichts kamen, sondern durch die Bank Männer mit Vergangenheit waren, machte sie erfolgreich, unentbehrlich – und anfechtbar zugleich. Es war eben nicht das erste Mal, daß sie Deutschland einen Aufschwung bescherten, und auch nicht das erste Mal, daß sie Karriere machten. Wie im Fall des 1901 geborenen Bankiers Hermann Josef Abs, den der »Spiegel« 1958 als »Erzengel des bundesrepublikanischen Großkapitals«[8] porträtierte, lag oft nicht einmal ein Bruch, allenfalls eine kurze Pause, zwischen der Karriere vor und der nach 1945. Deutlich länger und unbequemer gestaltete sich die Unterbrechung nur für Alfried Krupp von Bohlen und Halbach, Jahrgang 1907, in Nürnberg zu 12 Jahren Gefängnis verurteilt, und für Friedrich Flick, Jahrgang 1883, der in Nürnberg zu sieben Jahren verurteilt wurde. Während der Krupp-Erbe, 1951 vorzeitig entlassen, als müder Mann zurückkehrte, reichten die Kräfte des berüchtigten Konzernschmieds Flick, der schon von Hitlers Krieg ordentlich profitiert hatte, aus, um danach noch einmal zum reichsten Mann des Landes aufzusteigen.

Daß mit einer politisch so diskreditierten Mannschaft in völlig verfahrener Lage eine florierende Wirtschaft und ein prosperierender Staat aufgebaut werden konnte, mit einem Staatsvolk, das die ihm von den westlichen Siegern eingeräumte Chance zur Demokratisierung dankbar nutzte: Das darf man als eigentliches Wunder betrachten.

Aber es war wie ein Fluch. Wohin auch immer die Wundertäter der frühen Jahre kamen, welche Geschäfte sie abschlossen, welche Gewinne sie einfuhren, nach der Vertragsunterzeichnung, »bei der dritten Flasche Champagner«, so Eberhard von Brauchitsch, »konnte auch schon einmal die Frage auftauchen: ›Was haben Sie eigentlich im Krieg gemacht?‹ Diese Frage war Teil des Schicksals meiner Generation.«[9]

Die »Langen Fünfziger«,[10] die sich im Kalender der Historikerzunft vom Ende der vierziger bis in die Mitte der sechziger Jahre hineinziehen – sie sind heute wieder populär. Aufwendige Titelgeschichten und Fernsehdokumentationen erzählen uns »Wie wir wurden, was wir sind«. Vergangen und vergessen die Zeit, als den Deutschen ihr erstes Nachkriegsjahrzehnt noch peinlich war, ihnen als Inbegriff kleinbürgerlicher Enge und miefigen Spießertums vorkam. Hans Magnus Enzensberger machte aus seiner Verachtung keinen Hehl: »Was habe ich hier zu suchen, in dieser Schlachtschüssel, diesem Schlaraffenland, wo es aufwärts geht, aber nicht vorwärts« (Landessprache, 1960).

Heute werden diese Fünfziger als gute alte Zeit verklärt. Wer wollte nicht, daß es mit Deutschland wieder aufwärts geht? Es muß ja nicht gleich wieder ein Schlaraffenland sein. Viele wären schon mit einem sicheren Arbeitsplatz zufrieden. Die Massenarbeitslosigkeit, das Grundübel der gegenwärtigen Gesellschaft, hat sich allen vollmundigen Versprechungen des letzten sozialdemokratischen Bundeskanzlers und seiner amtierenden christdemokratischen Nachfolgerin zum Trotz festgefressen. Eine Wende zum Besseren scheint nicht in Sicht. Die Vollbeschäftigung der Adenauer-Ära – muß sie den um ihren Lebensunterhalt bangenden Deutschen nicht als ferne Glücksverheißung erscheinen?

Die Wundertäter von damals – sie spielen bei all der Nostalgie kaum eine Rolle. Dabei war es hauptsächlich ihrer Energie zu verdanken, daß gut sechzig Millionen Westdeutsche zwanzig Jahre nach dem Krieg nicht nur wohlhabend, sondern vor der Weltöffentlichkeit in einem Maße rehabilitiert waren, wie es 1945 niemand mehr für möglich gehalten hätte.

Über die Aufbaujahre der deutschen Wirtschaft kann man nicht reden, ohne an die Persönlichkeiten zu erinnern, die das Wirtschaftswunder verkörperten. Der Kreis der wirklich Einflußreichen war klein. Er umfaßte je nach Definition ein Dutzend, allenfalls zwanzig Akteure. Im Jahre 1962, als die Wundertäter im Zenit ihrer zweiten Karriere standen und das abermalige »deutsche Wirtschaftswunder« schon wieder zu Ende ging, bilanzierte Ralf Dahrendorf, damals noch Soziologieprofessor in Tübingen: »Die unbekannteste Führungsgruppe der deutschen Gesellschaft der Bundesrepublik ist die, die ihr zugleich mindestens äußerlich das Gepräge gibt: die wirtschaftliche Oberschicht, die als Schöpfer und Nutznießer des Wirtschaftswunders die neue Gesellschaft vor allem kennzeichnet.«[11]

Die Wirtschafts- und Finanzgewaltigen der bundesdeutschen Gründerzeit, von A wie Abs bis Z wie Zangen, sind inzwischen fast alle verstorben und vergessen, und das, obwohl sie ein staunenswertes Stück Zeitgeschichte mitschrieben und sich darauf viel zugute hielten. Wer kann heute noch etwas mit Namen wie Heinrich Kost, Carl Wurster, Ulrich Haberland, Heinrich Nordhoff oder Willy H. Schlieker anfangen?

Daß das Lebenswerk dieser Wundertäter gerade eine späte, unvermutete und unreflektierte Renaissance erlebt und von Politikern aller Couleur in seltener Einhelligkeit, wenn auch höchst verschwommen, gepriesen wird, ist nur ein Grund mehr, sich der historischen Gestalten zu erinnern, ohne die der Wiederaufbau und das »Wirtschaftswunder« nun einmal nicht zu haben waren – im guten wie im schlechten. Ein Rezept für die Lösung der heutigen Krise ist daraus nicht abzulesen. Eines jedoch darf man aus dieser Geschichte lernen: Auch Wunder müssen gemacht werden.

Speers »Kindergarten« und die deutsche Kriegswirtschaft (1942 bis 1945)

A m Samstag, dem 24. Juni 1944, veranstaltete Albert Speer, der Reichsminister für Rüstung und Kriegsproduktion, im oberösterreichischen Linz eine Heerschau seines eigenen Herrschaftsbereichs. Ihm lag daran zu beweisen, daß er nach seinem zeitweiligen politischen »Absturz« aus der Gnade des Führers und einer schweren Krankheit wieder auf der Höhe war. In dem beschaulichen Donaustädtchen versammelte er die Paladine der Rüstungsindustrie, Ausschußvorsitzende und eigene Mitarbeiter, insgesamt etwa 150 Personen. Um die gedrückte Stimmung der Versammlung zu heben, verbreitete Speer ungeniert »Phantastereien« über die Zukunft, sprach von weiteren Rüstungssteigerungen in den nächsten Monaten und zeigte sich überzeugt, daß in den Betrieben noch immer Reserven bis zu 30 Prozent steckten.[12]

Als er sich nach dem Krieg daran erinnerte, erschrak er über die »fast grotesk wirkende Tollkühnheit, ernsthaften Männern den Gedanken einzureden, daß immer noch eine äußerste Anstrengung den Erfolg bringen könne«.[13]

Der verzweifelte Zweckoptimismus des Ministers täuschte niemanden über den Ernst der Lage hinweg. Am 6. Juni 1944, dem »längsten Tag« des Krieges, waren die Alliierten in der Normandie gelandet und hatten die zweite Front eröffnet, die Stalin immer wieder angemahnt hatte. Vierzehn Tage später begann die Rote Armee mit dreifacher Überlegenheit eine Offensive, die zehn Monate später mit der Einnahme Berlins endete. Seit Mai 1944 bombardierte die US Air Force die deutsche Treibstoffindustrie nicht nur nachts, sondern auch tagsüber. Der auf Hochtouren laufenden deutschen Kriegsmaschine drohte das Öl auszugehen.

Die in der ersten Reihe Sitzenden Alfried Krupp von Bohlen und Halbach und SS-Oberführer Hans Kehrl, Speers Chef des Rohstoff- und Planungsamtes, auch als »Manager der Großraumwirtschaft« in die Annalen des »Dritten Reichs« eingegangen, versicherten sich sechs Jahre später während ihrer Haft in Landsberg, daß ihnen zu diesem Zeitpunkt bereits der Glaube an einen »erträglichen« Kriegsausgang abhanden gekommen war. Kaum anzunehmen, daß die Mehrzahl der Anwesenden anderer Ansicht gewesen wäre.

Eine Gästeliste der Linzer Tagung ist nicht aufzufinden, aber Speers engste persönliche Mitarbeiter waren mit großer Wahrscheinlichkeit mit von der Partie. Zum Beispiel der junge Willy H. Schlieker, Jahrgang 1914, der später in der Bundesrepublik als Werftbesitzer Schlagzeilen machte. Wegen seiner hemdsärmligen Umgangsformen war er bei der älteren Generation der Wirtschaftsführer als »Rotzlöffel« verschrien. Aber er war wichtig. Die Zuteilung und Kontrolle der Rohstoffe in der Eisen- und Stahlindustrie lagen in seiner Hand. Oder Ernst Wolf Mommsen: Der gelernte Jurist war der Verbindungsmann der Reichsgruppe Industrie zum Rüstungsministerium und ein Vertrauter des Ministers. Mommsen stellte 1963 den schwarzen Mercedes zur Verfügung, mit dem Speer vom Spandauer Gefängnis abgeholt wurde. In der Bundesrepublik brachte es Mommsen in der Wirtschaft noch bis zum Krupp-Chef und krönte seine Karriere als Staatssekretär im Verteidigungsministerium. Zu Speers Entourage gehörte auch Theo Hupfauer, Jahrgang 1901, ein SS-Spitzenfunktionär, der im letzten Kriegsjahr Speers Amtschef war und den Hitler in seinem politischen Testament zum Arbeitsminister ernannte. Nach dem Krieg tauchte er in die bürgerliche Unauffälligkeit ab und betrieb in München ein Im- und Exportgeschäft. Die Alliierten erkannten nie, welche vergleichsweise bedeutende Position er innegehabt hatte. Mit dabei war auch der Ingenieur Paul Pleiger, der sich mit Görings Hilfe zum Herrn über den größten NS-Staatskonzern, die »Reichswerke Hermann Göring«, aufschwang – ein Prolet, den selbst die »Ruhrbarone«, denen er in die Quere kam, furchterregend fanden.[14] Er war einer der wenigen, die nach dem Krieg politisch nicht überlebten. Der spezielle Moralkodex der westdeutschen Industrie-Eliten zog nach 1945 »sehr feine Linien zwischen die Kollegen, die akzeptabel, gerade noch akzeptabel und nicht mehr akzeptabel waren«.[15]

In seinem Bericht über die Tagung nannte der »Völkische Beobachter« vier Personen, die Speer mit Kriegsverdienstkreuzen auszeichnete, darunter Dr. Ing. Fritz Lüschen, Leiter des Hauptausschusses Elektrotechnik, ein Pionier der Nachrichtentechnik und stellvertretender Vorstandsvorsitzender von Siemens & Halske. Im Juni 1945 nahm er sich in Berlin das Leben.

Nach der Sitzung lud Speer seine Gäste zu einem Konzert in die Stiftskirche Sankt Florian ein. Die Vierte Sinfonie von Bruckner und ein nächtlicher Imbiß bei Kerzenschein im Marmorsaal des Stifts habe sie für kurze Zeit in eine schönere Welt versetzt, erinnerte sich Hans Kehrl.

Höhepunkt der Tagung sollte eine Audienz bei Hitler auf dem Obersalzberg sein. Daran war Speer vor allem gelegen. Er selber brauchte ein sichtbares Zeichen des Rückhalts. Auch den Managern, die zunehmend von Parteistellen kritisiert wurden, wollte er einen Vertrauensbeweis des Führers verschaffen. Mit Autobussen wurden sie zum Platterhof gefahren, dem Hotel für die Gäste des Führers, der Kaffeesaal diente als Auditorium.

Die Erwartungen waren hochgeschraubt, doch der Auftritt Hitlers war eine Katastrophe und endete mit einem Eklat. »Es sah beinahe so aus, als ob Speer ihn wie eine Puppe aufs Podium schieben mußte.« Der Führer wirkte seltsam abwesend, verlor immer wieder den Faden und ließ zur Enttäuschung seiner Zuhörer »nichts von der militärischen Lage, nichts von den Luftangriffen, nichts von womöglichen Wunderwaffen, nichts von der Lage in den besetzten Gebieten« verlauten. Statt dessen erschreckte er sie mit einer Kostprobe seines radikalen Zynismus und malte ihnen die Zukunft »wenn der Krieg verlorenginge« in düstersten Farben aus: »... meine Herren, dann brauchen Sie keine Umstellung (auf Friedenswirtschaft) vorzunehmen. Dann bleibt nur, daß

Adolf Hitler bei einem Treffen von Wirtschaftsführern
auf dem Obersalzberg am 26. Juni 1944; am Rednerpult:
Albert Speer.

jeder einzelne sich seine private Umstellung vom Diesseits zum
Jenseits überlegt: ob er das persönlich machen will oder ob er sich
aufhängen lassen will oder ob er verhungern will oder in Sibirien
arbeiten will – das sind die einzigen Überlegungen, die dann der
einzelne zu machen braucht.«[16] Vielleicht lag es an den betrete-
nen Mienen seines Publikums oder an seinem chronischen Er-
schöpfungszustand, daß Hitler sich danach nie wieder zu einer
Ansprache vor größerem Publikum aufraffte.

Die Industriellen waren zutiefst erschrocken. Schließlich
hatte der Führer und Reichskanzler höchstpersönlich das Ende
seiner Herrschaft mit ihrem eigenen Untergang gleichgesetzt. Offenbar war er nicht mehr Herr seiner selbst, mutmaßte Hans
Kehrl. War er denn noch regierungsfähig? Im Bus »drehten sich
alle unsere Gespräche eigentlich nur darum: ›Warum hat uns das
nie jemand gesagt?‹«[17] Auch Speer, der sich einen Motivations-

schub erhofft hatte, war erschüttert: »Wir alle waren wie vor den Kopf geschlagen.«

Seit er zwei Jahre zuvor das Ministerium für Bewaffnung und Munition in Berlin, Pariser Platz 4, übernommen hatte, scheinen Momente der Besinnung bei ihm und seinen Mitarbeitern eher selten gewesen zu sein. Bei seiner Ernennung war er 37 Jahre alt und »außer sich vor Freude«[18] über die Größe der Aufgabe. Sie war eine unwiderstehliche Herausforderung für ihn, erzählte seine Sekretärin nach dem Krieg – »er triumphierte. Die Welt gehörte ihm.«

Im Dezember 1941 waren die schlecht ausgerüsteten deutschen Truppen vor Moskau im Schnee steckengeblieben. Im früh einsetzenden russischen Winter mußte die deutsche Wehrmacht ihren ersten schweren Rückschlag hinnehmen und das Gesetz des Handelns der Gegenseite überlassen.

Speer, der seine Karriere bislang als der Lieblingsarchitekt Hitlers gemacht hatte, verstand von Rüstung wenig – aber der Führer hatte ein Faible für Dilettanten. Entscheidend war für ihn Speers großes Organisationstalent. Mit seiner Hilfe hoffte Hitler, dem Zuständigkeitschaos in der Kriegswirtschaft ein Ende machen und die kriegsentscheidende Wende herbeizwingen zu können.

Es war nicht so, als hätte Speer das wohlbegründete Urteil seines Vorgängers Fritz Todt vergessen: Der hatte den Krieg für aussichtslos erklärt. Aber Speers Ehrgeiz verdrängte alle Bedenken. Mit Feuereifer und einem Führerbefehl im Rücken fing er an, die Rüstungsproduktion von seinem Schreibtisch aus zu koordinieren und sie der riesigen Heeresbürokratie zu entziehen. Als Mitarbeiter brauchte er Leute mit starken Nerven und kräftigem Biß. Amtschefs, die älter als 55 Jahre alt waren, hielt er auf Distanz. In diesem Alter herrschten, fand Speer, »Routine und Anmaßung« vor. War kein geeigneter Ersatz zur Stelle, sollten wenigstens die Stellvertreter nicht älter als vierzig Jahre alt sein. So kam es, daß in seinem relativ kleinen Ministerium – bis Kriegsende arbeiteten dort nicht mehr als 220 Beamte – jugendliche Gesichter das Bild bestimmten, ebenso in dem riesigen Heer von über zehntausend Managern und Technikern aus allen Bereichen der Industrie, die Speers Direktiven in den Rüstungsbetrieben umsetzen sollten.

Hitler selbst prägte für diesen »Jugendstil« des Rüstungsministeriums das Wort von »Speers Kindergarten«. 6000 hochmotivierte Jungmanager, allesamt deutlich jünger als fünfzig, hatten am Ende für den »Endsieg« gearbeitet. Mit ihnen beginnt die Personalgeschichte des »Wirtschaftswunders« der fünfziger Jahre. Sie waren auf die Härten der Nachkriegswirtschaft bestens vorbereitet – darunter einflußreiche Unternehmenschefs wie VW-Chef Heinrich Nordhoff und Thyssen-Chef Hans-Günther Sohl, umtriebige Handelsherren wie Josef Neckermann und ehrgeizige Technikpioniere wie Ernst Heinkel, aber auch Professoren – zum Beispiel der Statistiker Wolf Wagenführ, der für die einheitliche Grundlage der Rohstoffbilanzen sorgte. Nach dem Krieg setzte er seine Karriere erst bei der Gewerkschaft und später als Leiter der statistischen Abteilung der Montanindustrie in Luxemburg fort und beschloß sie als Professor in Heidelberg. Oder Karl-Maria Hettlage, ein Finanzwissenschaftler, der während des Krieges Leiter der Finanz- und Wirtschaftsabteilung bei Speer war und danach Finanzberater von Bundeskanzler Konrad Adenauer. Als Staatssekretär war er der maßgebende Mann im Bundesfinanzministerium.

Speers »Buben«, wie die Riege der Dreißig- bis Vierzigjährigen spöttisch genannt wurde, waren in erster Linie tüchtige Techniker und fähige Ingenieure. Nicht wenige von ihnen hatten in den frühen dreißiger Jahren erlebt, was es heißt, arbeitslos zu sein. Sie waren loyale und oft überzeugte Nationalsozialisten, die ihren Weg erst mit Kriegsbeginn in der Rüstungswirtschaft gemacht hatten und sich mit ganzer Kraft in den Dienst der Hitlerschen Kriegsziele stellten. Der Köder, mit dem sie für das Regime gewonnen wurden, war die magische Formel der Nazis: Arbeit, Arbeit, Arbeit. Die Nazis hatten den jungen, noch »formbaren« Männern Rückenwind gegeben, interpretierte Albert Speer. Ihre berufliche Zukunft schien gesichert. Die Glorifizierung der Technik durch die Nazis konnte sie in dieser Überzeugung nur bestärken.

Generell galt die Faustregel: Geisteswissenschaftler mit welt-anschaulichen Bedürfnissen heuerten eher bei Gestapochef Hein-rich Himmler im Reichssicherheitshauptamt an, während Inge-nieure mit ihrem Sinn für das Machbare und Praktische den Weg ins Speer-Ministerium suchten. Aber das wäre ein eigenes Kapitel.

Sie alle hätten der Denkschrift, die ihr Chef am 20. Septem-ber 1944 an Hitler sandte, ohne Abstriche zustimmen können: »Die Aufgabe, die ich habe, ist eine unpolitische. Ich habe mich so lange in meiner Arbeit sehr wohl gefühlt, als meine Person und auch meine Arbeit nur nach der fachlichen Leistung gewertet wurden.«[19] Die meisten von ihnen behaupteten, zumal in der Rückschau, Politik nur als »komischen Lärm im Hintergrund« wahrgenommen zu haben, wie der Flugzeugkonstrukteur Ernst Heinkel in seinen Erinnerungen schrieb. Das klingt wie eine pseudonaive Strategie der Selbstentlastung.

Was sie dagegen sehr wohl wahrnahmen, waren die Adrena-linstöße, die ihnen das »System Speer« in regelmäßigen Abstän-den versetzte. Sie waren der Macht nahe, standen im Mittelpunkt des Nazikosmos und wurden mit Herausforderungen konfron-tiert, die ein Engagement mit Leib und Seele verlangten. Ob sie nun die Kontingentierung der Rohstoffe flexibilisierten, ob sie Millionen Tonnen von Eisen und Stahl, die Hauptwährung des Krieges, von einer Ecke des »Großgermanischen Reiches« in die andere verschoben, ob sie binnen Minuten über den Einsatz von Tausenden von Fremdarbeitern entschieden – in ihren kurzen schnellen Karrieren wurden sie für alles trainiert, was ihnen auch beim Wiederaufbau von Nutzen sein konnte: das Planen in gro-ßen Dimensionen, ein drakonischer Managementstil, der Hinder-nisse mit Phantasie und Brutalität überwandt, und der unbeküm-merte Umgang mit beträchtlichen Risiken. Allerdings brauchten sie sich von juristischen Problemen auch nicht anfechten zu las-sen. Nebenbei knüpften sie Beziehungen, die auch nach dem Zu-sammenbruch tragfähig blieben. Nur eines lernten sie nicht: Von Finanzen hatten »Speers Buben« wenig Ahnung – ein Defizit, das sich in den spektakulären Pleiten manifestierte, die manch einer von ihnen im Wirtschaftswunder erlebte. Geld spielte bei Speer keine Rolle. Seine Leute durften drauflos wirtschaften, nur das Ergebnis zählte.

Das Prinzip größtmöglicher Effizienz war auch bei der rigorosen Umstrukturierung und Zusammenfassung der Rüstungsproduktion Speers Mantra. Ausgerechnet von Walther Rathenau, dem jüdischen Wirtschaftsorganisator des Ersten Weltkrieges, borgte er sich das Zauberwort von der »Selbstverantwortung der Industrie«. Mit ihm machte er den Managern die von seinem Vorgänger Todt geschaffenen Hauptausschüsse – für Panzerbau, Munition, Waffen, allgemeines Wehrmachtsgerät, Maschinen und so fort – schmackhaft, die er zielstrebig erweiterte. Die Ausschüsse flankierte er durch ein System von »Ringen«, die auch die Zulieferproduktion einschlossen. Speers »Buben« stand damit eine Spielwiese offen, auf der sie ihrem unternehmerischen Elan freien Lauf lassen konnten.

Was die nackten Zahlen anging, schien der Erfolg Speer recht zu geben. Der Ausstoß der gesamten deutschen Rüstungsproduktion schnellte von Anfang 1942 bis Mitte 1944 auf das Dreifache hoch. Der absolute Höhepunkt – allen alliierten Luftangriffen zum Trotz – wurde Ende August 1944 erreicht. Durch die endlosen Niederlagen und Rückzüge an allen Fronten, die dem Untergang der Sechsten Armee in Stalingrad folgten und die Wende des Krieges anzeigten, gingen der Wehrmacht jedoch tagtäglich gewaltige Mengen an Panzern, Waffen und Kriegsgerät aller Art verloren. Im Jahr 1943 fertigten die deutschen Rüstungsbetriebe rund 25 000 Flugzeuge, 11 000 Panzer und 100 000 Geschütze – die USA, die Sowjetunion und England zusammen brachten es dagegen auf rund 146 000 Flugzeuge, 70 000 Panzer und 600 000 Geschütze, Tendenz steigend. Viele der alliierten Fabrikate, etwa der russische Panzer vom Typ T-34 oder die Bomber und Begleitjäger der Briten und Amerikaner, waren den deutschen Typen auch qualitativ überlegen.

1944 gelang es Speer noch einmal, die deutsche Rüstungsmaschinerie zu einer nicht mehr für möglich gehaltenen Höchstleistung hochzupuschen. Selbst wenn man Speers notorische Schönfärbereien einkalkuliert, lagen die Produktionsziffern weit über den Vergleichszahlen von 1940 bis 1943. Im vorletzten Kriegsjahr liefen in Deutschland sage und schreibe 27 000 Panzer und fast 40 000 Flugzeuge aus den Fabrikhallen. Die Steinkohleförderung bewegte sich noch immer gut zehn Prozent über dem Vorkriegsniveau, und die Treibstofferzeugung übertraf im ersten Quartal 1944 sogar die hochgesteckten Erwartungen der dynamischen Rüstungsplaner in Speers Ministerium.

In der Stahlherstellung konnten die Kapazitäten bis Oktober 1944 zu fast einhundert Prozent ausgereizt werden, wie Speers Panzerfachmann Walter Rohland, genannt »Panzer-Rohland«, stolz vermeldete. Der promovierte Eisenhüttenfachmann, Jahrgang 1898, war im November 1943 zum Vorstandsvorsitzenden der 1926 gegründeten Vereinigten Stahlwerke (VSt), Europas größtem Stahlerzeuger, aufgestiegen. Neben dem »Arbeitsausschuß Panzerfertigung« unterstand ihm auch die Abteilung Eisen und Stahl im sogenannten Ruhrstab des Ministeriums. Rohland war durchaus repräsentativ für die neue Generation, die mit Speer auch an der Ruhr, dem industriellen Herzen Deutschlands, ans Ruder kam und sich an den schwindelerregenden Produktionssteigerungen regelrecht berauschen konnte. Am 19. Dezember 1944 hatte er in einem Vortrag in der Gesamtvorstandssitzung der Vereinigten Stahlwerke (VSt) sogar Goethes »Faust« ins Feld geführt, um seinen verzagenden Kollegen neuen Elan einzuflößen: »Ja, und fändet ihr, was gestern ihr gebaut, schon wieder eingestürzt, Ameisen gleich nur frisch die Trümmer aufgeräumt! Und neuen Plan ersonnen, Mittel neu erdacht.« Der effiziente Technokrat durfte für seine Leistungen das Ritterkreuz zum Kriegsverdienstkreuz entgegennehmen – was Werner Höfer, den Journalisten und späteren Fernsehmann zu einer schmetternden Laudatio in Goebbels' Wochenzeitung »Das Reich« inspirierte.

»Es war wie ein Wunder«, bemerkte Hans Kehrl staunend:

»Trotz der Verschärfung des Luftkrieges und unserer zunehmenden Hilflosigkeit gegenüber diesen Angriffen stieg die Produktion auf allen Gebieten.«[20] Mit dem Jahresausstoß an Kriegsmaterial hätten sich 1944 laut Speer 225 Infanteriedivisionen neu aufstellen lassen – wenn es die Leute dafür denn noch gegeben hätte.

Der Preis für diesen Kraftakt, der auch den Alliierten in Anbetracht ihrer vernichtenden Bombardements wie ein »deutsches Rüstungswunder« vorkam, war immens. »Tatsächlich waren die Produktionsleistungen beeindruckend, aber im Wettlauf mit dem drohenden Untergang nur das Ergebnis letzter, verzweifelter Anstrengungen. Sie bedeuteten zum Beispiel eine 72-Stunden-Woche für Arbeitskräfte, den Verbrauch letzter Reserven und die fast völlige Stillegung der zivilen Industrie, von Handel und Handwerk zugunsten der Rüstung. Man muß außerdem sehen, daß im gleichen Zeitraum die Wehrmacht ebenso viele Waffen im Kampf an allen Fronten einbüßte, wie Speer produzieren ließ. Je mehr Jagdflugzeuge er zum Beispiel ablieferte, desto mehr wurden abgeschossen, weil es sich um veraltete Modelle handelte und nicht genügend Treibstoff für die Pilotenausbildung zur Verfügung stand.«[21] Und nicht zu vergessen: Dieses sogenannte Rüstungswunder war »stark zwangsarbeitergesteuert« (Ulrich Herbert), 7,8 Millionen im August 1944.

Die Nemesis holte Speer Mitte Mai 1944 ein. Er konnte nicht länger leugnen, daß die riesigen Verluste nicht mehr auszugleichen waren. Wer jetzt noch die gerade anlaufende alliierte Luftoffensive, die Invasionsfront in der Normandie und die Vernichtung der Heeresgruppe Mitte zusammenrechnete – eine Niederlage, gegen die Stalingrad nur ein Vorspiel gewesen war –, konnte nur zu einem Resultat kommen: Der Krieg war für Deutschland verloren – militärisch, rüstungstechnisch und politisch.

Den Rüstungsmanagern, die am 26. Juni 1944 Hitlers Auftritt im Platterhof erlebten, hat seine Rede noch ein leichtes Frösteln angesichts des Abgrunds verursacht, aber die meisten wußten damals schon längst, was die Stunde geschlagen hatte. Nur wagte es keiner laut auszusprechen. Walter Rohland sagte es leise – schon nach dem vor Moskau erfrorenen »Blitzkrieg« Hitlers. Fritz Todt, Speers nüchterner Vorgänger, hatte es Ende November 1941 sogar gewagt, dem Führer die Niederlage vorauszusagen. Acht Wochen später kam er bei einem Flugzeugunglück, das Anzeichen eines Mordanschlags trug, ums Leben.

Bei seinen Ausführungen in der Reichskanzlei hatte sich Todt auf die Einschätzung von Walter Rohland gestützt. Der jedoch setzte in der Folgezeit alles daran, die Ende 1941 als unabwendbar erkannte Niederlage mit allen Kräften hinauszuzögern. Als litten sie an einer schizophrenen Bewußtseinsspaltung, taten »Speers Buben« alles, was in ihren Kräften stand, um das Ende hinauszuschieben. »Es war, als würden Schauspieler ein Drama unbeirrt zu Ende spielen, obgleich der Hintergrund, das Szenarium, vor dem das Drama abläuft, schon längst nicht mehr vorhanden ist.«[22]

Einer, der zu helle war, um das Unheil nicht zu ahnen, aber auch zu vorsichtig, um gute Geschäfte aufs Spiel zu setzen, war Josef Neckermann, geboren 1912 in Würzburg und durch die Arisierung eines jüdischen Kaufhauses und die Übernahme eines Wäscheversands in den 1930er Jahren zu einigem Wohlstand gekommen. Mit seinen ersten Großaufträgen für Fritz Todts Organisation – »60 000 Wolldecken, die grauen, unten abgenäht«, dazu »Blaumänner und warme Unterwäsche« – hatte er gute Erfahrungen, sprich Gewinne, gemacht. Anfang 1942 erhielt Neckermann den Auftrag, für die frierenden deutschen Landser eine Winteruniform zu entwerfen, die den russischen Schneestürmen mit Temperaturen von bis zu dreißig Grad unter Null standhalten sollte. Am 19. April 1942 flog er zusammen mit Albert Speer in einer Ju 52 in Hitlers Hauptquartier, in die »Wolfsschanze« bei Rastenburg.

Für den folgenden Vormittag, zufällig Hitlers 53. Geburtstag, stand die Präsentation der neuen Uniformen auf dem Programm. Der Würzburger war nicht der einzige Gewerbetreibende, der sich zu diesem Zeitpunkt in der »Wolfsschanze« aufhielt. Am selben Tag sollte auch Ferdinand Porsches »Tiger-Panzer« vorgeführt werden. Hitler, der zu Neckermanns Erstaunen Make-up im Gesicht trug, zeigte sich mit der neuen Winterausrüstung vollauf zufrieden. Der Textilhändler konnte aufatmen. Aus der Fassung brachte ihn erst die abendliche Runde im Gästehaus des Hauptquartiers mit den »Herren der Schwerindustrie«, die soeben ihren neuen Panzer vorgeführt hatten. »Ich war erstaunt, mit welcher Offenheit in diesem Kreis davon gesprochen wurde, daß der Krieg nur mehr durch ein Wunder zu gewinnen sei, an das niemand mehr glaube.«[23]

Im Sommer 1945 mutmaßte die »Neue Zürcher Zeitung«, wahrscheinlich hätten »verantwortungsvolle Betriebsführer« schon seit der durch die Katastrophe in Stalingrad markierten Kriegswende in aller Stille damit begonnen, Vorbereitungen für die Nachkriegszeit zu treffen. Viele hätten wohl darüber nachgedacht, wie es wäre, wenn kein Kriegsgerät mehr gebraucht würde.

Der »unternehmerische Weitblick«, den das Blatt den deutschen Industriellen unterstellte, war tatsächlich vorhanden. Im Ruhrrevier planten die Bergwerksdirektoren seit 1942 mehr oder minder unverhohlen über den Krieg hinaus. Es fing damit an, daß sie ihre auf Hochglanz gewienerten Maybachs und Daimlers zum Schutz vor Bomben und Trümmern in unterirdischen Stollen einmauern ließen. Nach Kriegsende waren sie unversehrt zur Hand.

Der 1891 geborene Wilhelm Zangen, seit 1934 Generaldirektor der Mannesmann Röhrenwerke und einflußreicher Leiter der Reichsgruppe Industrie, trug von Anfang an auf zwei Schultern. Nach außen hin unterstützte er das Regime, finanzierte aber hinter dessen Rücken seit 1942 dem jungen Nationalökonomen Ludwig Erhard das private »Institut für Industrieforschung« in Nürnberg. Die Nazis hatten dem gebürtigen Fürther die Habilitation verweigert und ihm allerhand Steine in den Weg gelegt. Mit Zangens Hilfe konnte Erhard in aller Ruhe weiter über die deutsche Nachkriegswirtschaft nachdenken. Das Ergebnis legte Erhard im März 1944 auf den Tisch: eine Denkschrift mit dem harmlosen Titel »Kriegsfinanzierung und Schuldenkonsolidierung«. Das brisante Manuskript, 1944 ohne weiteres dazu

*Albert Speer auf einer Rüstungstagung mit seinen Mitarbeitern
(von links) Wilhelm Zangen, Karl Otto Saur, Willy Liebel (fast verdeckt)
und Walther Schieber, 1943.*

angetan, seinen Besitzer an den Galgen zu bringen, trug Erhard
so unbekümmert in seiner Aktentasche mit sich herum, daß es
Theodor Eschenburg, der sich damals als Geschäftsführer eines
Kartells für Reißverschlüsse und Perlmuttknöpfe über Wasser
hielt, fast den Atem verschlug. »Es war eine gespenstische, Angst
und Bewunderung erregende Lektüre«,[24] schrieb er später.

Erhards Gedankengänge sprachen damals nicht nur Eschenburg aus dem Herzen. Seit der Kriegswende 1942/43 blickten vor
allem die deutschen Bankiers mit wachsendem Unbehagen auf
die überhitzte und auf Pump finanzierte Kriegswirtschaft. Finanzen hatten weder bei Hitler noch bei Speer je eine Rolle gespielt.
Das Ergebnis zählte, nicht die Kosten. Geld hatte in ausreichender Menge zur Verfügung zu stehen, Abgerechnet würde, wenn
überhaupt, nach dem »Endsieg«. Die Geschäftsbanken hatten
seit Kriegsbeginn stark an Einfluß verloren. Das Geld für die Rüstung kam inzwischen fast ausschließlich vom Staat und den
staatseigenen Banken, die beliebige Summen vorstreckten.

Die Vorstandsmitglieder der Deutschen Bank, vor allem der für das Auslandsressort zuständige Hermann Josef Abs, blickten sorgenvoll in die Zukunft. Der gerade 43jährige Rheinländer, ein brillanter Finanzexperte, der schon in jungen Jahren Aufsichtsratsmandate sammelte wie andere Leute Hüte, hatte die militärischen Eroberungen des »Dritten Reiches« ungeniert dazu genutzt, den Einflußbereich seiner Bank nach Osten und Südosteuropa auszudehnen. Spätestens Anfang 1944, nach den schweren Bombenangriffen auf das Berliner Bankenviertel, kamen ihm ernste Zweifel an den deutschen Siegeschancen. Die alle bewegende Frage, nämlich: »Wie wird der Krieg enden?«,[25] hatte ihm schon im August 1943 keine Ruhe mehr gelassen. Um Vorsorge zu treffen, brachte er seine Frau, zwei Kinder und sein Mobiliar auf den »Bentgerhof«, sein Landgut mit Apfelplantage auf der Höhe über Remagen.

Einer freilich ließ sich in seinen Planungen für »die Zeit danach« von niemandem übertreffen: der 1883 im westfälischen Siegerland zur Welt gekommene Friedrich Flick. Der gerissene Aktienspekulant, tatkräftige Firmenhändler und studierte Diplomkaufmann hatte es mit 24 Jahren zum Prokuristen und mit 32 Jahren zum Vorstandsmitglied in der Hüttenbranche gebracht. Als er die »Mitteldeutschen Stahlwerke« aus der Taufe hob, verlegte er seinen Wohnsitz nach Berlin. In den letzten Kriegsjahren produzierte er genausoviel Stahl wie Krupp. Er hielt Beteiligungen an der Maxhütte, dem Hochofenwerk in Lübeck, bei der Essener Steinkohle und den Buderus-Eisenwerken in Wetzlar. Zudem verfügte er über ein gutes Dutzend wichtiger Aufsichtsratsmandate von der AEG über die Dresdner Bank bis zu Dynamit Nobel.

Hitlers Eroberungs- und Vernichtungsfeldzug war ihm, der sich als einer der ersten mit dem Titel »Wehrwirtschaftsführer« schmücken durfte, soweit glänzend bekommen. An seinem 60. Geburtstag, er feierte ihn am 10. Juli 1943, war er mächtiger und reicher denn je. Gleichwohl holte er in diesen Monaten zu einer verwirrenden Umstrukturierung seines Imperiums aus. Sie diente dem Ziel, Rüstungsgeschäfte und Arisierungsgewinne schwerer nachvollziehbar zu machen.[26]

Vor allem aber verlegte Flick seine Schaltzentrale von Berlin nach Düsseldorf. Die Mitarbeiter seiner Informationsabteilung, die schon damals wie ein firmeneigener Geheimdienst arbeitete, waren 1944 auf eine Karte aufmerksam geworden, auf der die künftigen Besatzungszonen eingezeichnet waren. Flick, dessen Hauptbesitz östlich der Elbe lag, genügte ein kurzer Blick darauf, um zu wissen, daß er es mit der Roten Armee auf keinen Fall zu tun haben wollte.

Albert Speer war einer der wenigen, die sich in der surrealen, an zunehmendem Wirklichkeitsverlust krankenden Entourage Hitlers noch einen gewissen Sinn für Realitäten bewahrt hatten. Am 18. März 1945, in Berlin war bereits das Grollen der Front zu hören, sagte er Hitler den endgültigen Zusammenbruch der deutschen Wirtschaft binnen vier, höchstens acht Wochen voraus. In Untergangsphantasien verfangen und ungerührt darauf aus, das deutsche Volk mit in den Abgrund zu reißen, ordnete der »Führer« im sogenannten »Nero-Befehl« die totale Zerstörung sämtlicher Verkehrs- und Industrieanlagen an. Ein halbes Jahr zuvor hatte er seinem Adjutanten zugeraunt: »Wir können untergehen. Aber wir werden eine Welt mitnehmen.« Speer, der erst jetzt den »Verbrecher« in Hitler erkannt haben will, obwohl er als oberster Dienstherr von fast zehn Millionen Zwangsarbeitern selbst bis an den Hals in die NS-Verbrechen verstrickt war, benutzte seinen Einfluß, um den »Nero-Befehl« zu hintertreiben – vor allem im Ruhrgebiet, das bereits von amerikanischen Truppen eingekesselt war.

Als der Zweite Weltkrieg am 8. Mai 1945 mit der bedingungslosen Kapitulation der deutschen Wehrmacht und der Besetzung des ehemaligen Reichsgebiets durch die Siegermächte zu Ende ging, stellte sich heraus, daß die deutsche Industrie, Bombardierungen, Kampfhandlungen, Nero-Befehlen zum Trotz, nicht in ihrer Substanz getroffen war. Aufgrund der immensen Kapazitätssteigerungen während des Krieges lag der Bestand der westdeutschen Industrie 1948 immer noch um elf Prozent über dem des Jahres 1936.

Noch in einem anderen Punkt hatte sich Hitler gründlich geirrt. Von den drei Alternativen, die er im Juli 1944 auf dem »Platterhof« der deutschen Industrie für den Fall der Kriegsniederlage prophezeit hatte – nämlich sich umbringen, »sich aufhängen lassen« oder »in Sibirien arbeiten« –, wurde nach 1945, von Ausnahmen abgesehen, keine Wirklichkeit, im Gegenteil: Im Bereich der deutschen Wirtschaft trat das ein, was die Historiker in der Rückschau vornehm als »erstaunlich geringe Elitenzirkulation« beschreiben. Erläuternd wird hinzugefügt, daß sich »trotz gravierender wirtschaftlicher Strukturveränderungen die soziale Rekrutierung der Unternehmer zwischen Kaiserreich und Bundesrepublik nur in begrenztem Ausmaß« gewandelt habe.[27]

Josef Neckermann, im Mai 1945 gerade 32 Jahre alt, wußte davon damals noch nichts. »Nun war es also vorbei,« schreibt er. »In Europa war der Zweite Weltkrieg zu Ende. Keiner von uns fand Worte. Was wir hinter uns hatten, wußten wir, was vor uns lag, nicht. Ich empfand eine sonderbare Mischung aus Erleichterung, Niedergeschlagenheit und grenzenloser Leere. Die ständige Todesangst hatte ein Ende. Deutschland war zerstört. Aber wie würde es nun weitergehen. Ich hatte Horrorvisionen von einem großen Blutbad. Verbitterte Menschenmassen, die Rache nehmen, Rache für zwölf verlorene Lebensjahre. Rache im Namen toter Angehöriger.«[28]

2
Wege aus dem Niemandsland –
die deutsche Wirtschaft (1945 bis 1948)

Die berühmte »Stunde Null« – seit die Null bei den Gelehrten Babylons auftauchte, wurde sie immer wieder neu erfunden. Jeder neue Pharao begann bei null. Auch die Deutschen versuchten 1945 mit Hilfe der Null den mentalen Neuanfang.

Für die Schriftsteller blieb die »Stunde Null« noch jahrzehntelang ein beherrschendes Thema. Sie hat das Werk von Wolfgang Koeppen und Heinrich Böll geprägt, von Uwe Johnson und Christa Wolf. Aber in Wahrheit gab es sie weder im Kalender noch in den Köpfen. Schon im November klagte der Schriftsteller Wilhelm Hausenstein: »Es erschreckt, nein, es entsetzt zu sehen, daß die Katastrophe in den Menschen keinerlei moralische Veränderung hervorbringt.«[29]

Bei den Historikern ging es um die »richtige« Stunde Null – ein beliebtes Debattenthema. Für die einen war es das »Ende der Feindeinwirkung«, für die anderen war es die Kapitulation. Aber sieht man die Stunde Null nicht viel krasser in den Produktionsziffern, fragt der dritte. Da ist sie der dramatischste Absturz, den man je in einer Konjunkturkurve gesehen hat. Genauso steil geht es wieder nach oben.

Für die Unternehmer war die Null schon immer die wichtigste Zahl, am liebsten eine schwarze. Die andere »Stunde Null« dagegen, die anzeigt, daß Deutschlands moralischer Kontostand null war – darüber zu philosophieren überließen sie den Intellektuellen. Die meisten dachten wie Karl Mahlert, in den Fünfzigern Geschäftsführer von Thyssen Gas, der lapidar erklärt: »Die Stunde Null war keine Kerbe in meiner Zeitachse.«

Gewiß, Deutschlands Städte glichen einem Niemandsland. In

Zerstörte Industrielandschaft im Ruhrgebiet, 1946.

den Straßen sah es fast überall aus wie in der alten Reichshauptstadt. »Berlin im Winter 1946: Krater, Höhlen, Schuttberge, Trümmerfelder, Geröllhalden, Ruinen, die kaum noch erkennen ließen, daß hier einst Häuser gestanden hatten, Kabel und Wasserleitungen, die wie die zerstückelten Eingeweide eines vorsintflutlichen Urtiers aus der Erde ragten, keine Heizung, kein Licht, jeder kleine Garten ein Friedhof und über allem wie eine unbewegliche Wolke der Gestank der Verwesung.«[30]

Aber die Unternehmer mit ihrem Röhrenblick sahen noch mehr: Um die Substanz der deutschen Wirtschaft, von den weitgehend zerstörten Verkehrsverbindungen einmal abgesehen, stand es bei weitem nicht so schlimm, wie die Alliierten vermuten und die Zeitgenossen glauben mochten. Sie brauchten sich nur das Ruhrgebiet anzuschauen, das Zentrum des deutschen Bergbaus und der Schwerindustrie, das mittlerweile in der britischen Besatzungszone lag. Die Briten hatten noch vor Weihnachten 1945 den gesamten Kohlenbergbau in ihrer Zone beschlagnahmt und der North German Coal Control (NGCC) übergeben, die deutschen Bergwerkseigentümer galten als enteignet.

Die Erdoberfläche glich zwar auch hier einem wüsten Trümmerfeld; aber die Förderstätten der Kohle lagen »untertage«, und dort war gar nichts passiert. Die Zechen waren heil geblieben. Der damals neunzehnjährige Dieter Spethmann, der 1945 als kaufmännischer Lehrling bei Krupp begann und seine Karriere als Vorsitzender der Thyssen AG beendete, berichtet: »Die Kokereien, die Fördertürme und Maschinenhäuser hatten zwar alle unter der Bombardierung gelitten, aber das war sehr schnell repariert. Während des Krieges wurde ja größter Wert darauf gelegt, daß Bombenschäden schnell behoben wurden, weil damals fast der gesamte Vergaser- und Dieseltreibstoff aus der Kohle kam. Öl hatte Deutschland kaum.«[31] Und Hans-Günther Sohl kommentierte vierzig Jahre später: »Wir waren arm, aber nicht unterentwickelt. Wir konnten da, wo wir aufgehört hatten, wieder anfangen.«[32]

Auf vielen der insgesamt 161 Zechen des Ruhrgebiets, allein die Stadt Essen hatte nach dem Krieg 77 Kohlenbergwerke, wurde die Förderung Mitte 1945 nicht nur nicht unterbrochen, sondern mitunter sogar gesteigert. Trotz aller Wirren und Verluste der letzten Kriegsmonate hatten die meisten Zechen ihre Belegschaft über den Zusammenbruch des »Dritten Reiches« hinwegretten können. Jedes Unternehmen hatte seinen Personalstamm: die Schweißer, die Gießer, die Dreher, die Fräser, die Bohrer, die Schmiede, die Hauer, die Steiger – das Know-How war gerettet, mit Verlusten zwar, aber es war immer noch da, und die Leute kannten sich aus.

Walter Rohland, der seinen zählebigen Spitznamen »Panzer-Rohland« nun nicht mehr gern hörte, erklärte Mitte 1945: »Wer geglaubt hatte, daß nach der Kapitulation das Arbeitstempo nachlassen würde, mußte seinen Irrtum nur zu bald einsehen.«[33] Er hegte allen Ernstes die Hoffnung, daß das Desaster der Nazis seine Zukunft und die Zukunft seines Konzerns, der Vereinigten Stahlwerke, nicht ernstlich beeinträchtigen würde. Doch dieses Mal sollte ihn sein unverwüstlicher Optimismus täuschen.

Der Nimbus des Ruhrgebiets, des gewaltigen stählernen Herzen der deutschen Schwerindustrie, hatte das Kriegsende unbeschadet überdauert. Im »Normaljahr« 1936 waren in dem nunmehr unter britischer Besatzung stehenden Territorium immerhin knapp 90 Prozent der deutschen Kohle gefördert und 72 Prozent des deutschen Roheisens und Rohstahls gewonnen worden. Die Alliierten, die sich im Hinblick auf ihre künftige Deutschlandpolitik noch relativ mühelos auf die berühmten »vier D« – Demilitarisierung, Denazifizierung, Demokratisierung, Dekartellisierung – hatten verständigen können, sahen die Verwirklichung gerade des letzten »D« an Rhein und Ruhr als Probe aufs Exempel an. Im Potsdamer Abkommen hatten sie die Zerschlagung sämtlicher Konzerne, Kartelle und Syndikate – wo sich das Übel gewissermaßen ballte – zum gemeinsamen wirtschaftspolitischen Grundsatz erhoben.

Am 28. August 1945 ordneten die Briten die Auflösung des Mammutkonzerns der »Vereinigten Stahlwerke« an. Danach begann die Internierung der führenden Industriellen. Mitte April 1945, nach der Besetzung Essens durch die Amerikaner, war lediglich der 38jährige Alfried von Bohlen und Halbach, der junge Krupp, festgenommen und in ein Lager bei Recklinghausen gebracht worden, mehr seines Namens als seines tatsächlichen Einflusses auf den Geschäftsgang wegen. In den Augen der Welt waren die Krupps nach wie vor die Dynastie der deutschen »Kanonenkönige«.

In der Nacht vom 5. auf den 6. September 1945 umstellten Field Security-Einheiten des britischen I. Korps in verschiedenen Städten des Ruhrgebiets die Häuser und Villen von 44 führenden Köpfen des Rheinisch-Westfälischen Kohlesyndikats. Die Männer wurden aus den Betten geholt und in Internierungslager gebracht. Drei Tage später wurde das Krupp-Direktorium festgenommen. Anfang Dezember kam dann für die Spitzen der eisenschaffenden Industrie das Ende aller Illusionen. Aufsichtsrats- und Vorstandsmitglieder wurden einkassiert – darunter auch Hans-Günther Sohl. Am 4. Dezember wurde die ganze Gruppe verlegt, jeweils zu zweit aneinandergekettet. »Unsere

Stimmung war entsprechend«, erinnerte sich Sohl später, zumal sie, je weiter es nach Osten ging, befürchteten, an die Russen ausgeliefert zu werden. Die Fahrt endete im Lager Bad Nenndorf bei Hannover.

Sohl blieb sechs Monate dort. Er und seine Leidensgenossen wurden in Sträflingskleidung gesteckt und zu viert in ehemalige Badezellen gesperrt. Nach drei Monaten kam er in ein Straßenfegekommando, was ihm die Chance gab, Mülltonnen nach Essensresten zu durchsuchen und Kippen zu sammeln.

Im Frühjahr 1946 gesellten sich auch die Herren der Hochfinanz hinzu – über dreißig Vorstands- und Aufsichtsratsmitglieder deutscher Großbanken. Sohl lernte noch andere britische Lager kennen, ehe er im Mai 1947, nach siebzehn Monaten Haft, entlassen wurde.

Der bei Kriegsende knapp Vierzigjährige war Sohn eines Kriegsgerichtsrats. 1906 in Danzig geboren, hatte er ursprünglich Musiker werden wollen, sich aber rechtzeitig eingestanden, daß sein Pianistentalent nicht für etwas Außergewöhnliches ausreichte. Gäste seines Hauses traktierte er allerdings bis ins hohe Alter mit musikalischen Soireen.

Seinen Wunsch, Land und Leute kennenzulernen, konnte er genausogut beim Studium des Bergwesens verwirklichen. Nach seinem Abschluß an der Technischen Hochschule in Charlottenburg ging Sohl als Bergreferendar nach Breslau, obendrein absolvierte er eine Bankausbildung im Bankhaus Bleichröder. Im August 1932 bestand er die Prüfung des preußischen Handelsministeriums und durfte sich »Bergassessor« nennen. Anfang 1933 heuerte er bei der Firma Fried. Krupp als Assistent im Rohstoffressort an, dessen Leitung er binnen einem Jahr übernahm. Mit knapp dreißig Jahren galt Sohl als »Wunderkind der Ruhr«. 1941 rückte er auf Betreiben Albert Vöglers in den Vorstand der Vereinigten Stahlwerke auf. Seit 1943 leitete er dort das Rohstoffressort und avancierte zum stellvertretenden Vorstandsvorsitzenden. Im nachhinein gab er seiner Haftzeit, die er in den Internierungslagern Bad Nenndorf, Hemer und im »Massenlager« Eselsheide verbrachte, einen verharmlosend humorvollen Anstrich. In sechs Monaten habe er fünfzig Pfund abgenommen: »Diese Kur war wenigstens kostenlos, heute würde ich dafür Tausende bezahlen.«

Die kühl exekutierte Wucht, mit der die Besatzungsmacht acht Monate nach Kriegsende zugeschlagen hatte, brachte die Selbstsicherheit der Industriellen ins Wanken. »Die Unternehmer selbst sind heute – mit und ohne eigene Schuld, gehetztes Wild«, schrieb der Finanzexperte Hermann Höpker-Aschoff im Dezember 1945 an den Ökonomen Alfred Müller-Armack, den späteren Mitarbeiter von Ludwig Erhard. »Viele sind verhaftet, viele fürchten, morgen verhaftet zu werden.«[34]

Als Internierungslager für das Gros der technischen und unternehmerischen Elite des untergegangenen Regimes diente die Burg Kransberg, »die Perle« im Taunus, unweit von Bad Nauheim. Das vormalige Hauptquartier Hermann Görings im Westen wurde von den britischen Hausherren in Anspielung auf seine neue Funktion nur verächtlich »dustbin«, zu deutsch Mülleimer, genannt. Walter Rohland, der ein ganzes Jahr in Kransberg zubringen mußte, fand bei seiner Ankunft viele alte Bekannte vor. Neben der abgesetzten Geschäftsleitung des beschlagnahmten Chemieriesen I.G. Farben war auch der Kreis der ranghohen Speer-Mitarbeiter nahezu vollzählig versammelt: Karl-Maria Hettlage, Theo Hupfauer, Karl Otto Saur und Walther Schieber. Dazu kamen ehemalige Größen wie Hjalmar Schacht, der umtriebige Reichsbankpräsident, Lutz Schwerin von Krosigk, von 1932 bis 1945 Finanzminister und Kabinettschef der Regierung Dönitz, sowie der betagte Ferdinand Porsche; außerdem Walter Dornberger, der Leiter der Versuchsanstalt Peenemünde, und das junge Raketengenie Wernher von Braun. Auch Speer selbst war im Sommer 1945 für einige Wochen in Kransberg inhaftiert.

Kaum ein deutsches Großunternehmen blieb von Entlassungen in der Führungsetage verschont. Die sieben Vorstandsmitglieder von Daimler-Benz wurden im Oktober 1945 ihrer Ämter enthoben. Das gesamte Direktorium von Bosch mußte gehen. Am tiefsten war der Einschnitt in der Montan- und der Chemie-Industrie, während die Elektro- und die Autoindustrie vergleichsweise glimpflich davonkamen.

Unter den Lagerinsassen gab es niemanden, der seine Haft als ehrenrührig empfunden hätte, damals nicht und in der Rückschau erst recht nicht. Der Generaldirektor von Mannesmann, Wilhelm Zangen, vermerkte in seinen Aufzeichnungen, die er in der »Zelle 103« des Düsseldorfer Polizeigefängnisses zu Papier brachte, hochgemut: »Den Arrest trage ich, wie so mancher Unschuldige ihn tragen mußte und tragen muß.«[35] Die Haftzeit versuchte er sich mit durchaus liebevollen Bleistiftzeichnungen seiner sieben Quadratmeter großen Zelle zu verkürzen. »Im Revier haben sie alle gesessen«, erinnerte sich Johanna von Bennigsen-Foerder, die Witwe des Chefs der VEBA, damals der größte deutsche Energiekonzern: »Das hat keiner dem anderen übelgenommen.«[36]

Die Herren wußten sich zu beschäftigen. Die auf Burg Kransberg internierten naturwissenschaftlichen Kapazitäten hielten sich mit gegenseitigen Vorträgen bei Laune, beispielsweise über »den Teerkrebs als Berufskrankheit« und den »Einfluß der Ionosphäre auf die Witterung«, oder sie ließen sich von Fritz Thyssen in die Geheimnisse des Schachspiels einweihen. In Bad Nenndorf versuchte Sohl seine Fremdsprachenkenntnisse zu verbessern. Außer ihm saßen dort zu diesem Zeitpunkt etwa siebzig Stahlunternehmer ein. Bei Günter Henle, dem Konzernchef der Klöcknerwerke, lernte er Englisch, ein polyglotter deutscher Botschaftsrat brachte ihm Französisch bei.

Henle war zweifellos eine Ausnahmeerscheinung unter den inhaftierten deutschen Stahlindustriellen, von denen die wenigsten jemals über ihr Fachgebiet hinausgeblickt hatten. Der 1899 geborene Sohn eines hohen bayerischen Beamten dagegen hatte es als Kriegsfreiwilliger bis zum Offizier gebracht und danach in München Rechtswissenschaften studiert. 1921 war er für anderthalb Jahrzehnte in den diplomatischen Dienst des Auswärtigen Amtes eingetreten, mit Stationen in Haag, in London und in Buenos Aires. 1936 gab er den Dienst auf, um in den Konzern seines Schwiegervaters zu wechseln – nicht zuletzt, weil er den

immer klarer zutage tretenden Expansionskurs der Nationalsozialisten mißbilligte. Das nötige kaufmännische Rüstzeug und
das Einmaleins der Stahlindustrie eignete er sich gleichsam nebenbei an.

Günter Henle war nicht die einzige Persönlichkeit, bei der
Sohl etwas lernen konnte. »Eines Tages«, so erinnerte er sich,
»bekamen wir Feldarbeit, und beim Umgraben eines Ackers entdeckte ich als Nachbarn zur Linken Hermann J. Abs, der erst relativ kurze Zeit in Bad Nenndorf war.«[37]

In der Person des einflußreichen Bankiers, der seit 1936 dem
Vorstand der Deutschen Bank angehörte, sollten sich die alte und
die neue Zeit zu einer höchst bemerkenswerten Symbiose zusam-
menfinden. Mitte April 1945 war Abs nach Hamburg gereist –
keine schlechte Entscheidung angesichts des Schicksals, das seinem in Berlin ausharrenden Vorstandskollegen Karl Sippell zuteil
wurde, der in Charlottenburg von den Russen erschossen wurde.
Die Briten dagegen, denen mit Blick auf die deutschen Auslandsschulden an einem intakten Finanzwesen gelegen war, gingen erheblich moderater mit den Spitzenkräften des deutschen Banken-
apparats um. Abs hatte bereits erste Fäden geknüpft, sich unter
anderem im August 1945 erstmals mit dem Kölner Oberbürgermeister Konrad Adenauer ins Benehmen gesetzt, bevor es ihm
wie fast allen höheren Chargen der NS-Zeit erging. Im Januar
1946 mußte er auf Betreiben der Amerikaner in »automatischen
Arrest«, zuerst in ein Altonaer Gefängnis, dann nach Bad Nenndorf, das mittlerweile für sein Camp bekannt war. Bis zum März
wurden dort etwa drei Dutzend Direktoren und Aufsichtsräte
deutscher Großbanken zusammengesperrt.

Abs und Sohl, beide Rheinländer, kannten sich seit dem vorletzten Kriegsjahr, als sie sich in Rumänien begegneten. Während
Sohl bis 1947 festsaß, kam Abs schon im April 1946 wieder auf
freien Fuß, nicht ohne sich vorher bei Sohl darüber beschwert
zu haben, daß er seine Zelle ausgerechnet mit Carl Luer teilen
mußte, der im Vorstand der Dresdner Bank saß und dort den fast
sprichwörtlichen Platz des »friedlichen alten Nazi« eingenom-
men hatte. Gegen den alten Nazi hatte Abs nichts einzuwenden,

gegen die Dresdner Bank dagegen um so mehr. Als er wieder sein eigener Herr war, zog er sich auf seinen Landsitz bei Remagen zurück und wartete auf bessere Zeiten. Glaubt man seinem Biographen, war seine Korrespondenz in jenen Monaten »so umfangreich, daß er sie – nunmehr ohne Sekretariat – kaum zu bewältigen vermochte«.[38]

Das Lagerleben brachte in erster Linie eines mit sich: einen ungemeinen Solidarisierungseffekt. Ein gemeinsamer Monat im Lager – das schweißte die Betroffenen stärker zusammen als ein Jahrzehnt in der Freiheit. Alte Verbindungen wurden aufgefrischt, neue hergestellt. Die Herren, auf die es ankam, arbeiteten und hungerten miteinander, spekulierten über ihre eigene Zukunft und die ihres Landes, machten sich Sorgen um ihre Familien und lernten sich mit allen ihren Vorzügen und Schwächen kennen. »Ohne Beziehungen ist man in dieser Welt ein Dreck«,[39] das hatte Josef Neckermann, der seine Haft übrigens in Dachau und im Zuchthaus Ebrach bei Bamberg absaß, schon immer gewußt. In der unmittelbaren Nachkriegszeit galt dies erst recht. In den Camps wurden die »Netzwerke des Vertrauens« geknüpft, auf die später in den Aufbaujahren Verlaß war.

Der Ruhrindustrielle Herbert Gienow, Jahrgang 1928, der sich in seiner aktiven Laufbahn als »listenreicher Odysseus der Stahlbranche« einen Namen machte, sagt es heute so: »Der Wiederaufbau vollzog sich ja nicht nur aus Trümmern, sondern entwickelte sich aus einem Gemeinschaftsgefühl, das in den Internierungslagern gewachsen ist. Dort haben sie alle gesessen – in Todesgefahr, ohne Verbindung zu ihren Familien und ohne jedes rechtliche Verfahren. Damals war alles möglich und völlig offen, wie es ausging: Drangsalierung, Deportation, Todesurteil. Das hat ein Zusammengehörigkeitsgefühl geschaffen, das man sich heute gar nicht mehr vorstellen kann. Das war nicht nur Solidarität, das war Kameraderie im besten Sinne.«[40]

Daß im unübersichtlichen Niemandsland zwischen dem »Nicht mehr« des Nazi-Regimes und dem »Noch nicht« der Bundesrepublik tatsächlich alles möglich war, das Schlimmste eingeschlossen, zeigte das schreckliche Los, das die Notbelegschaft von Siemens & Halske in Berlin-Siemensstadt erlitt. Die siegestrunkene Rote Armee machte nicht viel Federlesens. Wer von den in der Hauptstadt zurückgebliebenen Mitgliedern der Führungsebene nicht wie Fritz Lüschen oder Gustav Leifer Selbstmord beging, wurde erschossen oder kam in der Internierung zu Tode. Heinrich von Buol, Vorstandsvorsitzender von Siemens & Halske, vergiftete sich Anfang Mai 1945 in der Lubljanka in Moskau, wohin ihn die Russen zur Vernehmung verschleppt hatten. Schreckensnachrichten dieser Art, die überall als Gerüchte kursierten, ließen die in den westlichen Internierungslagern einsitzenden deutschen Industriellen noch enger zusammenrücken.

Währenddessen lief in Nürnberg, der Stadt der »Reichsparteitage« und nationalsozialistischen Selbstbeweihräucherungen, der Hauptkriegsverbrecher-Prozeß gegen führende Vertreter des Regimes, sofern sie sich nicht wie Hitler, Goebbels oder Himmler durch Selbstmord der Anklage entzogen hatten. Der Prozeß gegen den als oberster Repräsentant der Großindustrie geltenden Gustav Krupp mußte wegen dessen Gesundheitszustand vom Hauptverfahren abgetrennt werden, sein Sohn Alfried wurde zu einer Haftstrafe verurteilt.

Der US-Senat hatte eigens eine Liste mit den Namen der 42 am stärksten belasteten deutschen Unternehmer zusammenstellen lassen. Auf Platz drei – nach Alfried Krupp und den Spitzen des inzwischen beschlagnahmten I.G. Farbenkonzerns – rangierte mit Friedrich Flick der mächtigste Großindustrielle des »Dritten Reiches«. Ende 1947, nach über zwei Jahren Untersuchungshaft, wurde er in einem der sogenannten Folgeprozesse wegen der Beteiligung an den deutschen Kriegsverbrechen und Verbrechen gegen die Menschlichkeit zu einer Gefängnisstrafe von sieben Jahren verurteilt. Seine engsten Mitarbeiter kamen mit geringeren Strafen davon oder wurden, wie sein Neffe Konrad Kaletsch, sogar freigesprochen. Mit den Verurteilungen Flicks und des jungen Krupp hatte die strafrechtliche Verfolgung von Vertretern der deutschen Großindustrie ihren Höhepunkt erreicht.

Ende 1946 wies das Einvernehmen der Alliierten tiefe Risse

auf. Am 6. März 1946 hatte Winston Churchill das Bild vom »Eisernen Vorhang« gebraucht, der sich über den europäischen Kontinent von Stettin bis Triest herabgesenkt habe. Im Januar 1947 erblickte das anglo-amerikanische Gemeinschaftsunternehmen der »Bizone«, in der 39 Millionen Menschen lebten, das Licht der Welt. Daß die beiden Zonen einander hervorragend ergänzten – hier die Kohle und Montanindustrie, dort die verarbeitende Industrie –, war nicht weiter überraschend, schließlich waren die Strukturen seit Jahrzehnten bestens aufeinander abgestimmt.

Bei den Briten, die nunmehr die Schrittmacherrolle beim Wiederaufbau der westdeutschen Wirtschaft an die Amerikaner abgaben, begann sich eine simple Einsicht endgültig durchzusetzen, die der britische Feldmarschall Bernard Law Montgomery schon Anfang Mai 1946 gewonnen hatte: »Das ganze Land liegt so im argen, daß es nur in Ordnung kommen kann, wenn wir die Deutschen selbst darauf ansetzen.«[41]

Zuerst wurde das Gros der 1945/46 verhafteten deutschen Großindustriellen wieder freigelassen. In Camps nützten die ehemaligen »Wehrwirtschaftsführer« schließlich keinem etwas. Obendrein kosteten sie dort nur das Geld der amerikanischen und britischen Steuerzahler, anstatt selber welches zu verdienen. Vor dem Hintergrund der kommunistischen Bedrohung rückte die wirtschaftliche Genesung Westdeutschlands in das Zentrum der amerikanischen Überlegungen – und dessen Herzstück war das im buchstäblichen Sinne des Wortes freie Unternehmertum. Der berüchtigte Plan des US-Schatzministers Henry Morgenthau, der auf den Abbau der deutschen Schwerindustrie hinauslief, war endgültig in der Schublade verschwunden.

Die Entnazifizierungsverfahren, fast schon ein Relikt aus vergangenen Zeiten, wurden zügig abgeschlossen. Das Ergebnis nannten die Amerikaner zynisch »white wash«, die Deutschen sprachen erleichtert vom »Persilschein«. Den meisten Wirtschaftskapitänen erging es wie Walter Rohland, der am 23. Januar 1948 als »Mitläufer« in die vorletzte – und zweitharmloseste – von fünf Gruppen eingestuft wurde, die von »Hauptschuldigen« bis

»Entlasteten« reichte. Mit dieser Einstufung konnten die Betroffenen leben. Ihre beschlagnahmten Vermögen wurden wieder freigegeben, und theoretisch standen ihnen alle Berufsmöglichkeiten offen.

Das Tempo der Demontage blieb hinter den Befürchtungen der Wirtschaftskapitäne zurück, anders in der sowjetischen Zone, wo sie 1945/46 auf vollen Touren weiterlief und sich auf über 1000 Fabrikanlagen und gut 12 000 Kilometer Eisenbahnschienen summierte, ehe auch dort Schluß war. In der Bizone, die sich mit dem Beitritt Frankreichs im April 1949 zur Trizone, zu »Trizonesien«, wie es in einem Karnevalsschlager hieß, ausweitete, wurden die Demontagelisten von Monat zu Monat kürzer. Wer die deutsche Wirtschaft wieder ankurbeln wollte, konnte eben die Kurbel schlecht aus der Wand reißen.

Am 5. Juni 1947 offerierte der neue amerikanische Außenminister George C. Marshall den Ländern Europas ein Hilfsprogramm – auch der Sowjetunion, die jedoch jede Beteiligung ablehnte, auch für die Länder in ihrem Einflußbereich. Die tatsächlichen Hilfeleistungen, alles in allem 1,7 Mrd. Dollar, wogen vergleichsweise gering. Die eigentliche Bedeutung des Marshallplans war immaterieller, psychologischer Natur: aus Besatzern und Besetzten wurden Verbündete.

Die im Potsdamer Abkommen beschlossene »Entflechtung« der deutschen Großindustrie war in den drei Hauptbereichen – I.G. Farben, Großbanken, Montanindustrie – mittlerweile fortgeschritten und näherte sich ihrem vorläufigen Abschluß. Aus der Auflösungsmasse des I.G.-Farben-Konzerns formierten sich vier Nachfolgegesellschaften: BASF, Bayer-Leverkusen, Farbwerke Hoechst und Cassella Farbwerke. Um die Leunawerke, die bis 1945 ebenfalls zum Konzern gehört hatten, mußte sich westlich der Elbe niemand Gedanken machen; sie lagen nunmehr in der SBZ und wurden in »Volkseigentum« überführt.

Für die »Entflechtung« galt ähnliches wie für die »Entnazifizierung«: Sie fand ihre Grenzen dort, wo pragmatische Prinzipien wie organisatorische Zweckmäßigkeit und wirtschaftliche Funktionstüchtigkeit Schaden zu nehmen drohten. Die Eigentumsverhältnisse blieben die alten, und von einer durchgreifenden Dekartellisierung konnte keine Rede sein. Die Großen Drei des Bankgewerbes – Deutsche Bank, Dresdner Bank und Commerzbank –, die das finanzielle Nervenzentrum der deutschen Großindustrie bildeten und deren Vertreter in so gut wie allen Aufsichtsräten saßen, sollten zwar in 30 kleinere Gesellschaften zerpflückt werden. Auf Zonenebene fanden sie sich jedoch sofort wieder zusammen, um zielstrebig ihre erfolgreiche Wiederauferstehung unter altem Namen und in althergebrachter Form vorzubereiten – ein Unternehmen, das sich dann aber doch bis Mitte der fünfziger Jahre hinzog.

Aus dem Dutzend der großmächtigen Montangesellschaften, die die Stahlproduktion fast zur Gänze und die Steinkohlengewinnung zur Hälfte unter sich ausgemacht hatten, wurden 26 Gesellschaften gebildet, darunter die »Rheinischen Röhrenwerke« und die »Stahlwerke Bochum«. Der riesige, untereinander straff vernietete Trust der »Vereinigten Stahlwerke« wurde in seine Bestandteile zerlegt. Dabei entstanden dreizehn eigenständige Firmeneinheiten. Der allmächtige Aufsichtsratsvorsitzende Albert Vögler hatte im April 1945, beim Abtransport durch US-Soldaten, auf eine Zyankalikapsel gebissen. Der stockkonservative Patriarch hatte die Nazis zwar unterstützt, weil er sich von ihnen die Wiederherstellung ehemaliger deutscher Größe erhoffte. Anders als die meisten Industriellen war er aber der NSDAP ferngeblieben. Mit Vögler starb der entscheidende Weichensteller in der deutschen Schwerindustrie: Zwei Tage vor seinem Selbstmord hatte er Sohl noch wissen lassen, daß er ihm von seinen zahlreichen Ämtern den Aufsichtsratsvorsitz bei der Gelsenkirchener Bergwergs AG und bei RWE »zugedacht« habe. Die VSt-Schiene war damit über den Zusammenbruch hinweg bis in die Bundesrepublik verlegt – so hält ein Unternehmer über den Tod hinaus an der Zukunft fest.

Die neuen Strukturen waren – wie immer – nur eine Seite der Medaille, die andere, wichtigere, bildeten die Personen, mit denen sie bestückt wurden. Für die Stahlgewaltigen der jüngeren

Generation, für Männer wie Hans-Günther Sohl, Ernst Wolf Mommsen oder Fritz-Aurel Goergen, blieb Vögler eine verehrte Vaterfigur. Nach 1945 und den Zwangspausen der Internierung, die bei dem einen kürzer, bei dem anderen länger ausfielen, waren sie es, die im Revier für Kontinuität sorgten und eifersüchtig darüber wachten, daß Außenseiter nicht zum Zuge kamen. Untereinander waren sie enger verknüpft denn je. Wer es an der Ruhr zu etwas bringen wollte, mußte aus der »gleichen Kiste« wie sie kommen. Die Familie mußte bekannt sein, die studentische Verbindung ebenfalls, waidmännische Tugenden konnten nicht schaden – aber am meisten schmückte natürlich der richtige Titel. Walter Rohland, dem einzigen Hauptausschußleiter aus dem Speer-Apparat, der nach dem Krieg die gewohnten Kommandohöhen in der Wirtschaft nicht wieder erklimmen konnte, schwante selbst, woran dies möglicherweise lag: »Drei Mängel konnte ich nicht ausgleichen: Ich war kein Bergassessor, kein Montan-Corpsstudent oder Burschenschafter und kein Jäger. Auf diese Weise fehlte mir vielleicht der notwendige gesellschaftliche Rückhalt.«[42] Aber das war nicht der einzige Grund: Als NS-Rüstungsfachmann war er einfach zu prominent und konnte daher nicht mehr vorgezeigt werden. Aber er gehörte weiterhin zur »Familie« und wurde nicht fallengelassen. Hans-Günther Sohl, sein ehemaliger Vorstandsvorsitzender, sorgte dafür, daß er elegant saniert wurde, als seine Beratungsfirma Pleite machte.

Am Anfang war die Kohle. Sie war das Schwungrad des »Wirtschaftswunders«. Die Bergleute waren die ersten, die nach dem Krieg wieder produzierten, eigentlich hatten sie nie aufgehört. Nicht nur die Deutschen, ganz Westeuropa war auf die Kohle aus dem Revier angewiesen. Das Sinnen und Trachten der Besatzungsmächte war ganz auf den Kohlenbergbau gerichtet. Für die Briten war es wichtig, den richtigen Mann an die Spitze der Deutschen Kohlenbergbauleitung (DKBL) zu stellen. Nach ihrer Gründung am 17. November 1947 begann eine völlig neue Ära in der Geschichte des deutschen Kohlenbergbaus an Rhein und Ruhr –

auch weil die ausgehungerten Bergarbeiter erstmals eine nennenswerte Kalorienzulage erhielten.

Die Briten fanden in Heinrich Kost, 1890 in Betzdorf an der Sieg als Sohn eines Bergmanns und Revierbeamten geboren, genau den richtigen Mann am richtigen Platz zur richtigen Zeit. Zur Verblüffung des britischen Offiziers, der ihm die Offerte in der Essener Villa Hügel machte – der feudale Wohnsitz der Krupps diente schon aus symbolischen Gründen als Sitz der anglo-amerikanischen Kohlenkontrollinstanz –, knüpfte Kost seine Zusage an eine ungewöhnliche Bedingung. Er wollte nur ehrenamtlich tätig werden. Wer sich in der Bergbaukultur des Ruhrgebiets auskannte, wußte natürlich, daß er nur so seine Stellung als Generaldirektor der zur Industriellenfamilie Haniel gehörenden Gewerkschaften Rheinpreußen und Neumühl behalten konnte, wo er seit fast zwei Jahrzehnten wirkte. Die Wahl der Briten war auf ihn gefallen, weil er eine weiße Weste hatte. Der obligatorische Titel »Wehrwirtschaftsführer«, um den kaum ein führender Unternehmer herumkam, wollte bei Kost wenig besagen. Von den Nazis hielt er nichts. Sein verzweifelter Versuch, Hitlers »Nero-Befehl« zu sabotieren, hatte ihm Anfang 1945 das Todesurteil eingebracht, dessen Vollstreckung er in den Wirren der letzten Kriegstage nur um Haaresbreite entgangen war.

Die standesbewußten Ruhrbarone konnten an Kost nichts aussetzen. Er war einer von ihnen, ein Bergassessor, zu deren selbstverständlichen Ansprüchen es gehörte, Teil der Elite zu sein. »Die preußischen Bergassessoren im Ruhrbergbau zeichnete ein geradezu sprichwörtliches Selbstbewußtsein, ja Überlegenheitsbewußtsein aus, das auf ihrer fachlichen Kompetenz basierte, aus ihrer Stellung heraus resultierte, nicht zuletzt auch sozial abgestützt war.«[43] Die Ausbildung für den höheren Staatsdienst war ungewöhnlich gründlich und bestand aus einem praktischen und einem theoretischen Teil. Die Prüfungsordnung verlangte mathematische, naturwissenschaftliche und bergtechnische Kenntnisse, dazu Wissen aus der Jurisprudenz und den Staatswissenschaften. Die Ursprünge des Faches reichen bis ins 16. Jahrhundert zurück. Wer kann schon auf einen Humanisten wie den sächsischen

Arzt und Naturforscher Georg Bauer, alias Agricola, als Begründer seiner Zunft verweisen? Im kursächsischen Freiberg hatte Agricola seinerzeit die erste universitäre Lehrveranstaltung für den Bergbaunachwuchs abgehalten. An der berühmten Freiberger Bergakademie studierten Größen wie Novalis, später Salinenassessor und Schriftsteller, oder der Polyhistor Alexander von Humboldt, der nach dem Studium als Bergassessor in der fränkischen Grubenverwaltung arbeitete. Auch Goethe war mit der Zunft vertraut. Als Bergrat in Ilmenau leitete er zwanzig Jahre lang die Sachsen-Weimarische Bergwerkskommission.

Die späteren Bergassessoren liebten ihren Titel so sehr, daß sie ihn ungeachtet aller Beförderungen oder Berufswechsel beibehielten. Das Referendariat konnte sich über viele Jahre hinziehen, wenn keine passende Stelle frei wurde. Hans-Günther Sohl, dem passionierten Witzeerzähler, fiel bei diesem mißlichen Thema immer dieselbe Anekdote ein: »Es waren die Jahre, in denen bei der Hochzeit eines Kollegen der Brautvater in seiner Tischrede die Frage stellte: ›Was ist ein Bergassessor?‹ und selbst die Antwort gab: ›Ein Bergassessor ist ein Mann, der von seinem Vater so lange unterhalten wird, bis ihn der Schwiegervater übernimmt.‹«

Die Arbeitslosigkeit bildete für diese Generation eine prägende Erfahrung. 1932, auf dem Höhepunkt der Weltwirtschaftskrise, legte Sohl sein Assessorexamen ab. Auf die Berufsbezeichnung »Bergassessor« war er sein Leben lang stolz. In seinen Erinnerungen gibt Sohl die Worte des Oberberghauptmanns Flemming bei »der Urteilsverkündung« wieder: »Meine Herren, Sie haben alle ihr Examen bestanden, zwei mit ›ausreichend‹ und zwei mit ›gut‹. Für die Herren, die mit ›ausreichend‹ bestanden haben, habe ich im Staatsdienst keine Verwendung. Für die Herren, die mit ›gut‹ bestanden haben, habe ich im Staatsdienst zur Zeit leider auch keine Verwendung.«[44] Damit stand Sohl nach einer achtjährigen Ausbildung im »Bergfreien«, wie man in Bergmannskreisen sagt, und war nichts Besseres als einer von fünf Millionen Arbeitslosen – ein schockierendes Erlebnis für einen ehrgeizigen und prestigebewußten jungen Mann und eine Erfahrung, von der manche meinen, sie habe Hans-Günther Sohls Generation mehr geprägt als die Hitlerjahre.

Heinrich Kost, ansonsten ein typischer Exponent seiner Zunft, war dieses Schicksal erspart geblieben. Nach dem Studium hatte er bei der Nationalbank volontiert und war danach zur Deutschen Erdölgesellschaft (DEA) gewechselt, deren Expansion in den Steinkohlenbergbau er strategisch begleitet hatte. Gleichwohl heiratete er auch noch die richtige Frau: Sein Schwiegervater war Heinrich Pattberg, Generaldirektor der Haniel Zechen Rheinpreußen und Neumühl, eine Position, die Kost 1932 selber übernahm. Es mochte auch an seinem eigenwilligen Erkennungszeichen liegen, daß der kleine, runde Heinrich Kost im Revier rasch zu einer populären Figur wurde: eine Nelke, die er an 365 Tagen im Jahr in einem Wasserröhrchen am Revers trug. Die frischgepflückte Blume war durchaus eine Art Statussymbol. Sie kam aus einem Gewächshaus, das zur Grundausstattung eines jeden Bergwerksdirektors gehörte. In der Regel wohnten die Herren nämlich gleich neben dem Pütt. Dort wurde soviel Dampf gemacht, daß es mühelos für das Haus des Chefs reichte – und natürlich für sein Gewächshaus.[45]

Ende 1947 stand Kost vor einer gewaltigen Aufgabe. Er hatte den Wiederaufbau der Zechen zu bewerkstelligen, die Förderung zu beschleunigen. Alle schrien nach Kohle, Kohle, Kohle – die Alliierten, die Vertreter der deutschen Verkehrs- und Energiewirtschaft und die frierenden Deutschen, die der nächsten Kältewelle entgegenzitterten. »Kohle«, hatte der nordrhein-westfälische Wirtschaftsminister Erik Nölting inmitten des furchtbaren Frost- und Hungerwinters 1946/47 erklärt, »ist das deutsche Schicksal. Wer uns die Kohle nimmt, vernichtet uns.«[46] Im Kohlenbergbau, der schon vor dem Krieg einer der wichtigsten Industriezweige gewesen war, schien sich das ganze Schicksal der deutschen Wirtschaft zu entscheiden. Ohne Kohle gab es keine Primärenergie, keine industrielle Produktion, keine Zukunft.

Nach außen war das schwarze Gold bis auf weiteres das einzige deutsche Zahlungsmittel, nach innen wurde es wie eine Währung gehandelt. Der gewöhnliche Deutsche, nach der damals für »Normalverbraucher« geltenden Lebensmittelkarte gern auch »Otto Normalverbraucher« genannt, hatte keine Kohle, er klaute sie sich. Anfang 1947 durchbrachen die Menschen in den Großstädten trotz strenger Verbote zu Tausenden die Sperrgrenzen und stürmten die Kohlezüge, um Briketts für ihre Kanonenöfen zu ergattern. Der Kölner Kardinal Josef Frings eroberte sich einen Ehrenplatz in den Herzen seiner Gläubigen, weil er dem »Kohlenklau« großzügig Absolution erteilte und die Tat zum einfachen Mundraub erklärte. Im Kölner Sprachraum geht seither »fringsen«, wer sich außerhalb der Legalität Güter aneignet.

Aber selbst eine Kohleklaurate von zehn Prozent, die erheblich über der Hausbrandzuteilung lag, konnte das Dilemma nicht lösen: »Verhungert und erfroren« überschrieben die Berliner Zeitungen 1946/47 ihre tägliche Kältestatistik, in Hamburg zählten die Ärzte 60 000 Patienten mit Hungerödem. Der ZEIT-Verleger Gerd Bucerius machte in dem bitteren Winter den Vorschlag, alle in einen Winterschlaf zu versetzen, um den Kalorienverbrauch zu reduzieren. Dieser sogenannte Plan Murmeltier sorgte für viel Aufregung. Und die wunderlichen Elektroheizgeräte, die sich die frierenden Deutschen mit klammen Fingern zusammenbastelten, brachten so viele Menschen durch Stromschlag zu Tode, daß der Volksmund sarkastisch von »Witwentötern« sprach.

Heinrich Kost, nunmehr zum obersten Manager der deutschen Kohlenförderung bestimmt, brachte es auf den Punkt: »Es war die Zeit, da allen klar wurde, daß Kohle der Grundstoff in des Wortes wahrer Bedeutung ist, ohne den sich ein Leben der Zivilisation nicht führen läßt.«[47]

Ein ziviles, ein zivilisiertes Leben – das war es, was sich die Millionen Menschen, die der Krieg aus der Bahn geschleudert hatte, am sehnlichsten wünschten. Was sie gerade voller Entsetzen und in stummer Verstörung erlebten, war so ziemlich das genaue Gegenteil. Im Krieg waren fast vier Millionen Wohnungen unbrauchbar geworden, knapp die Hälfte des früheren Wohnraums, und das bei gut zehn Millionen Flüchtlingen aus den ehemaligen deutschen Ostgebieten, die alles, was sie noch besaßen,

*Konrad Adenauer und Heinrich Kost auf dem Steinkohletag
in Essen, 1958.*

mit sich herumtrugen, fast ohne Kleidung und Nahrung dastan-
den und dringend ein Dach über dem Kopf suchten. Dazu kamen
noch einmal zehn Millionen sogenannte »Displaced Persons« –
Ausländer und ehemalige Zwangsarbeiter zumeist, die durch die
Verschleppung nach Deutschland ihre Heimat, ihre Existenz verloren hatten und nun ziel- und mittellos umherirrten.

Es fehlte buchstäblich an allem. Die deutsche Wirtschaft
brachte Anfang 1946 nur etwa ein Viertel der Waren und Dienst-
leistungen zustande, die 1936 produziert worden waren – und
das bei weitem nicht in der alten Qualität. Der einzige Markt, der
inmitten dieser Ödnis prächtig gedieh und die bizarrsten Blüten

trieb, war der Schwarzmarkt. »Schwarz« war das neue Zauberwort, das in allen Kombinationen auftauchte: Schwarzbacken, Schwarzbrennen, Schwarzschlachten. Die hungernden Großstädter legten in Grünanlagen und Hinterhöfen Äcker an, sogar vor dem Lübecker Holstentor wurden Salate, Kohlrüben und Kartoffeln gezogen. Für ein Pfund Butter mußte ein Facharbeiter in der britischen Zone einen Monat lang arbeiten, einen Zentner Kartoffeln konnte er, wenn überhaupt, nur im Tausch gegen fünfzehn Zentner Kohle erwerben. Die drakonischen Strafmaßnahmen der Militärregierungen und der Polizei erwiesen sich als ungeeignet, das Schwarzmarktunwesen einzudämmen. Nach wie vor wurde die Mindestmenge von 2000 Kalorien am Tag nirgends auch nur annähernd erreicht. In der französischen Zone, die zum Großteil ländlich geprägt war, langte es nicht einmal für die Hälfte. Auf den Dörfern spielten die Mindestrationen allerdings nur für diejenigen eine Rolle, die keine Kontakte zu den örtlichen Bauern besaßen.

Die meisten Zeitgenossen hielten die grassierenden Mißstände für das Ende des Kapitalismus. Die Ära der Großindustriellen, die Hitler allem Anschein nach in den Sattel geholfen hatten, schien endgültig vorüber. »Das kapitalistische Wirtschaftssystem«, befand selbst die CDU in ihrem von Konrad Adenauer mitverfaßten »Ahlener Programm« im Februar 1947, sei den »staatlichen und sozialen Lebensinteressen des deutschen Volkes nicht gerecht geworden«. Die Zwangsbewirtschaftung der Alliierten funktionierte offensichtlich nicht. Der von der SPD propagierte Sozialismus mit staatlicher Planwirtschaft erschien vielen allzu kühn und verschwommen. Wie in aller Welt sollte es also weitergehen?

Ludwig Erhard wirkte zunächst wie der Rufer in der Wüste, als er verkündete, wie er die deutsche Wirtschaft wieder in Schwung bringen wollte, und die Idee der Marktwirtschaft in die Welt setzte. Der unkonventionelle fränkische Experte war bereits Ende April 1945 den in Fürth einrückenden Amerikanern so positiv aufgefallen, daß sie ihm den Aufbau der lokalen Industrie überantworteten. Schon bald war er Wirtschaftsberater für Mit-

Ludwig Erhard auf der Interzonenkonferenz der
Wirtschaftsminister und Sachverständigen der britischen und
amerikanischen Zone in Frankfurt, 1946. (Von links)
Viktor Agartz, Erich Kunert, Ludwig Erhard, Oberst Ellis Altman,
Erik Nölting, Rudolf Müller und Heinrich Koehler.

tel- und Oberfranken; und im September stieg er gar zum bayerischen Wirtschaftsminister im Mehrparteienkabinett von Wilhelm Hoegner auf. Seit September 1946 saß er nebenher im Verwaltungsrat für Wirtschaft, den Clay für die amerikanische Zone
gebildet hatte. Erhard plädierte in dieser Zeit vehement gegen die
Demontage und insbesondere gegen die von den Amerikanern
betriebene Dekartellisierung und Entflechtung der deutschen
Wirtschaft: Größe an sich könne doch kein ernsthaftes ökonomi-
sches Argument sein.

Ende 1946 wurde die bayerische SPD-Regierung abgewählt
und Erhard seinen Ministerposten los. Den Bayern blieb er als

schlampiger Behördenleiter in Erinnerung, seinem Ansehen schadete das offenbar nicht. Die Amerikaner holten ihn an die Spitze der Sonderstelle Geld und Kredit. Der Wirtschaftsrat der Bizone, eine Art Ersatzparlament, hatte im Sommer 1947 grünes Licht dafür gegeben. Der Schwerpunkt der deutschen Wirtschaft, predigte Erhard, müsse endlich weg von der Grundstoffindustrie, hin zur Konsumgüterproduktion verlagert werden. Vor allem aber sei eine Währungsreform nötig, um den Sumpf des Schwarzmarkts trockenzulegen. Die Amerikaner planten diesen Schritt schon seit längerem. Mit Edward A. Tenenbaum hatten sie einen tüchtigen jungen Beamten abgestellt, der sich um die technischen Belange des überfälligen Währungsschnitts kümmern sollte. Immerhin ging es um 500 000 Tonnen neues Geld, das hergestellt und auf scharf bewachten Zügen und Militärlastern zu den etwa 200 Zweigstellen der Landeszentralbanken gebracht werden wollte. Was den Amerikanern aber fehlte, war der *spirit*, eine zündende Idee, die das Projekt mit Leben erfüllen sollte.

Erhard lieferte sie. Im April 1948 war er Direktor der Verwaltung für Wirtschaft (VfW) in der Bizone geworden. Er trat die Nachfolge von Johannes Semler an, der von Militärgouverneur Lucius D. Clay Ende Januar entlassen worden war, weil er die US-Lebensmittellieferungen abschätzig als »Hühnerfutter« bezeichnet hatte. Jahre später sollte der CSU-Mann in Bremen im Zusammenhang mit dem Autobauer Borgward ein weiteres Mal unrühmlich in Erscheinung treten.

Ludwig Erhard, nunmehr eine Art Wirtschaftsminister unter alliierter Aufsicht, beherrschte sein Plädoyer gegen die »staatliche Befehlswirtschaft« und für die »freie Marktwirtschaft« mittlerweile im Schlaf. Er tat alles dafür, die bevorstehende Währungsreform zugleich für eine Wende in seinem Sinne zu nutzen. Er ging sogar so weit, das Horten von Waren zu fördern, damit diese am Tag X in den Regalen lägen. Gleichzeitig bereitete er die Aufhebung der Rationierung von Haushaltswaren und ein »Leitsätzegesetz« vor, das die gezielte Freigabe der Verbraucherpreise im Nahrungsmittel- und Konsumgüterbereich beinhaltete.

Die Mehrheit der Deutschen konnte sich damals gar nicht

vorstellen, daß die Wirtschaft ohne Beschränkungen funktionieren könne. Ganz typisch dafür war die Reaktion von Marion Gräfin Döhnhoff, die Erhard im Frühjahr 1948 auf einer Pressekonferenz erlebte und bei dieser Gelegenheit einen ersten Eindruck von seinen Vorstellungen gewonnen hatte. Anschließend notierte sie sich: »Wenn Deutschland nicht eh schon ruiniert wäre, dieser Mann mit seinem absurden Elan, alle Bewirtschaftungen aufzuheben, würde es gewiß fertigbringen. Gott schütze uns davor, daß er einmal Wirtschaftsminister wird. Das wäre nach Hitler und der Zerstückelung Deutschlands die dritte Katastrophe.«[48]

Der ebenso korpulente wie enthusiastische Wirtschaftsweise aus Franken sagte, zumindest damals, nie etwas, woran er nicht glaubte, völlig unabhängig davon, wer ihm zuhörte. Das machte ihn als Architekten der »sozialen Marktwirtschaft«, den Ausdruck hatte Alfred Müller-Armack schon 1946 geprägt, so überzeugend. Er erwartete nicht, daß die Deutschen mit ihren knurrenden Mägen seine mitunter theoretisierenden Reden verstanden. Es reichte, wenn sie ihm vertrauten. Nichts Geringeres verlangte er auch von General Clay, der ihn wütend zum Rapport einbestellte, nachdem er erfuhr, daß Erhard kurzerhand die Preisbindung für Konsumgüter aufgehoben hatte: Wie er es wagen könne, alliierte Regeln und Vorschriften eigenmächtig abzuändern? Erhards Antwort ging in die Geschichtsbücher ein: »Ich habe die Vorschriften nicht abgeändert, ich habe sie abgeschafft.«[49]

Am Sonntag, dem 20. Juni 1948, war es dann soweit: Die Währungsreform trat in Kraft. Im Tausch gegen 60 alte Reichsmark erhielt jeder volljährige Bewohner des Vereinigten Wirtschaftsgebiets 40 neue »Deutsche Mark«, zwei Monate später sollte es noch einmal 20 DM geben.

Tags darauf hielt Erhard eine als sensationell empfundene Radioansprache, vielleicht seine beste Rede überhaupt: »Ich appelliere nicht an einen dumpfen, nebelhaften Glauben, nicht an das Wunder der Unvernunft, wenn ich unser Volk in seinem Vertrauen zu unserer neuen Währung bestärken möchte, sondern ich appelliere gerade umgekehrt an den gesunden Sinn, die Einsicht und die Erkenntniskraft von Ihnen allen, wenn ich Ihnen vor Augen führe, daß eine Gefahr für die Stabilität des neuen Geldes nicht bestehen kann, wenn wir uns nur einer geordneten öffentlichen Haushaltsführung befleißigen und durch eine ebenso geordnete Geld- und Kreditpolitik dafür Sorge tragen, daß die Übereinstimmung von Güterprodukten und Kaufkraft gewahrt bleibt.«[50]

An diesem Montag, dem 21. Juni 1948, hatte sich auf den Märkten, in den Läden und Geschäften bereits ein bemerkenswerter Wandel vollzogen. Wo eben noch triste Schilder wie »Kein Brot – keine Nährmittel« prangten, um etwaige Kunden schon vor der Ladentür abzuschrecken, stapelten sich plötzlich Lebensmittel, Obst und Gemüse, flankiert von anderen Kostbarkeiten des täglichen Bedarfs wie Seife, Rasierklingen und Fahrradschläuchen, eingerahmt von Schuhen, Kleidern und Textilien, deren Existenz fast schon in Vergessenheit geraten war. Ein frischer Wind wehte durch die Trümmerlandschaft. Selbst der Volkswagen, den Hitler den Deutschen einst für einen Preis von unter tausend Reichsmark versprochen hatte, war auf einmal lieferbar, allerdings kostete er nun stolze 5300 DM. Trotzdem: über den Berg waren die Deutschen noch nicht, auch wenn der leidige Schwarzmarkt und die Schwarzhändler, die nun plötzlich als »Parasiten am schaffenden Volk« beschimpft wurden, buchstäblich über Nacht verschwanden.

Nach einer Allensbach-Umfrage schätzte Ende Juli 1948 fast die Hälfte von ihnen ihre persönliche Lage schwieriger ein als vor dem 20. Juni. Nicht nur das Warenangebot, auch die Preise und die Arbeitslosigkeit schossen in die Höhe – ein fataler Aufwärtstrend, von dem nur die Löhne ausgenommen blieben. Im Herbst schrieben die Zeitungen, daß die Widerstände gegen Erhards Wirtschaftspolitik »lawinenartig« angewachsen seien. »Uns reicht es«, tönte der frischgewählte DGB-Chef Hans Böckler. Für den 12. November riefen die Gewerkschaften zum Generalstreik auf. Kurt Schumacher, der streitbare und unversöhnliche Führer der SPD, wetterte zum ersten Male gegen eine Politik, die nur

Die Währungsreform vom 20. Juni 1948 bedeutete das Ende der »Zigarettenwährung«. Die Auslagen der Geschäfte waren plötzlich mit Waren aller Art gefüllt.

dazu angetan sei, »die Armen ärmer und die Reichen reicher« zu machen. Die Kehrtwende von der Zwangs- zur Marktwirtschaft war vollzogen. Aber Erhard stand unter Druck, der politische Kampf begann erst. Bis sich sein Konzept durchsetzte, sollte es noch fünf lange Jahre dauern.

3
Gründergeist zwischen Ruinen –
die Pioniere der frühen Marktwirtschaft
(1948 bis 1950)

Als das »Dritte Reich« zu Ende gegangen und die »Goldfasane« verschwunden waren, krochen die Menschen halb betäubt unter den Trümmern hervor und versuchten, wieder auf die Beine zu kommen. Jahrelang kannten sie nur noch eine Parole: »Raus aus dem Dreck«.

Der Schriftsteller Bruno E. Werner machte 1946 einen Besuch in Berlin und berichtete von der »Morbidezza« des Berliners, der mit der Zähigkeit seiner Klasse aus seinem gerade zusammengebrochenen Haus herauskroch und zu seiner Frau sagte: »Alma, sieh mal nach, ob die Tür noch heil ist. Da bauen wir ein neues Haus dran.«

Auch die Wundertäter suchten ihr Heil in der Flucht nach vorn. Die Brötchen, die sie in den ersten Jahren nach Kriegsende backen durften, waren klein. Aber sie wußten sich zu helfen. Hans-Günther Sohl handelte mit Düngemitteln und Dachpfannen. Hermann Josef Abs versuchte sich als Landwirt und verkaufte die Äpfel seines Obstgutes an Geschäftsfreunde. Egon Overbeck, Generalstabsoffizier und Generaldirektor bei Mannesmann in den sechziger Jahren, hielt sich mit einer Dackelzucht über Wasser. Carl Winnacker von Hoechst fing an zu gärtnern. Formal herrschte immer noch die Kriegswirtschaft. Aber auf dem Schwarzen Markt wurden alle Bewirtschaftungsregeln virtuos umgangen. Das wurde auch deshalb zum Volkssport, weil Wirtschaftsvergehen nicht mehr mit der Todesstrafe geahndet wurden.

Nach der »Zwangspause«, wie Josef Neckermann seine Haftzeit etwas wolkig umschrieb, trieb ihn nur noch ein Gedanke an:

»Arbeiten, anpacken, aufbauen.« Aber bis er mit seinem ersten, gerade einmal zwölfseitigen Versandhandelskatalog herauskam, dem er hochgemut die Nummer 119 gab, sollte noch einige Zeit vergehen. Nach eigener Aussage widmete sich auch Hans-Günther Sohl nur einem einzigen Gedanken: »Wie können wir die deutsche Wirtschaft wieder auf die Beine bringen? Wie können wir das, was in Deutschland verdorben worden ist, wieder versuchen gutzumachen oder jedenfalls, wie können wir dazu beitragen?«[51] Aber auch er leistete sich solche Reflexionen erst ex post, als er längst Pensionär war.

Mit der Reform der Währung schien sich der deutschen Wirtschaftspolitik in der Tat erstmals wieder ein gewisser Handlungsspielraum zu eröffnen. Eine Grundrichtung war am Tage des Währungsschnitts schon sichtbar geworden: Es traf vor allem die Sparer und ihre Guthaben. Wer dagegen Sachwerte besaß – Grund und Boden etwa, Häuser, Betriebe oder Bergwerke –, stand formal ungleich besser da – auch wenn man einen Lastenausgleich vorgesehen hatte, um die Ungerechtigkeiten der Währungsunion wenigstens teilweise zu kompensieren. Die Weichen für die zukünftige Vermögensverteilung waren gestellt. Nur: Was waren die Industriebrachen noch wert, die sich insbesondere im Ruhrpott ausdehnten, so weit das Auge reichte? Auch diejenigen, die wie Ernst von Siemens, der letzte Enkel des Firmengründers, wenigstens ihr Paket an Familienaktien aus dem Zusammenbruch hatten retten können, standen vor dem Nichts. Die Papiere besaßen keinerlei Wert mehr. Ihren Eigentümern, so formulierte es der spätere Chef des Hauses Siemens kurz und bündig, blieb nach dem Krieg nur die Wahl, »wieder etwas aufzubauen oder mit Aktien zu heizen«.[52]

Wenn nach dem Krieg das »schwarze Gold« der Kohle, um mit Heinrich Kost zu sprechen, der Grundstoff des zivilisierten Lebens war, so bildete der Stahl den elementaren Baustoff für den Wiederaufbau. »Kohle und Eisen«, registrierte Wilhelm Zangen, der ehemalige Vorstandsvorsitzende der Mannesmann AG, als er Ende Februar 1946 wieder auf freien Fuß kam, »standen im Mittelpunkt des politischen Geschehens«.[53]

Die Bosse der Stahlindustrie waren keine bescheidenen See-len. Weil ihr Produkt weder im Krieg noch im Frieden zu ersetzen war, fühlten sie sich als die Herren des wirtschaftlichen Geschehens. In den fünfziger Jahren war Stahl noch immer eine Machtformel, ganz im Sinne der von Ernst Moritz Arndt in seinem »Vaterlandslied« ausgedrückten Überzeugung: »Der Gott, der Eisen wachsen ließ, wollte keine Knechte.«

Die Stahlbranche war und blieb das unternehmerische Herzstück der Schwerindustrie. Kohle und Eisenerz hießen die beiden wichtigsten Rohstoffe, die sie dafür brauchte. Der 1920 geborene Günter Vogelsang, lange Jahre bei Krupp im Geschäft und später umworbener Solitär in der westdeutschen Finanzlandschaft, erklärt das komplizierte Verfahren so nonchalant, wie es wohl nur jemand kann, der sich in der imponierenden Industriekulisse eines Hüttenwerkes auskennt wie in seiner Westentasche: »Man schmeißt das Roherz oben in den Hochofen rein, wirft den Koks dazu. Das blanke Erz, vom Sauerstoff befreit, kommt aus dem Hochofen raus und wird abgegossen. Anschließend wird es im Konverter vom Kohlenstoff befreit. So wird aus Erz Stahl.«[54]

Noch bis in die sechziger Jahre des vergangenen Jahrhunderts herrschte in der Schwerindustrie der harte Kern des »Ancien régime«. Damit waren vor allem die ehemaligen Führungskräfte der Vereinigten Stahlwerke (VSt) gemeint. Wegen der besonderen Konstruktion des Vorstandes dieses Stahlvereins, in dem Rücksicht auf die Chefs der bis zum Beitritt selbständigen Unternehmen genommen werden mußte, war er zu Beginn mit einer ungewöhnlich großen Zahl von »Herzögen« bestückt. Nach 1945 waren sie es, die im Revier für Kontinuität sorgten und eifersüchtig darauf achteten, daß Außenseiter nicht zum Zuge kamen.

Dabei besaß Stahl bei weitem nicht mehr die überragende strategische Bedeutung, die er noch ein paar Jahrzehnte vorher hatte, als er in Unmengen für den Bau monströser Schlachtschiffe benötigt wurde. Die aktuelle Trophäe des Wettrüstens, die Atombombe, kam fast ganz ohne Stahl aus. Aber die herkömmliche Überzeugung, daß sich Stahl auf Macht reime und sehr wohl geopolitische Entscheidungen beeinflussen könne, sie galt noch immer als eine Binsenweisheit, die natürlich auch von den drei Westmächten geteilt wurde. In einem Rechenschaftsbericht brachte der Verbandsfunktionär Ruprecht Vondran diesen Sachverhalt auf den Punkt: »Stahl war für die Siegermächte 1945 ein Produkt, das die Deutschen allenfalls für Pflüge, Nachttöpfe und Konservendosen produzieren sollten, auf keinen Fall aber für Brücken, Lastwagen oder Schiffsbleche.«[55]

Deswegen mußten sich die Vertreter der deutschen »eisenschaffenden Industrie« nach den Gefährdungen durch Krieg und Demontage noch auf eine dritte »Plage«, wie sie es nannten, gefaßt machen: die radikale »Neuordnung« ihrer Strukturen. Die Alliierten wünschten die Entflechtung, sprich Zerschlagung, der deutschen Montankonzerne: Kohle und Stahl, so lautete ihre erste wirtschaftspolitische Grundregel, durften auf keinen Fall in einer Hand bleiben. Die vertikale Integration der Stahlindustrie, die Kohleförderung, Stahlproduktion, verschiedene Aktivitäten im Maschinenbau, im Lastwagenbau und nicht zuletzt in der Rüstung umfaßt hatte, sollte vollständig aufgelöst werden, um zukünftigen deutschen Angriffskriegen die materielle Basis zu entziehen.

Im Stahl nach dem Krieg unternehmerischen Erfolg zu haben, war – anders als in der Kohle – mühselig. Die Hütten waren zum großen Teil zerstört. Die Schmieden, die Hammerwerke, die Walzwerke lagen in Trümmern. »Alle Bürogebäude sind verloren«, schrieb Hans-Günther Sohl 1945 an einen alten Kollegen, »die Angestellten sitzen in den Trümmern der Düsseldorfer Königsallee. Es wird bestimmt nicht leicht sein, die Dinge in Ordnung zu bringen.« Im sogenannten Sohl-Kreis, zu dem sich die Reste der alten Stahlgarde Ende Mai 1945 in Düsseldorf versammelten, gab er seinen Getreuen eine düstere Einschätzung zur Lage der Stahlwerke: »Hamm: sehr schlecht. Haspe: Werk liegt noch still, Essen: Krupp sehr ungünstig, Huckingen: ein Hochofen arbeitet.«[56] Was an Ausrüstungen und Anlagen noch einigermaßen intakt geblieben war, mußte im Zuge der Demontagen bald abgebaut und als Wiedergutmachung vor allem an jene Länder geliefert werden, die besonders unter dem Zweiten Weltkrieg gelitten hatten.

Die Briten machten mit der in ihrer Besatzungszone konzentrierten Montanindustrie erst einmal kurzen Prozeß. Im Dezember 1945 wurden an die 70 Gesellschaften des Stein- und Braunkohlenbergbaus beschlagnahmt, am 20. August 1946 sperrte die Militärregierung die Vermögen sämtlicher Großunternehmen der sogenannten eisenschaffenden Industrie. Zwei Wochen später, am 6. September, hielt der amerikanische Außenminister James F. Byrnes seine vielbeachtete Stuttgarter Rede. Byrnes plädierte dafür, den Deutschen ein Industriepotential zu belassen, das die »Aufrechterhaltung eines durchschnittlichen europäischen Lebensstandards ohne die Hilfe anderer Länder ermöglicht«.[57] Eine Wende zum Konstruktiven zeichnete sich am 15. Oktober 1946 auch in der britischen Zone ab – mit der Gründung der »Treuhandverwaltung im Auftrage der North German Iron and Steel Control«. Immerhin sollte die neue Behörde ausdrücklich mit deutschen Fachkräften besetzt und jede weitere unnötige Störung der Produktion vermieden werden. Ihr zentraler Auftrag lautete gleichwohl: Zerlegung der deutschen Eisen- und Stahlkonzerne in selbständige Produktionseinheiten.

Zum Leiter der Treuhandverwaltung machten die Briten einen Kenner der Materie: Heinrich Dinkelbach, den ehemaligen Finanzdirektor der Vereinigten Stahlwerke (VSt). Dinkelbachs Lebenslauf liest sich wie der Erfolgsroman eines amerikanischen Selfmademan.[58] Der Arbeitersohn aus Mülheim an der Ruhr machte eine dreijährige kaufmännische Lehre, trat mit neunzehn Jahren als kleiner Angestellter bei Thyssen ein. Sechsundzwanzig Jahre danach war er ordentliches Vorstandsmitglied der Thyssen-Hütte. Er schaffte diese atemberaubende Karriere ohne Stammbaum und Kapital, nur über das Rechnungswesen. In den Vereinigten Stahlwerken setzte er ein einheitliches Abrechnungswesen durch – für 177 Tochterunternehmen. Das läßt ahnen, daß er ein Potential hatte, mit dem er Bäume versetzen konnte.

Dinkelbach war das einzige VSt-Vorstandsmitglied, das 1945/46 keine Stunde im Internierungslager zugebracht hatte.

Warum die Briten auf Dinkelbach verfielen, ist heute nur noch schwer festzustellen. Vielleicht spielte eine Rolle, daß er ein Katholik war, der aus der Arbeiterbewegung und dem Umkreis von Karl Arnold, dem ersten Ministerpräsidenten von Nordrhein-Westfalen, stammte und daß er der katholischen Soziallehre anhing. So gesehen war es kein Wunder, daß er den Briten geradezu als das Gegenteil eines Ruhrindustriellen erschien. Außerdem war er schneller und heller im Kopf als mancher Ruhrbaron. Schon im Oktober 1945 hatte er sich erste Gedanken zur »Neuordnung der Wirtschaft« gemacht. Er schlug vor, Betriebe, die schon eine Produktionserlaubnis hatten, aus den Konzernen auszugliedern und zu einer Rechtspersönlichkeit »besonderer Art« zu machen, statt auf eine dauerhafte Lösung zu warten. Seiner Meinung nach war der Notstand der Stahlindustrie so groß, daß er »nicht behoben werden konnte, ... ohne daß Besatzungsmacht und deutsche öffentliche Stellen mitwirkten«.[59] Den Ruhrgewaltigen war nicht nur dieser Plan, sondern Dinkelbachs ganze Persönlichkeit verdächtig. Fritz Berg witterte in ihm einen »Kollaborateur«. Wilhelm Zangen, damals noch Generaldirektor von Mannesmann, und Günter Henle, Chef des Hauses Klöckner, wehrten sich mit Zähnen und Klauen gegen die ihrer Meinung nach katastrophale Denkschrift. Sie glaubten nicht, daß die Aufteilung in kleinere Einheiten wirtschaftlich sein könnte.

Aber auch den Briten, die ihn geholt hatten, war Dinkelbach nicht geheuer. Ein Angehöriger der englischen Besatzungsmacht notierte, daß »Manager wie Dinkelbach die Ruhrindustrie und auch die finanziellen Interessen der Aktienbesitzer sehr viel besser als die offiziellen Sprachrohre der alten Familien an Rhein und Ruhr vertreten hätten ... Zur Strategie, mit der Besatzungsmacht einerseits zu kollaborieren, um die Produktion wieder anzukurbeln, andererseits aber gleichzeitig über die endgültige Verteilung des Aktienbesitzes zu schweigen, gab es keine realistische Alternative.«[60]

Ganz oben auf der alliierten Liste der zu entflechtenden Firmen stand natürlich Dinkelbachs alter Arbeitgeber, die Vereinigten Stahlwerke mit Sitz in Düsseldorf. Danach rangierten Konzerne wie Friedrich Krupp in Essen mit 60, Peter Klöckner in Duisburg und Mannesmann in Düsseldorf mit jeweils 30 Töchtern, gefolgt von der Gutehoffnungshütte in Oberhausen, Hoesch in Dortmund, Otto Wolff in Köln und so weiter. Die Aufspaltungen in selbständige Gesellschaften, die ja nicht als entschädigungslose Enteignungen gedacht waren, schufen neue Besitzhäufungen. Die Altaktionäre beispielsweise erhielten an den Nachfolgegesellschaften im Verhältnis genau dieselben Beteiligungen, die sie vorher besessen hatten. Die Frage der Sozialisierung der Grundstoffindustrien, die vor allem die SPD kategorisch verlangte, wurde bis auf weiteres vertagt. Die von den Amerikanern geschaffenen Fakten deuteten auf ein anderes Ziel hin: ein Privatkapitalismus mit Wettbewerb und freiem Markt, getragen von normal dimensionierten, lebensfähigen Unternehmen, organisiert nach amerikanischem Vorbild. »Speck oder Sozialisierung«, lautete ein Schlagwort der Stunde, das dazu angetan war, die Neuordnung der Besitzverhältnisse in ein schlechtes Licht zu rücken.

Dafür signalisierten die um den Fortbestand bangenden Direktoren der westdeutschen Stahlkonzerne, voran Hermann Reusch von der Gutehoffnungshütte und Dr. Jarres von den Klöckner-Werken, ihre Bereitschaft, Arbeitern und Gewerkschaften ein stärkeres Mitspracherecht zuzubilligen. »Wir wollen uns den Forderungen einer neuen Zeit nicht verschließen«, ließen sie Anfang Januar 1947 verlauten, »und stimmen einer Beteiligung auch der Arbeitnehmerschaft an der Planung und Lenkung sowie an den Aufsichtsorganen für die großen Erwerbsgesellschaften der Eisen- und Stahlindustrie voll und ganz zu« – immer in der Hoffnung, wie sie hinzufügten, »unsere für die Gesamtwirtschaft so ungemein wichtige Schlüsselindustrie endlich von einem politischen Odium zu befreien und die in ihr schlummernden Kräfte zu voller Entfaltung für die friedliche Wiederaufbauarbeit zu bringen«.[61]

Hermann Reusch stand ungeachtet dieser schönen Worte einer echten Mitbestimmung der Arbeiterschaft skeptisch bis ablehnend gegenüber – ganz wie sein Vater, der Kommerzienrat

Paul Reusch, der in den 1930er Jahren Generaldirektor der Gutehoffnungshütte AG gewesen war. 1942 hatte der alte Reusch, auch wegen seiner reservierten Haltung der nationalsozialistischen Ideologie gegenüber, dem Vorstand den Rücken gekehrt, zusammen mit seinem Sohn Hermann, der 1937 im Alter von 43 Jahren in den Vorstand der Gutehoffnungshütte aufgerückt war. Nach dem Krieg kehrte Hermann Reusch zurück, Anfang 1947 übernahm er den Vorstandsvorsitz. Daß er der Arbeiterschaft, erst recht den Gewerkschaften in Wirklichkeit keinen echten Einfluß auf die Betriebsführung zugestehen wollte, zeigte sein Rücktritt als Vorsitzender der Wirtschaftsvereinigung Eisen- und Stahlindustrie im Juni 1947.

Was Reusch anstelle der gesetzlich verankerten Mitbestimmung – schon das Wort mied er konsequent – vorschwebte, war die innerbetriebliche Regelung aller sozialen Fragen, sozusagen im Stile des gütigen, aber unangefochten waltenden Patriarchen. Eine traditionelle Vorstellung, die in der Weimarer Republik durchaus populär gewesen war. Seiner Überzeugung nach kam es beim Wiederaufbau in erster Linie darauf an, »zwischen Arbeitgebern und Arbeitnehmern ein enges Verhältnis von Mensch zu Mensch herzustellen, und nicht etwa von Arbeitgeberverband zu Arbeitnehmerverband zu verhandeln«.[62] Reuschs Einstellung wurde auch von Hans-Günther Sohl geteilt, dem die Montanmitbestimmung gleichfalls schwer im Magen lag. Von Gewerkschaften hielten die in der autoritären Tradition des Kaiserreichs großgewordenen Bergassessoren wenig.

Zum Jahreswechsel 1947/48 saß Hans-Günther Sohl wieder an seinem Schreibtisch in einem notdürftig hergerichteten Büro in der Düsseldorfer Königstraße. Während der Internierung hatte sich für Sohl offenbar niemand recht interessiert. Kein einziges Mal hatten ihn die Alliierten zur Person verhört, nur als Zeugen vernommen. Das bestärkte Sohl in seiner Überzeugung, daß die Führungskader von Kohle und Stahl letztlich nur interniert worden waren, damit sie bei den Demontage- und Entflechtungsmaßnahmen nicht im Wege standen. Ende 1947 wurde er wieder in den VSt-Vorstand berufen, um genau dabei mitzuwirken: Sohl sollte als Liquidator sein altes Unternehmen auflösen. Er dachte jedoch gar nicht daran, sondern tat alles, um sein altes Unternehmen wiederauferstehen zu lassen. Es sollte wieder so werden, wie es einmal war.

Seitdem feststand, daß die im Oktober 1944 durch Luftangriffe schwer zerstörte und seither weitgehend lahmgelegte August-Thyssen-Hütte (ATH) in Duisburg-Hamborn demontiert werden sollte, zog Sohl alle Register. In der Überzeugung, daß Widerstände dazu da sind, beiseite geräumt zu werden, ging er mit unendlicher Konsequenz vor und nutzte seine Vorteile erbarmungslos aus. Er machte weniger Fehler als Krupp und konnte sich von der zweiten Position nach vorne arbeiten. Sohl war fest entschlossen, das größte deutsche Hüttenwerk zu erhalten. Er wußte genau, daß Demontage im Falle der ATH, die gemeinsam mit dem Dortmund-Hörder Hüttenwerk und den Reichswerken Salzgitter das Rückgrat der deutschen Stahlindustrie gebildet hatte, nur Verschrottung bedeuten konnte. Gewiß, die Zerstörungen waren beträchtlich, der Wert der noch bestehenden Anlagen aber ebenfalls. Da waren »acht Hochöfen mit Sinteranlage und Schlackenverwertung, Kraftanlagen mit Gasdynamos, das Thomasstahlwerk mit sieben Konvertern, ein Elektrostahlwerk mit zwei Hochfrequenz- und fünf Lichtbogenöfen, Walzwerke mit drei Block- und neun Fertigstraßen und das Feinblechwalzwerk mit vier Warmstraßen, zwei Dressierstraßen und einem Quartogerüst zum Kaltwalzen«.[63]

Worauf Sohl hoffte, war ein verläßliches »Permit«, eine Produktionserlaubnis der Besatzungsmächte, die eine Zukunftsplanung erlaubte. Mit den verfügbaren technischen Mitteln und den verständlicherweise wenig motivierten Arbeitern war weder die Demontage noch die von Sohl erhoffte Rekonstruktion zu bewerkstelligen. Er spannte alle ihm bekannten Politiker in Düsseldorf und Bonn zur Rettung seiner Hütte ein, genauso die Kirchen und Gewerkschaften, die Industrie- und Handelskammern sowie die Oberbürgermeister im Revier – selbst vor den Repräsentanten der Siegermächte schreckte Sohl nicht zurück.

Ganz im Gegenteil: Joan S. Crane, einer deutschstämmigen

Amerikanerin, deren Mann die rechte Hand eines einflußreichen Senators war, spielte Sohl regelmäßig Hintergrundinformationen über die Lage im Revier zu. Derart auf dem laufenden gehalten, konnte Mrs. Crane hochrangige Politiker in Washington mühelos vom Widersinn der Demontage – insbesondere von der Verbohrtheit der Briten – bei gleichzeitiger amerikanischer Marshallplan-Hilfe überzeugen. Im September 1949 erwirkte sie sogar eine Eingabe gegen die Demontage an das State Department, auf der die Unterschriften von 44 der 69 in Washington anwesenden Senatoren prangten. Die große Wende im Kampf gegen die Demontage erfolgte nur ein paar Wochen später, Ende November 1949. Sohl wußte das erfolgreiche Antichambrieren der attraktiven Deutsch-Amerikanerin durchaus zu schätzen: Er lud die Dame nicht nur immer wieder ein, sondern ließ sie porträtieren, selbstverständlich in Öl. Das Ergebnis plazierte er stolz in der Duisburger Firmenzentrale – gleich neben dem Konterfei des Unternehmensgründers August Thyssen.

»Wir müssen aber Geduld haben«, mahnte Konrad Adenauer auf einer Feierstunde anläßlich des Demontagestopps am 20. Dezember 1949. Erst am 7. Mai 1951, sechs Jahre nach Kriegsende, konnte der erste Hochofen der Hütte wieder angeblasen werden.

In den meisten anderen entflochtenen und umgegründeten Gesellschaften der eisenschaffenden Industrie, insgesamt 26 an der Zahl, kamen die Feuer schneller wieder in Gang. Dennoch zog sich die Umstrukturierung nicht selten bis in die frühen fünfziger Jahre hin. Der Gutehoffnungshütte-Konzern beispielsweise erhielt erst Anfang 1953 grünes Licht für seine neue Ordnung. Ähnlich lang dauerte es bei Klöckner und noch länger bei Krupp, wo der Entflechtungsplan sogar bis ins Jahr 1959 reichte: Bis Anfang Februar sollte sich Alfried Krupp von der Kohle getrennt und die »Hüttenwerk Rheinhausen AG«, die »Bergwerke Essen-Rossenay AG« und die »Harz-Lahn-Erzbergbau AG« verkauft haben.

Daß die amerikanischen Offiziere in der Regel sehr viel besser über die deutsche Schwerindustrie Bescheid wußten als die Briten, was diese bereits zu Kontrollratszeiten neidvoll anerkennen mußten, lag natürlich nicht nur an den Informationen, die Hans-Günther Sohl über Joan S. Crane zu lancieren suchte. Die Amerikaner profitierten auch von den Kenntnissen eines außergewöhnlichen jungen Mannes, der seinen kometenhaften Aufstieg – und seinen jähen Absturz – noch vor sich hatte. 1950 kürte ihn das US-Magazin »Time« zum Wirtschaftswunderknaben Nr. 1: Willy H. Schlieker.

Im Katastrophenjahr 1914 kam er als Sohn eines Werftarbeiters in Hamburg zur Welt. Seine Ausbildung erhielt er als kaufmännischer Lehrling. Anschließend war er arbeitslos, von 1934 bis 1938 lebte er als Handelsvertreter in Haiti und verkaufte dort für deutsche Firmen Zement und Maschinen. Danach gelang ihm bei den »Vereinigten Stahlwerken« eine schnelle Karriere. 1944, gerade dreißigjährig, war er zum Abteilungsleiter in Speers Amt für Rüstungslieferung aufgerückt – ein Posten, von dem aus er als kleiner Regierungsrat die gesamte Eisen- und Stahlindustrie organisierte, mit Rohstoffen versorgte und durch die Endphase des Krieges lotste.

Nicht umsonst galt der fleißige, intelligente und unbekümmerte Schlieker als »Albert Speers Meisterschüler«. Daß die einschlägigen Produktionsziffern bis Kriegsende nicht nur nicht einbrachen, sondern sogar leicht anstiegen, war vor allem sein Werk gewesen. Infolgedessen, sagt der sechs Jahre jüngere Günter Vogelsang, der Schlieker aus nächster Nähe erlebte, sei Schlieker »einer der besten Kenner der deutschen Eisen- und Stahlindustrie« gewesen: »Er war so versiert, daß er von jedem Standort, an dem Eisen oder Stahl produziert wurde, genau sagen konnte, welche Aggregate dort standen, ob ein Hochofen mit sechs Meter Gestell-Durchmesser dasteht, ein Siemens-Martin-Stahlwerk, ein Thomaswerk. Er kannte die gesamte deutsche Stahllandschaft aus dem Effeff und natürlich alle Leute, die während des Krieges in den Vorständen der Stahlunternehmen saßen. Nach dem Krieg waren die meisten davon interniert. Schlieker nicht.«[64]

Daß der gebürtige Hamburger weder Mitglied der SA noch der SS und unter Speer vermeintlich nur mit der Lösung technischer Fragen befaßt gewesen war, reichte den Amerikanern, um sich seiner schwerindustriellen Sachkenntnisse zu versichern. Die Briten reagierten und machten Schlieker Ende 1946 zum Leiter ihres neuen Verwaltungsamts für Stahl und Eisen in Düsseldorf. Dort tat er mit der ihm eigenen Unbekümmertheit weiterhin das, was er am besten konnte: Organisieren im großen Stil – auch wenn die Dimensionen notgedrungen etwas kleiner geworden waren.

Problematisch wurde es für Schlieker erst, als die alte Garde der Ruhrmanager wieder auf ihre Vorstandssessel zurückkehrte. Die angestammten Platzhirsche wollten sich bei Schlieker für dessen Selbstherrlichkeit revanchieren und verfielen auf das Naheliegende: Sie schwärzten ihn bei den Alliierten an. Plötzlich hagelte es belastende Zeugenaussagen. Ein Spruchkammerverfahren stufte Schlieker daraufhin in die Gruppe III der »Minderbelasteten« ein. Das reichte, um sich aus dem neuen Amt für Eisen und Stahl verabschieden zu müssen.

Aber die Ruhrbarone unterschätzten die Zähigkeit des Proletariersohnes, dessen Vater sich als Kesselschmied auf Hamburger Werften durchgeschlagen hatte. So einfach ließ sich der junge Schlieker nicht abservieren. Im Sommer 1948, noch vor »der Währung«, kaufte er sich den Firmennamen des alten schlesischen Eisenhandelsunternehmens Otto R. Krause. »Die deutsche Wirtschaft«, diktierte er dem »Spiegel«, sei nichts anderes als ein »Naturschutzpark. Und in den Naturschutzpark der Eisenhändler konnte ich überhaupt erst eindringen, nachdem ich den Mantel von der Witwe Krause hatte.«[65]

Nach dem 20. Juni 1948 konnte Schlieker dann richtig loslegen. Er brachte Kohle aus nordamerikanischen Gruben ins Revier und lieferte dafür deutschen Stahl nach Übersee. Nach dem Ende der Berlin-Blockade kam er sogar mit den Sowjets ins Geschäft und tauschte in großem Stil Stahl gegen Textilien und Fertigwaren ein. Binnen Kürze wurde der quirlige Selfmademan reich und durfte sich im Glanz des ersten Neu-Millionärs der Marktwirtschaft sonnen. Doch von seinen märchenhaften Gewinnen als Händler fühlte er sich schon bald gelangweilt. Er wollte endlich dort groß herauskommen, wo sich sein Vater zeitlebens als Arbeiter abgerackert hatte: im Hamburger Hafen, am besten als Werftbesitzer und Großreeder. Daß er diese Hybris teuer bezahlen sollte, wird später noch zu beleuchten sein.

Auch wenn die Besatzungsmächte in Westdeutschland dabei waren, sich in Verbündete zu verwandeln – das letzte Wort im Eisen- und Stahlbereich, ebenso in der Kohle, hatten allein sie. Von der durchgreifenden Deregulierung der Wirtschaft, wie sie Ludwig Erhard vorschwebte, war hier weit und breit nichts zu sehen. Im Gegenteil: Die britische North German Iron and Steel Control, Sitz in Düsseldorf, wandelte sich Ende 1948 in die britisch-amerikanische Steel Group. Im April 1949, mit dem Beitritt der Franzosen, erblickte die Combined Steel Group das Licht der Welt. Die zulässigen Produktionsmengen wurden den deutschen Stahlindustriellen nach wie vor auf die Tonne genau vorgeschrieben. Bereits im Vorfeld des ersten sogenannten Industrieniveauplans, der am 26. März 1946 noch von allen vier Siegermächten gemeinsam abgesegnet wurde, hatte es um die Höhe der Stahlziffern die heftigsten Streitereien gegeben. Demnach durften 5,8 Millionen Tonnen in allen vier Besatzungszonen zusammen hergestellt werden – kaum ein Drittel der deutschen Vorkriegsproduktion. Daß die tatsächliche Erzeugung nicht einmal diese bescheidene Marke erreichte, kennzeichnete die desolate Lage der Branche. Die Herstellung militärisch verwendbarer Güter und Produkte – Flugzeuge, Seeschiffe, Aluminium, Magnesium, synthetisches Benzin, Öl, Gummi oder Kugellager – war den Deutschen strikt verboten.

Der Werkzeugmaschinenbau durfte nur noch 11 Prozent der Vorkriegsproduktion ausmachen. Fast alle Betriebe, die schwere Werkzeugmaschinen gebaut hatten, wurden komplett demontiert, darunter auch die Schiess-Defries AG in Düsseldorf, die in dieser Branche Weltruf besaß. Im Vorstand von Schiess hatte Wilhelm Zangen gesessen, ehe er 1934 zu Mannesmann gegangen war. 1300 Mann, schreibt Zangen in der Rückschau, mußten nach 1945 bei Schiess ihre eigenen Werkstätten demontieren und zum Abtransport in die Sowjetunion und nach Jugoslawien verpacken. Bei schweren Maschinen durften die Deutschen nur noch

*Protestaktion gegen die Demontage der August-Thyssen-Hütte
in Hamborn, 1949.*

31, bei chemischen Grundstoffen 40 Prozent des Vorkriegs-
standards herstellen. Von den Reglementierungen ausgenommen
blieben lediglich die Kohleförderung und die Konsumgüterindustrie. In der Bizone wurde das Limit der Stahlproduktion auf
10,7 Millionen Tonnen ausgeweitet. Die sogenannten Washing-
toner Vereinbarungen vom 13. April 1949 erhöhten die Grenze
auf 11,1 Tonnen. Tatsächlich flossen 1949 nur rund 9 Millionen Tonnen aus den deutschen Hochöfen. Die Herstellung von
Flugzeugen und synthetischem Benzin blieb weiter untersagt.
Schiffe durften wieder gebaut werden, allerdings nur bis zu einer
Größe von 7200 BRT und einer Geschwindigkeit von höchstens
12 Knoten.

Im Frühjahr 1949, die Bundesrepublik Deutschland war

noch nicht in der Welt, wurde deutlich, daß die alliierte Kontrolle der deutschen Schwerindustrie ihre Grenzen hatte: keine Enteignung, keine Verstaatlichung, keine Flächendemontage, kein exterritoriales Ruhrgebiet. Auf Betreiben Frankreichs, das sein traditionelles Verlangen nach der Internationalisierung des Ruhrgebiets niemals aufgegeben hatte, wurde am 28. April 1949 eine internationale Kontrollinstanz für die Ruhr ins Leben gerufen. In der sogenannten Ruhrbehörde, die auf dem Ruhrstatut vom 29. Dezember 1948 basierte, saßen die drei westlichen Siegermächte, flankiert von den Vertretern Belgiens, Luxemburgs und der Niederlande. Das Ruhrgebiet blieb zwar Teil des deutschen Staatsgebiets – daß es noch gar keinen deutschen Staat gab, fiel dabei nicht weiter ins Gewicht. Das Sagen in Wirtschaftsdingen hatte jedoch allein die Kontrollbehörde. Ihre vornehmste Aufgabe bestand darin, die Kohle- und Stahlproduktion im Revier zu überwachen sowie die Exportziffern und sämtliche Preise zu diktieren.

Obendrein dauerten die Demontagen weiter an, wenngleich in eingeschränktem Umfang. »Helft nicht demontieren!«, stand in riesigen Lettern an den Fabrikwänden im Ruhrpott, oder »Für Demontage sind wir nie, denn sie gefährdet die Demokratie!«. Besonders findige Belegschaftsmitglieder bedrohter Betriebe übersetzten ihre griffigen Formeln mit Blick auf die vielen ausländischen Journalisten lieber gleich ins Englische: »Mr. Clay, give your Okay: Stop destruction, stop it now!«, war auf ihren Tafeln und Spruchbändern zu lesen.

Ganz weit oben auf den Demontagelisten und Entflechtungsplänen der Alliierten standen die Mannesmann-Röhrenwerke in Düsseldorf. Ihr alter Chefstratege, Wilhelm Zangen, der 1944 sein zehntes Jubiläum als Vorstandsvorsitzender der Mannesmann AG gefeiert hatte und lange Jahre Leiter der Reichsgruppe Industrie gewesen war, saß bis Ende Februar 1946 im Arrest. Während eines langen Klinikaufenthaltes bis August 1947, dem sich der gesundheitlich angeschlagene Mittfünfziger unterziehen mußte, kreisten seine Gedanken zunächst um die Zukunft seiner alten Firma, des Düsseldorfer Werkzeugbauers Schiess.

Seinen Platz im dortigen Aufsichtsrat hatte stellvertretend der Duisburger Oberbürgermeister Karl Jarres übernommen, der zu Weimarer Zeiten, Mitte der 1920er Jahre, kurze Zeit Reichsinnenminister gewesen war.

Aber Zangen wollte mehr – zurück zu Mannesmann, und zwar auf seinen alten Sessel als Generaldirektor. Das war nicht nur ein schweres, sondern ein nahezu aussichtsloses Unterfangen. Mannesmann wurde gerade entflochten und großteils liquidiert. Im Zuge der Liquidation wurden die Vermögenswerte beschlagnahmt und ein Plan zur Abwicklung der Verbindlichkeiten angefertigt. Zangen ließ sich erst 1948 entnazifizieren, relativ spät. Als gewitzter Unterhändler war ihm wichtig zu wissen, mit wem er es zu tun hatte und wie sein Gegenüber reagierte. Bei den Alliierten war er sich nicht sicher, wie sie seine Mitgliedschaft in der NSDAP bewerten würden. Anfang 1948 wurde er als »Mitläufer« in die Gruppe IV eingestuft.

Trotzdem hatte Wilhelm Zangen bei Ludwig Erhard, der mittlerweile zum Bundeswirtschaftsminister aufgestiegen war, keine guten Karten. Als er bei Erhard um ein Leumundszeugnis nachsuchte und ihn bei dieser Gelegenheit daran erinnerte, daß kein anderer als er, nämlich Zangen, während des Krieges Erhards damaliges Nürnberger Forschungsinstitut mit 150 000 Reichsmark finanziert hatte, machte Erhard keinen Finger krumm. Es sah ganz so aus, als ob von Zangen jetzt niemand mehr ein Stück Brot nehmen wollte.

Aber dieser Eindruck täuschte. »Am 30. September 1948, meinem 57. Geburtstag«, registrierte Zangen hocherfreut, »standen schon mehr Autos von Gratulanten vor der Tür meines zerbombten Hauses als 1947. Ich war ja nun entnazifiziert, und man konnte nicht wissen, ob entgegen der Auffassung mancher Männer des Konzerns meine Rückkehr nicht doch kommen würde. Man wußte nicht überall, daß ich schon mit den Stahltreuhändern, deren Vorsitzender Heinrich Dinkelbach war, ein wohlwollender alter Bekannter von mir …, sowie mit der Combined Steel Group verhandelte.«[66]

Auch mit Hermann Winkhaus, dem Sohn des Generaldirektors des Köln-Neuessener Bergwerksvereins, Bergrat Friedrich Carl Winkhaus, stand Zangen auf gutem Fuß. Der sechs Jahre jüngere Winkhaus, geboren 1897, hatte die klassische Bergfachausbildung hinter sich und einige Jahre als Bergwerksdirektor Erfahrungen gesammelt, ehe ihm 1935, gerade achtunddreißigjährig, der Sprung in die Vorstandsetage des Mannesmann-Konzerns gelungen war. Winkhaus war eine der treibenden Kräfte beim Wiederaufbau des Unternehmens nach dem Krieg.

Zangen hatte noch einen anderen wohlwollenden alten Bekannten, der über Einfluß an der richtigen Stelle verfügte: Hermann Josef Abs, damals 46 Jahre alt. Der honorig wirkende, inzwischen gleichfalls entnazifizierte Bankier war zwar offiziell noch kaltgestellt. Als »Berater ohne Amt und Mandat«, wie sein Biograph das nennt, zog er aber von seinem Bentgerhof bei Remagen aus die alten Fäden und knüpfte sie emsig zu neuen Netzwerken zusammen. Die Deutsche Bank, in der Abs die ausschlaggebende Rolle spielte, hatte als Großaktionär bei Mannesmann seit eh und je ein gewichtiges Wort mitzureden gehabt – nach dem Krieg sollte sich an beidem nicht viel ändern. Abs hielt Zangen für einen tüchtigen Mann, und Zangen respektierte die Schlüsselrolle von Abs. Die Macht der Tradition und der wechselseitigen Treue behauptete sich auch in den Jahren, in denen sie »brachlagen«.

Als Abs Zangen 1948 wissen ließ, daß er erwäge, Präsident der Bank Deutscher Länder zu werden, nahm der den Ball auf. Mitte September 1948, anstelle von Abs hatte mittlerweile Wilhelm Vocke den Posten übernommen, schrieb Zangen zurück: »Dieser Tage hörte ich auf einer Reise, daß Sie eine bedeutende Obstplantage haben und vielleicht in der Lage sind, mir Winterobst zur Verfügung zu stellen.« Wie beiläufig fügte er hinzu: »Mit Befriedigung habe ich festgestellt, daß Sie in das Gremium für die IG-Farben-Neuordnung eingetreten sind.«[67] Abs versicherte prompt, er stehe gern für eine Lieferung von Winteräpfeln zur Verfügung. Er versprach die Reservierung von vier bis fünf Zentnern und bat Zangen, ausreichend Verpackungsmaterial mitzubringen, am besten alte Weinkisten. Wenig später holte Zangen seine Äpfel persönlich auf dem Bentgerhof ab. 1951 fragte Abs wiederum an, »ob Sie in diesem Herbst an der Belieferung von winterharten Tafeläpfeln interessiert sind«. Der Brief schließt mit der Anmerkung: »Sie müssen mit etwa DM 20.– pro Kiste rechnen.« Das Apfel-Ritual setzte sich noch jahrelang fort, als an Tafelobst aller Sorten längst kein Mangel mehr war. Der Bankier Baron Alfred von Oppenheim, der die Geschichte hörte, sinnierte: »Vielleicht brauchte Zangen gar keine Äpfel und wollte nur die Verbindung pflegen.«[68]

Bei Mannesmann war Wilhelm Zangen längst abgeschrieben. Eine neuer, unbelasteter Generaldirektor war am Ruder. Niemand glaubte, daß Zangen jemals wieder in den Vorstand zurückkehren, geschweige denn den Konzern übernehmen und zusammenflicken würde. Zangen rüttelte am Tor seines Unternehmens. Seine Nachfolger hatten die Rechnung ohne den Wirt gemacht. Das waren nicht die Alliierten, die sich irgendwann gesagt haben müssen: »In Gottes Namen, der gibt sowieso keine Ruhe.« Der wirkliche Wirt, vor und nach dem Krieg, waren die Herren von der Deutschen Bank. Sie übten bei Mannesmann seit eh und je die Kontrolle aus und hatten sich ausbedungen, die Leute zu bestimmen, mit denen sie zusammenarbeiten wollten.

Die letzten Widerstände gegen sein nicht für möglich gehaltenes Comeback räumte Zangen in einem Vier-Augen-Gespräch mit Hans Böckler, dem Vorsitzenden des Deutschen Gewerkschaftsbundes, am 18. November 1948 aus. Eine Woche später, am 24. November, wurde Wilhelm Zangen einstimmig zum Vorstandsvorsitzenden der Mannesmann-Röhrenwerke gewählt. Der alte Haudegen kehrte am 1. Dezember 1948 in den Konzern zurück. Sofort begann er wieder, seine Firmen mit Erfahrung und Geschick wie Armeen zu kommandieren. Anfangs mußte er sich die Macht mit einem zweiten gleichberechtigten Vorstandsmitglied teilen und auf den Titel des Generaldirektors verzichten. Das nahm er hin. Es dauerte nicht lange, und er war es wieder.

Als Kurt Pritzkoleit, der gottesfürchtige Chronist der 1950er Jahre, Zangens Lebensweg Revue passieren ließ, begann er, über die »Logik seiner Natur« zu philosophieren: »daß er das Inferno des Krieges überstand; daß er nach dem Waffenstillstand ungebrochen die Wochen der Internierung hinter sich brachte; daß er ungeachtet vieler Widerstände in die Leitung des Mannesmannkonzerns zurückkehrte und schließlich, daß er der erste war, der seinen Konzern durch alle Klippen der Rückentflechtung hindurch zum alten Glanz und zu größerer Wirtschaftsmacht zurückzuführen vermochte«,[69] darüber konnte er nur staunen.

Wilhelm Zangen selbst schrieb in seinen Erinnerungen: »Unsere Aufgabe mußte darin bestehen, diese Liquidierung (genannt Entflechtung) so günstig wie möglich für unsere Aktionäre nicht nur, sondern auch zum Wohle der Belegschaften und vor allem wirtschaftlich vernünftig durchzuführen.« Das, so Zangen, »war nun meine ureigenste Aufgabe, meine schwierigste vielleicht, galt es doch, unser Unternehmen neu erstehen zu lassen«.[70] Am 26. Oktober 1949 hielt Zangen die erste Hauptversammlung nach dem Kriege ab, es sollte zugleich die letzte der Altgesellschaft sein. Danach begann die Neuordnung, respektive Liquidation der Mannesmann-Röhrenwerke unter der Aufsicht der alliierten Combined Steel Group und der Mitwirkung der Deutschen Kohlenbergbauleitung (DKBL) sowie der Stahltreuhändervereinigung, die erst im August 1952 für beendet erklärt wurde. Trotz aller Bemühungen der »beiden Heinriche« – Kost für die DKBL und Dinkelbach für die Stahltreuhand – konnte nicht verhindert werden, daß die Mannesmanngruppe ihr größtes Steinkohlenbergwerk, die Zeche »Consolidation« mit den Grubenfeldern »Consolidation« und »Unser Fritz«, abgeben mußte.

Am Ende gingen aus den alten Mannesmann-Röhrenwerken drei entflochtene Montangesellschaften hervor: die Mannesmann Aktiengesellschaft als Holding für acht Tochtergesellschaften, die Consolidation Bergbau AG und die Stahlindustrie und Maschinenbau AG, kurz Stamag. Insgesamt waren das, wie Zangen stolz addierte, 320 Millionen DM Kapital anstelle von 160 Millionen RM der alten Mannesmann-Werke. »Unsere Aktionäre konnten zufrieden sein«,[71] schreibt er lapidar. Die Neugründung der Mannesmann AG war ein Erfolg.

Als Bundeskanzler Konrad Adenauer in seiner ersten Regierungserklärung am 20. September 1949 im Brustton der Überzeugung verkündete, »unsere Wirtschaft ist im Aufstieg«,[72] durfte man, vor allem was die deutsche Schwerindustrie betraf, noch den Wunsch als Vater seines Gedankens vermuten. Vier Tage später wertete die Bundesregierung auf Betreiben Erhards die vermeintlich überbewertete D-Mark um stattliche 20,7 Prozent ab. Für eine Deutsche Mark bekam man danach 23,8 amerikanische Cent, für einen Dollar dagegen 4,20 DM. Angesichts der unausgeglichenen Außenhandelsbilanz der Bundesrepublik schien die Abwertung Linderung zu versprechen: Deutsche Firmen kamen leichter zu Exportaufträgen, die Verkaufspreise für deutsche Produkte im Ausland sanken.

Aber der Gesamtindex der deutschen Industrie begann gegen Ende des Jahres 1949 wieder spürbar zu sinken. War im November 1949 das Niveau der industriellen Produktion von 1936 noch um rund vier Prozent übertroffen worden, so vermeldeten die Statistiker im Januar des neuen Jahres nur noch rund 95, im Februar sogar nur 90 Prozentpunkte des Stands vom »Normaljahr« 1936. Die Sozialdemokraten konnten sich bei ihren Angriffen auf die ihrer Meinung nach verfehlte Wirtschaftspolitik, vor allem auf den raschen Anstieg der Arbeitslosigkeit und des Außenhandelsdefizits berufen. In der Tat hinkte der deutsche Export um über dreieinhalb Milliarden DM hinter den Einfuhren her, und die Arbeitslosigkeit steuerte zielstrebig auf die Zwei-Millionen-Grenze zu. Seit der Währungsreform fehlte es zwar nicht mehr an Lebensmitteln und Konsumgütern – dafür aber waren jetzt Geld und Arbeitsplätze Mangelware. Das merkte vor allem die ältere Generation.

Adenauer ließ sich nicht beirren und beharrte darauf, daß die Schwierigkeiten nicht Erhards Idee der sozialen Marktwirtschaft anzulasten seien. Noch stärkte der Bundeskanzler seinem Wirtschaftsminister den Rücken. Den drei Westalliierten, unter deren Kuratel sein Kabinett stand, präsentierte er sich auf Augenhöhe. Bei der Übergabe des Besatzungsstatuts auf dem Petersberg bei Bonn, einen Tag nach seiner Regierungserklärung, sah Adenauer keinen Grund, vor dem kostbaren Teppich haltzumachen, auf dem sein Gastgebertrio wie eine Prüfungskommission Aufstellung genommen hatte: Er trat wie selbstverständlich dazu. »Keiner der Hohen Kommissare wendete sich dagegen«,[73] vermerkte er in seinen Erinnerungen nicht ohne Genugtuung. Es war Adenauers erster außenpolitischer Erfolg.

Nach diesem Auftritt konzentrierte sich der Bundeskanzler darauf, die harten Konditionen des Besatzungsstatuts zu mildern. Der Ruhrbehörde wollte er nicht beitreten – das hätte die Kontrolle der deutschen Wirtschaft durch die Alliierten nur offiziell bestätigt. Vor allem galt es, endlich die Einstellung der Demontagen zu erwirken. Mitte November 1949, unmittelbar nach der Pariser Außenministerkonferenz der Westalliierten, erhielt Adenauer die Zusicherung, daß die Demontage einer Reihe von Großbetrieben – zum Beispiel der August-Thyssen-Hütte und von Ruhr-Stahl – vorläufig ruhen würde.

Am Ende der von beiden Seiten hartnäckig geführten Verhandlungen einigten sich die Hohen Kommissare und Adenauer am 22. November 1949 auf ein Zehn-Punkte-Programm, das als »Petersberger Abkommen« in die Annalen einging. Die junge Bundesrepublik trat der Ruhrbehörde und dem Europarat bei und sicherte sich dafür das Entgegenkommen der anderen Seite. Aufatmen konnte vor allem die deutsche Schwerindustrie. Die Alliierten strichen 18 wichtige Stahlwerke und Chemiefabriken sowie Werke der Petrochemie von der Demontageliste. In West-Berlin sollten die Demontagen ganz eingestellt werden. Mit seiner Unterschrift unter das Abkommen glaubte Adenauer die »Zukunft Deutschlands und auch die Rettung und die Zukunft Westeuropas« gesichert zu haben. Er war sich nicht nur sicher, daß der Kontinent »ohne Deutschland nicht gerettet werden« konnte, sondern wußte zudem, »daß wir – und das war das oberste Ziel – auf diesem Wege auch den Frieden der Welt sicherten«.[74] Zunächst einmal setzte das Abkommen das Ende der Demontagearbeiten auf den 24. November 1949, 17 Uhr, fest.

Der Fortbestand der größten deutschen Stahlwerke und vieler zehntausend Arbeitsplätze schienen gesichert. Die Rettung der

August-Thyssen-Hütte kam buchstäblich im letzten Moment. Bis November 1949, so hatte Hans-Günther Sohl von den zuständigen Hüttenfachleuten vor Ort erfahren, mache das Aufbäumen gegen die Demontagen noch Sinn. Danach sei der Wiederaufbau utopisch, weil man die übriggebliebenen Anlagen und Ausrüstungen schlicht vergessen könne.

Nach der ATH rangierten die Hüttenwerke Siegerland AG, die Charlottenhütte in Niederschelden, die Deutsche Edelstahlwerke AG in Krefeld, das Hüttenwerk Niederrhein AG in Duisburg, die Duisburger Klöckner-Werke, die Ruhrstahl AG Henrichshütte in Hattingen, die Gußstahlwerke in Bochum.

Ebenfalls von der Demontageliste gestrichen wurde eine Reihe bedeutender Chemiewerke, etwa die Chemischen Werke in Hüls, die Farbenfabriken Bayer in Leverkusen und die I.G. Farbenwerke in Ludwigshafen. Ludwigshafen und Leuna, letzteres nunmehr hinter dem Eisernen Vorhang der sowjetischen Zone verschwunden – das waren die bedeutendsten und renommiertesten Forschungs- und Fertigungszentren der deutschen Chemie gewesen.

Die deutsche Chemie – das war einmal eine Formel, die in der Welt einen respektgebietenden Beiklang besaß. 1925, in wirtschaftlich turbulenten Zeiten, hatten sich die wichtigsten deutschen Chemieunternehmen, voran die »drei großen Schwestern« BASF, Bayer und Hoechst, mit fünf kleineren Firmen zu einem mächtigen Konzern zusammengetan: der I.G. Farbenindustrie AG, mit Sitz in Frankfurt am Main – kurz I.G. Farben. Der Koloß sollte unnötige Konkurrenz und Überproduktion vermeiden und die Wirtschaftlichkeit der Massenproduktion erhöhen. Die treibende Kraft hinter der Elefantenhochzeit war neben Carl Duisberg, dem Generaldirektor von Bayer, Carl Bosch, damals der Vorstandsvorsitzende der Badischen Anilin- & Soda-Fabrik (BASF), zugleich einer der herausragenden Chemiker seiner Zeit.

Zusammen mit dem Breslauer Chemiker Fritz Haber, der seit 1911 das Kaiser-Wilhelm-Institut für physikalische Chemie in Berlin leitete, hatte Bosch das Verfahren zur künstlichen Herstel-

Fritz HABER (handschriftliche Randnotiz)

Höhepunkt: Ypern, 22.4.15 (handschriftliche Notiz)

lung von Stickstoff entwickelt, die sogenannte Ammoniak-Synthese, die Deutschland von der Salpeter-Einfuhr aus Chile unabhängig machte. Stickstoff spielte eine Schlüsselrolle in der Düngemittelherstellung – aber auch für die Herstellung von Sprengstoff. Ohne das Haber-Bosch-Verfahren, das der BASF eine Monopolstellung eintrug, hätte Deutschland den Ersten Weltkrieg nicht vier Jahre lang durchhalten können. 1918 erhielt Fritz Haber den Nobelpreis für Chemie.

Was Carl Bosch erst spät – zu spät – bemerkte, war die Tatsache, daß das chemische Know-How der I.G. Farben dem »Führer« Adolf Hitler eine unverzichtbare technische Grundvoraussetzung für die brutale Machtpolitik des »Dritten Reiches« und die Eröffnung des Zweiten Weltkrieges in die Hand gab. Das hatte eine gewisse Tragik, da Bosch einer der wenigen war, die es wagten, Hitler offen gegenüberzutreten, und auch öffentlich keinen Hehl aus seiner Abneigung gegen das Regime machte. Gleichwohl: ohne die Grundstoffe der I.G. Farben hätte es keine deutsche Rüstungswirtschaft gegeben. 1943/44 lieferte der Chemieriese ein Viertel der synthetischen Fasern, ein Drittel der aus Kohle gewonnenen Brennstoffe und den gesamten synthetischen Kautschuk – alles Produkte, die die Wehrmacht dringend brauchte. 33 000 Arbeiter schufteten für die Kriegsproduktion, die Hälfte davon waren Zwangsarbeiter und KZ-Häftlinge.

152 Tage dauerte der Prozeß gegen Mitglieder der Unternehmensführung der I.G. Farben. Nach Anhörung von 189 Zeugen und Prüfung von 6384 Dokumenten wurden zehn Angeklagte freigesprochen und 13 zu Haftstrafen bis zu acht Jahren verurteilt. Wenn die Ankläger in Nürnberg damals schon gewußt hätten, was die Historiker bis heute erforscht haben, wäre vermutlich keiner von ihnen in Freiheit geblieben.

Die Frage, was er von der Ermordung der Juden wußte, mußte sich übrigens auch Hermann Josef Abs stellen lassen. In Berlin war das Thema im Krieg Stadtgespräch, und schließlich saß er, der emsige Mandatssammler, jahrelang im Aufsichtsrat der I.G. Farben. Einer präzisen Antwort wich der ansonsten so präzise Bankier konsequent aus. In den 1960er Jahren rechnete er sich noch allgemein zu denen, die »nicht leugnen, von dem furchtbaren Geschehen in Maidanek oder Auschwitz gewußt zu haben«. Er fügte damals hinzu: »Sich dahinter zu verschanzen, daß man nichts davon wußte, nehme ich nur wenigen ab.« Sich selber offenbar schon. Denn in späteren Jahren wollte er rein gar nichts mehr »von einer Tätigkeit der I.G. Farben im Zusammenhang mit Auschwitz« gewußt haben. Andernfalls, so erklärte Abs anfangs der 1980er Jahre, »hätte ich nicht gezögert, mein Mandat bei IG Farben niederzulegen«.[75]

Gegen die Kooperation mit dem NS-Staat sprachen nicht wirtschaftliche Kriterien, sondern politische Gründe. Aber die Männer der I.G. Farben hatten wenig politisches Urteilsvermögen. Bei allen Risiken für ihre Handlungsfreiheit in der Unternehmensführung überwogen aus ihrer Sicht die wirtschaftlichen Vorteile. Die Nettogewinne stiegen allein zwischen 1933 und 1945 um das Fünffache, 1943 wurde ein Gewinn von 300 Millionen Reichsmark erwirtschaftet. Den Hauptanteil an der rapiden Umsatzzunahme bildeten Benzine und Öle, danach rangierten Buna – ein durch Polymerisation von Butadien gewonnener synthetischer Kautschuk – und diverse Kunststoffe, Zellwolle und Kunstseiden sowie Leichtmetalle.

»Firms exist to make money« – diesem Slogan, mit dem der amerikanische Historiker Raymond Stokes das Grundgesetz unternehmerischen Handelns schlechthin formulierte, hätten die Herren der I.G. Farben ohne weiteres zugestimmt. Nach dem Zusammenbruch des »Dritten Reiches« hatten sie wohl auch deshalb keinerlei Schuldbewußtsein. Der Journalist Robert T. Pell, der im Frühsommer 1945 als ein Pressereferent aus dem Stab des Alliierten Oberbefehlshabers die Frankfurter Firmenzentrale inspizierte, berichtet anschaulich von seiner »ersten Erfahrung mit dem Herrenvolk« in Gestalt des I.G. Farben-Vorstandsmitglieds Georg August Eduard von Schnitzler, nebenher SA-Hauptsturmführer und Wehrwirtschaftsführer: »Er kam schließlich gemächlich ins Zimmer herein, das Abbild eines britischen Landedelmanns in perfekt gewienerten Halbschuhen und eleganter Golfkleidung. Er war ein Mann von etwa 60 Jahren und offensichtlich gewillt,

*Das Chemiewerk der I.G. Farben in Auschwitz-Monowitz,
das bis Kriegsende nicht fertiggestellt wurde.*

soviel zwanglose Freundlichkeit zu zeigen, daß wir uns zu Hause
fühlen konnten. Seine erste Bemerkung war, er sei so glücklich,
wieder in der Lage zu sein, in der er seine alte Freundschaft mit
Lord X und Lord Y erneuern könne, mit den Duponts in Wil-
mington und auch mit ›Jack Morgan‹. Er sagte, sie alle seien so
gute Freunde und es sei sehr schmerzlich gewesen, von ihnen in
den letzten Jahren abgeschnitten zu sein.«

Schnitzler wurde 1948 in Nürnberg wegen »Plünderung und
Raub« zu vier Jahren Gefängnis verurteilt. Seinen Gesamtein-
druck von den Managern der I.G. Farben umschrieb Pell mit dem
Wort »verstörend« (disturbing). Des weiteren registrierte er: »Sie
sagen fast offen, daß wir nicht fähig sein werden, selber die Lage
zu meistern, und daß wir schließlich doch zu ihnen kommen
müssen. Sie vertrauen darauf, daß wir so viele Fehler machen,
daß ihre Rückkehr in die führenden Positionen unvermeidlich
sein wird.«[76]

In dieser Welt war das Professoren-Dreigestirn großgeworden, das nach dem Krieg die Geschicke der deutschen Chemie bestimmen sollte. Die künftigen Fixsterne am Himmel des chemischen »Wirtschaftswunders« hießen Carl Wurster, BASF, Ulrich Haberland, Bayer, und Karl Winnacker, Hoechst. Allesamt waren sie um die Jahrhundertwende geboren, Wurster und Haberland im Jahre 1900 und Winnacker, der jüngste, 1903. Allesamt waren sie leidenschaftliche Chemiker, Leute mit analytisch geschultem Verstand und praktischer Phantasie, auf ihre Art vernarrt in die unendlichen Möglichkeiten der Moleküle. Mit ihrem unternehmerischen Wagemut, ihrer robusten Durchsetzungskraft, ihren internationalen Kontakten und vor allem mit dem Exportüberschuß, den sie schon bald wieder erwirtschafteten, machten sie die chemische Industrie – neben dem Bergbau und der Stahlbranche – zur treibenden Kraft der wirtschaftlichen Entwicklung und zu einem phantastischen Arbeitsplatzbeschaffer.

Ihre ersten Schritte hatten alle drei im Labor gemacht. Zu vielversprechenden Führungsfiguren wurden sie erst, als es ihnen gelang, die Erfindungen aus dem Reagenzglas in großtechnische Verfahren umzusetzen und das Optimum aus diesen Verfahren herauszuholen – getreu der Maxime von Fritz Haber, »immer aber siegt die technisch höhere Form«. Daß die Chemie nicht nur Wachstum produzierte, sondern auch Abfälle, die ein ökologisches Problem waren, weil sie den Boden vergifteten, die Luft verschmutzten und die Flüsse zu schäumenden Abwasserkanälen machten, wurde damals als unvermeidlicher Begleitumstand des Wiederaufbaus gleichmütig hingenommen. Der Krieg hatte die Menschen an Schlimmeres gewöhnt.

Das berufliche und geistige Zuhause der drei brillanten Chemiker war, wie könnte es anders sein, die I.G. Farbenindustrie AG gewesen. Hier hatten sie die ersten Sprossen ihrer Karriereleiter erklommen. Der Schwabe Carl Wurster hatte an der Technischen Hochschule in Stuttgart Anorganische Chemie studiert. Seit 1919 verbrachte er seine Semesterferien nahezu ausschließlich in den Labors bei BASF in Ludwigshafen. Unvergeßlich blieb ihm eine Explosion des BASF-Werks in Oppau. Ungeachtet der schlimmen

vgl.
Leipzig

Folgen des Unglücks, der schweren Verletzungen der Arbeiter und der verheerenden Zerstörungen, löste die ungeheure Gewalt der physikalischen Kräfte in dem jungen Wurster eine »unvergleichliche Begeisterung« aus, wie er sich später erinnerte. Bei dieser Gelegenheit lernte er auch Carl Bosch kennen, der zu seinem großen Vorbild wurde. Die Rede, die Bosch nach der Explosion an die Belegschaft in Oppau hielt, begeisterte Wurster so sehr, daß er sich entschloß, seine vielversprechende akademische Laufbahn an den Nagel zu hängen und in die Wirtschaft zu gehen – so wie Bosch.

Carl Wurster ging zur BASF, wo er sich schnell emporarbeitete. Spätestens mit der Ernennung zum Abteilungsleiter mit Prokura eilte ihm der Ruf voraus, von der Spitze des Hauses für die Rolle des »Kronprinzen« ausersehen zu sein. Wie er später seinen Richtern in Nürnberg erklärte, hielt er es für seine Pflicht, die gesamte Belegschaft persönlich mit Namen zu kennen, »auch jeden einzelnen Arbeiter«. 1938 trat er, der keineswegs ein überzeugter Nazi war, in die NSDAP ein; im selben Jahr übernahm er die Leitung des Ludwigshafener BASF-Werks, dessen Kapazitäten bald restlos für die Kriegsproduktion ausgelastet waren.

Als Wurster am 21. März 1945 den Befehl erhielt, sich nach Berlin abzusetzen, zog er es vor, das Kriegsende in Ludwigshafen abzuwarten, zusammen mit der noch etwa 15 000 Mann starken Belegschaft. Einem Vorstandskollegen teilte er brieflich mit: »Ich darf sagen, daß ich in den vergangenen sieben Jahren, in denen ich das Werk führe, diesen Menschen nicht ein anonymer Generaldirektor, sondern ein wirklich nahestehender Führer war, basiert auf einem gegenseitigen Vertrauensverhältnis. Ich empfinde die letzten Tage, wo sich die Schwierigkeiten stündlich häuften, mit welcher Sorge die Menschen auf mich sehen, wie es wohl gehen wird und was mit ihnen geschieht ... Es ist möglich, daß ich nur sehr wenig, vielleicht überhaupt nichts beeinflussen kann, weil ich ja von Feindmächten abhängig bin, vielleicht überhaupt ausgeschaltet werde. Ich kam nach mich aufs tiefste bewegenden Überlegungen zu dem Ergebnis, daß ich jetzt in der Stunde höchster Not meine Männer nicht einfach verlassen kann.«[77]

In der Nacht vom 23. zum 24. März 1945 mußte Wurster das nach über fünfzig Bombardierungen halb zerstörte Werk in Ludwigshafen-Oppau den Amerikanern übergeben. Die Kapazität war auf ein Drittel abgesunken, nur ein Bruchteil der Anlagen – sechs Prozent des Werksgeländes – wies keine Beschädigungen auf. Tags darauf wurde er verhaftet, durfte aber tagsüber auf dem Werksgelände bleiben. Schon am 9. April setzten ihn die Amerikaner wieder als Werksleiter ein. Sie wollten die Sauerstoffabrik und die Stickstoffanlage in Gang bringen. Den Bauern fehlte es an Düngemitteln. Die Franzosen, die bald die Amerikaner als Besatzungsmacht ablösten, wußten das Potential der Anlage in Ludwigshafen-Oppau, »eines der Juwele der chemischen Industrie Deutschlands«, erst recht zu schätzen. Sie waren darauf aus, die Produktion möglichst schnell wieder anfahren zu lassen und für ihre eigenen Zwecke zu nutzen. Dafür brauchten sie Wurster. Er durfte sich unentbehrlich fühlen.

Am 16. April 1947 wurde er dann doch noch verhaftet. Wurster, der wie alle anderen den Gefängnisaufenthalt als ungerecht und unvereinbar mit seiner Herkunft erachtete, verstand weder den Prozeß gegen die I.G. Farben noch die Anklagepunkte. Am schwersten fiel bei Wurster ins Gewicht, daß er Mitglied des Verwaltungsrats der Degesch gewesen war, die das Zyklon B zur Vergasung der Juden produziert hatte. Ihm wurde vorgeworfen, davon gewußt oder die Augen davor verschlossen zu haben – was letztlich keinen Unterschied machte. Zu seinen Gunsten konnte Wurster anführen, daß seit 1940 keine Verwaltungsratssitzungen mehr stattgefunden hätten, die Vergasungen begannen jedoch erst 1941. Schließlich wurde Wurster nach 152 Verhandlungstagen aus Mangel an Beweisen von einer Anklage freigesprochen, die er wie seine Kollegen als Erniedrigung höchsten Grades empfunden hatte. Die Belegschaft in Ludwigshafen, die einmütig seine Freilassung forderte, mußte sich noch bis Sommer 1948 gedulden.

Der ehedem mächtigen I.G. Farbenindustrie AG erging es unterdessen genauso wie den Mammutkonzernen der Kohle- und Stahlindustrie: Anlagen und Vermögen wurden von den Alliierten beschlagnahmt und durch das am 17. August 1950 erlassene

Gesetz Nr. 35 der Alliierten Hohen Kommission zur Entflechtung bestimmt: »Die diesem Gesetz unterliegenden Vermögensgegenstände sind in eine Anzahl wirtschaftlich gesunder und unabhängiger Gesellschaften in der Weise aufzuspalten, daß die Aufspaltung der Eigentums- und Kontrollrechte gewährleistet ist und der Wettbewerb in der deutschen chemischen Industrie und verwandten Industrien gefördert wird.«[78] Während das Gesetz in der britischen und französischen Besatzungszone vergleichsweise großzügig gehandhabt wurde und die größeren Betriebe unter alliierter Aufsicht von einer deutschen Leitung weitergeführt werden durften, bestanden die Amerikaner darauf, daß in ihrer Zone selbst kleinste Werke eine selbständige Verwaltung erhielten.

Das Entflechtungsverfahren, ebenso kompliziert wie unübersichtlich, zog sich bis 1953 hin. Dann wurden als die drei größten Nachfolgegesellschaften die Farbenfabriken Bayer AG in Leverkusen, die Badische Anilin- & Soda-Fabrik AG (BASF AG) in Ludwigshafen, die Farbwerke Hoechst AG in Frankfurt/Main-Höchst ausgegründet.

Ähnlich wie Carl Wurster konnte sich Ulrich Haberland, der als strategischer Kopf galt, bereits während der Verhandlungen mit den jeweiligen alliierten Kontrolloffizieren – Wursters BASF lag in der französischen, Haberlands Bayer in der englischen Zone – relativ problemlos als künftige Führungsfigur für die neu zu gründenden Unternehmen ins Spiel bringen. Im Krieg hatte er die beiden Fabriken in Uerdingen und Leverkusen geleitet und sie bis zum Schluß halbwegs funktionstüchtig gehalten.

Bei Kriegsende war der 45jährige Pfarrerssohn aus dem Sächsischen zwar schon zum Chef der »Betriebsgemeinschaft Niederrhein« mit ihren vier Werken Leverkusen, Elberfeld, Dormagen und Uerdingen bestimmt worden und hätte daher eigentlich laut Kontrollratsbeschluß entlassen werden müssen. Sein Glück war, daß seine Ernennung zum Vorstandsmitglied noch nicht aktenkundig war, als die britischen Besatzungsoffiziere auf der Bildfläche erschienen. Die durch und durch pragmatischen Briten hätten ihn wohl nur ungern verhaftet. Sie wußten genau, daß sie

Haberland brauchten, um die Werke der I.G. Farben am Niederrhein wieder in Gang zu setzen, und installierten den umsichtigen Organisator als Chef der Niederrheingruppe (heute Bayer Leverkusen).

Haberland, der bis zu seinem Tod 1961 an der Spitze von Bayer bleiben sollte, wurde zu einem Symbol für den rasanten Wiederaufstieg der deutschen Chemie-Industrie nach dem Zweiten Weltkrieg. Die Belegschaft verehrte ihn als »Vater der Bayerfamilie«, nicht zuletzt als Dank für die außergewöhnlichen Sozialleistungen – Lebensmittel, Wohnungen, Belegschaftsaktien, Erholungsheime –, die sich mit seinem Wirken verbanden. Daß die Stadt Leverkusen dem sportbegeisterten Chemiemanager mit dem Ulrich Haberland-Stadion ein Denkmal setzte, sagt über den damaligen Zeitgeist ebensoviel aus wie die Umbenennung in BayArena über den heutigen.

Ernsthafte Schwierigkeiten gab es nach 1945 nur bei der beruflichen Reaktivierung des dritten und mit 42 Jahren jüngsten der sogenannten Kronprinzen – Karl Winnacker, der bei Hoechst in Frankfurt saß und auf seine zweite Chance wartete. Der selbst- und machtbewußte Lehrersohn aus Barmen war wie Wurster anorganischer Chemiker – er hatte bei dem jüdischen Professor Ernst Berl in Darmstadt über »Oxidationsvorgänge an Motortreibstoffen« promoviert und anschließend als dessen Privat- und Unterrichtsassistent gearbeitet. Dabei galt Winnacker als überzeugter Nationalsozialist, was ihn freilich auch später nicht daran hinderte, seinem Doktorvater, der 1933 in die USA emigrierte, mit Material für dessen Sammelwerk über »Chemische Ingenieurtechnik« zu versorgen und zeitlebens mit ihm in Verbindung zu bleiben.

Wie Wurster hatte Winnacker auf eine akademische Laufbahn verzichtet und war in demselben Unternehmen in die Spitzenposition des Vorstandsvorsitzenden aufgestiegen, in dem er als Werkstudent angefangen hatte. Seine Anstellung bei Hoechst verdankte er übrigens seinem Doktorvater. Berl hatte Winnacker in einem Empfehlungsschreiben in den höchsten Tönen gelobt und seinem Schüler bescheinigt, daß er »sowohl im Forschungslaboratorium als im Betrieb oder auch gegebenenfalls im Verkehr mit Abnehmern Ausgezeichnetes«[79] zu leisten imstande sei.

Eine Einschätzung, der Winnacker durchaus gerecht wurde. Seit 1940 im Besitz der Prokura, hatte er maßgeblich dafür gesorgt, daß die Werkanlagen von Hoechst im Krieg trotz aller Bombenschäden leidlich funktionierten – eine Leistung, die ihm das Kriegsverdienstkreuz einbrachte. Daß er 1945 nicht mehr tragbar sein sollte, konnte Winnacker nicht verstehen. Im Juni 1945 schrieb er:»Der Vorwurf, daß ich bis zuletzt mit allen Kräften für die Aufrechterhaltung der Produktion mich eingesetzt habe, kann mich nur ehren, es sei denn, daß man dem Soldaten zum Vorwurf machen wollte, wenn er bis zum Kapitulationsbefehl seine Pflicht getan hat.«[80]

Nach seiner Entlassung im Sommer 1945 und dem Abschluß des Entnazifizierungsverfahrens wollten die Amerikaner Winnacker zwar wieder bei Hoechst haben, nur eben nicht an der Unternehmensspitze. Der kaltgestellte Manager betätigte sich einstweilen als Gärtner und versuchte sich in die englische Zone abzusetzen – dort wurde in erster Linie nach tüchtigen Leuten und erst in zweiter Linie nach ehemaligen Nazis gesucht. Nebenher saß Winnacker an einem fünfbändigen Opus magnum über »Chemische Technologie« mit dem erklärten Ziel, das »geistige Erbe der I.G. Farben« zu sichern.

Carl Wurster mochte den sich stets kerzengerade haltenden Winnacker nie besonders. Anders Ulrich Haberland, der eng mit Winnacker befreundet war und ihn unterstützte, solange er auf dem trockenen saß. Wurster dagegen warf Winnacker vor, die »Kinderstube der I.G. im D-Zug-Tempo durchsaust« zu haben (was stimmte) und obendrein über keine umfassende Ausbildung zu verfügen (was nicht stimmte).

Doch Winnacker ließ sich nicht aufhalten, ganz abgesehen davon, daß ihn die Amerikaner schlichtweg brauchten – obwohl seine Behauptung, von Auschwitz weder etwas gehört noch gesehen zu haben, nicht übermäßig glaubwürdig klang. Durch seine verfahrenstechnischen Arbeiten auf dem Kohlesektor mußte Winnacker 1943 mit dem Konzentrationslager in Berührung gekommen sein. Wie auch immer: Winnacker wurde 1951 als technischer Leiter in den Vorstand von Hoechst berufen, ein Jahr später übernahm er den Vorstandsvorsitz. Es war sein Verdienst, daß die Hoechst AG, eigentlich die kleinste der einstigen »drei Schwestern« der I.G. Farben, den beiden anderen Unternehmen, die jetzt Konkurrenten waren, schon bald auf Augenhöhe begegnen konnte.

An der marktbeherrschenden Stellung der BASF unter der Führung von Carl Wurster gab es freilich nichts zu rütteln. Gelegentliche Reibereien, wie sie nach dem strukturellen Umbruch unvermeidlich waren, machten die ehemaligen »Kronprinzen«, die mittlerweile zu Königen aufgestiegen waren, unter sechs Augen aus. Entweder trafen sich die Herren Vorstandsvorsitzenden Wurster, Haberland und Winnacker in ihren Kasinos oder – wenn Diskretion oberstes Gebot war – in einer unauffälligen Autobahnraststätte bei Montabaur. Wurster gab dabei den Ton an; er war auch derjenige, der den bisweilen laut werdenden Vorschlägen zu Absprachen oder Kartellbildungen zwischen den Kerngesellschaften der alten I.G. Farben Einhalt gebot. Aber dienten ihre Treffen nicht genau diesem Zweck? Wurster konnte sich Fragen erlauben, weil er genau wußte, daß seine BASF auf dem Feld der Grundlagenforschung führend war. Am nötigen Know-How fehlte es nicht, obwohl Ulrich Haberland noch 1954 darüber klagte, wie schwer sein Unternehmen unter dem »entschädigungslosen Entzug des wichtigsten geistigen Eigentums« gelitten habe.

In der Tat hatten sich seit 1945 an die 1800 alliierte Sachverständige zwei Jahre hindurch bemüht, den letzten Stand der betrieblichen Verfahren und der wissenschaftlichen Forschungen penibel zu erfassen. Allein die Firma Bayer mußte danach 3300 Fabrikationsvorschriften für Einzelverfahren abgeben, hinzu kamen rund 3000 Anlage- und Konstruktionszeichnungen sowie Betriebsschemata und 16000 Forschungsberichte – das Rohmaterial für Patente, die nun anderen zugute kamen, wie Haberland lautstark beklagte.

Trotzdem konnten die deutschen Chemiker nach dem Krieg

aus dem vollen schöpfen. Ronaldo Schmitz, Finanzvorstand bei der BASF, ehe er in den Vorstand der Deutschen Bank wechselte, berichtet: »Das ganze Wissen, das die BASF brauchte, um nach dem Krieg wieder richtig loslegen zu können, war weitgehend vor und im Krieg erarbeitet worden. Es war alles fertig, als es wieder losgehen konnte.«[81] Unternehmerische Erwägungen spielten dabei noch eine untergeordnete Rolle. Einerlei ob Lacke und Farben oder Lösungsmittel, ob Kunststoffe oder synthetische Fasern – in dem Augenblick, in dem das Produkt hergestellt wurde, war es so gut wie verkauft. Nicht nur die BASF verzeichnete jährliche Wachstumsraten von zwanzig bis dreißig Prozent. Die Exporterlöse bei Hoechst entsprachen 1953 einem knappen Drittel des Gesamtumsatzes, wie Winnacker stolz vermeldete. Der Markt war groß genug für alle Unternehmen, die aus der I.G. Farbenindustrie AG hervorgegangen waren, und er wurde mit jedem Tag größer.

Völlig einerlei, ob es nun um Kohle, Energie, Stahl und Eisen, Maschinenbau, Schiffbau oder um die Chemie-Industrie ging: Von dem, was Ludwig Erhard unter »freier Marktwirtschaft« verstand, war zunächst nicht viel zu sehen. Nach der Währungsreform vom 20. Juni 1948, die doch die große Wende hin zur neuen Wirtschaftsordnung markieren sollte, redete alles von Plänen. Industrieniveaupläne, Demontagepläne, Entflechtungspläne, Förderpläne, Neugründungspläne. Papierne Symptome dafür, daß die Alliierten bis auf weiteres die zentrale Kontrolle der deutschen Industrie in ihrem Sinne wünschten – und eben nicht das von Ludwig Erhard herbeigesehnte freie Spiel der Kräfte, Preise und Märkte. Wenn Erhard um die Jahreswende 1948/49 herum seine schöne Theorie in praktischer Anwendung erleben wollte, dann konnte er seinen Blick nach Wolfsburg, das frühere Fallersleben, schweifen lassen.

Kein anderer als Adolf Hitler hatte dort am 26. Mai 1938 den Grundstein für das Volkswagenwerk gelegt. Danach war das Örtchen in »Wolfsburg« umgetauft worden – in Anlehnung an Hitlers quasi-offiziellen Decknamen »Wolf«. Sein Fimmel für Autos war bekannt: 1923 hatte er sich mit einigen Milliarden Inflationsgeld aus der NSDAP-Kasse einen 60-PS-Mercedes angeschafft. Seither schwärmte er für die Idee der »Volksmotorisierung«. Was er dafür brauchte, war ein »Volkswagen« – eine Idee, von der er schon während seiner Haftzeit im Landsberger Gefängnis phantasiert hatte. 1933, kaum an der Macht, verkündete er auf der Berliner Automobilausstellung seinen Sieben-Punkte-Plan, der die Utopie zur Wirklichkeit werden lassen sollte. Den richtigen Mann dafür glaubte er in seinem österreichischen Landsmann Ferdinand Porsche, Jahrgang 1875, gefunden zu haben.

Der geniale Konstrukteur, der immer dann, wenn ihn Kummer und Sorgen drückten, einen neuen Rennwagen entwarf, staunte durchaus, als ihm Hitler im September 1933 bei einer Tasse Tee im Berliner »Kaiserhof« erläuterte, wie er sich den Volkswagen vorstellte. Hitler trug eine verwegene Version von Porsches eigenen Plänen vor. Das Gefährt sollte sich für die »Straßen des Führers«, die sogenannten Autobahnen, eignen; es sollte eine Reisegeschwindigkeit von hundert Kilometern pro Stunde erreichen, es sollte nicht mehr als sieben Liter verbrauchen und vier bis fünf Sitze haben – denn, so Hitler, man könne »die Kinder nicht von den Eltern trennen«. Obendrein wünschte Hitler Luftkühlung, da, wie er sagte, nicht jeder Landarzt eine Garage besäße. Als Porsche, der kopfschüttelnd mitgerechnet hatte, sich bei Hitler nach dem Preis erkundigte, antwortete dieser aufgeräumt: »Zu jedem Preis, Herr Dr. Porsche«, um dann launig hinzuzusetzen, »das heißt: zu jedem Preis unter 1000 Mark.«

Diese Preisvorstellung war völlig illusionär. Aber ehe Porsche protestieren konnte, enteilte Hitler zum nächsten Termin. Porsche ließ sich auf den Wahnsinn ein, weil ihn die technische Herausforderung reizte. Politisch ahnungslos wie ein neugeborenes Kind, verzog er irritiert das Gesicht, als Robert Ley, der Führer der Deutschen Arbeitsfront (DAF), seinen Volkswagen bei der Grundsteinlegung des Volkswagenwerks 1938 »KdF-Wagen« nannte. Was Porsche nicht wußte: Das Werk, als Unternehmen der DAF gegründet, wurde durch das von der DAF »treuhänderisch« verwaltete, de facto beschlagnahmte Vermögen der ehemaligen deutschen Gewerkschaften finanziert. Aus Hitlers Vision einer deutschen Automobilgesellschaft wurde, jedenfalls zu seinen Lebzeiten, nichts. Als der Diktator im September 1939 den Zweiten Weltkrieg vom Zaun brach, hatte kein einziges serienreifes VW-Modell das Wolfsburger Werk verlassen, abgesehen von einigen Volkswagen, die für Hitlers Paladine per Hand zusammengeschraubt worden waren. Die im Krieg, vor allem ab 1942, gebauten Wehrmachtkübel und Schwimmwagen basierten zwar auf Porsches Konstruktion, hatten aber mit dem ursprünglich geplanten, preisgünstigen Wagentyp für jedermann nichts mehr zu tun. Die rund 300 000 deutschen Sparer, die sich für Hitlers Volkswagenprojekt erwärmt hatten, mußten ihre automobilistischen Hoffnungen enttäuscht aufgeben, vorerst jedenfalls.

Als kurz vor Kriegsende die Amerikaner einrückten, fanden sie rund zwei Drittel der Fabrikanlagen zerstört vor, den Rest schlugen befreite Zwangsarbeiter kurz und klein. Vier Wochen später fiel das Wolfsburger Werk den Briten in die Hände, die es umgehend beschlagnahmten und als Vermögensteil der inzwischen aufgelösten DAF in Verwaltung nahmen.

Im Sommer 1945 bot das Werk einen trostlosen Anblick. Die Maschinen standen still. Zwischen den grasbewachsenen Trümmern patrouillierten gelangweilt britische Posten, die Plünderer abschrecken sollten. Plötzlich geschah etwas Überraschendes: Ein Grüppchen ehemaliger deutscher Ingenieure erschien. Sie baten den kommandierenden Offizier um die Erlaubnis, ihre Habseligkeiten, vor allem ihre Arbeitskleidung, vom Werksgelände holen zu dürfen. Der Brite schaltete schnell. Er zeigte sich »fast erfreut, diese kleine abgerissene Gruppe von Volkswagen-Angestellten zu sehen. Sie waren Techniker und konnten helfen, die Fahrzeuge seiner Einheit instand zu halten.«[82]

Diese Szene, sozusagen eine marktwirtschaftliche Ursituation, markierte für das Volkswagenwerk den berühmten Schnittpunkt zwischen Vergangenheit und Zukunft. Ja, man könnte sogar behaupten, daß Ludwig Erhards Marktwirtschaft in Wolfsburg begann – und zwar in genau diesem Augenblick.

Die deutschen Autobauer konnten ihr Glück kaum fassen. »Sie schufteten wie begnadigte Todeskandidaten, für einen warmen Schlag aus der britischen Feldküche und ein paar Zigaretten hin und wieder, den höchsten Lohn eines Nachkriegsdeutschen. Sie buddelten Drehbänke und Bohrmaschinen aus dem Schutt. Sie brachten die britischen Fahrzeuge so tadellos in Schuß, daß sich die Kunde von ihrem Können bald in der Rheinarmee des Marschalls Montgomery herumsprach. Von überall her schafften die Tommies ihre lädierten Kübel und Laster nach Wolfsburg herbei. Im Herbst 1945 war der Andrang so groß, daß beschlossen wurde, eine ganze Werkstattkompanie der ›Royal Electrical and Mechanical Engineers‹ im Volkswagenwerk zu etablieren.«[83]

Wie zu erwarten, war der Kompaniechef, Major Hirst, ein Mann mit einem Faible für Autos und Rennen. Zudem hatte er in Nordafrika gegen Rommel gekämpft und erlebt, daß Rommels Kübelwagen immer einsatzbereit waren, während die britischen Jeeps kochten oder im Sand steckenblieben. Seither reizte ihn die ausgefallene Porsche-Konstruktion, und er befaßte sich mit dem Volkswagenwerk intensiver, als es sein Auftrag vorsah. Als er bei einem Rundgang durch das weitläufige Gelände diverse Stapel übriggebliebener Volkswagenteile umherliegen sah, schoß ihm eine Idee durch den Kopf: »Might even build a few cars!« (Vielleicht können wir sogar ein paar Autos bauen.)

Major Hirsts Idee fand höheren Orts sofort Gehör, schließlich brauchten die Briten für ihre Besatzungsbehörden dringend neue Personenkraftwagen. Außerdem waren sie knapp bei Kasse und hofften, mit dem Volkswagen die Besatzungskosten zu drücken und nach Möglichkeit Devisen zu erwirtschaften. Im August 1945 erging die Order, binnen gut drei Jahren, bis Ende 1948, zwanzigtausend Autos herzustellen. Tatsächlich wurden in Wolfsburg noch in den letzten vier Monaten des Kapitulationsjahres 1945 713 Volkswagen gebaut, im Oktober 1946 begann der Export von Volkswagen. Die Belegschaft war auf über 6000 Mann angewachsen und von Demontage plötzlich keine Rede mehr.

Im Gegensatz zu den begeisterten Offizieren vor Ort rümpften die britischen Auto-Experten auf der Insel nur die Nase. Sie ließen wissen, daß sie von der Porsche-Konstruktion nicht viel hielten. Eine Sachverständigenkommission fällte nach mehreren Tests über die Qualität des Fahrzeugs ein vernichtendes Urteil: »In Leistung und Anlage hat es keinerlei Anziehungskraft für den durchschnittlichen Autokäufer. Der kommerzielle Bau des Wagens wäre ein durch und durch unwirtschaftliches Unternehmen.«[84] Daß auch Fehlurteile fruchtbringende Wirkungen entfalten können, zeigte die Reaktion der britischen Besatzungsbehörden. Sie entnahmen dieser Expertise, daß England keinerlei Gefahr drohe, wenn den Deutschen das Volkswagenwerk mitsamt seinem höchst fragwürdigen Prototyp wieder überlassen würde.

Immerhin suchten die Briten nach jemandem, der geeignet schien, den – wie Major Hirst bemängelte – »herrenlosen Haufen« aus Resten der Kernbelegschaft, entlassenen Kriegsgefangenen und entwurzelten Ostvertriebenen im VW-Werk zu einer effizienten, zukunftsträchtigen Einheit zusammenzuschweißen. Sie verfielen auf den 48jährigen Diplomingenieur Heinrich Nordhoff.

Eine glücklichere Wahl hätten sie nicht treffen können. Nordhoff, 1899 in Hildesheim als Sohn eines Bankprokuristen geboren, hatte in Berlin und Braunschweig Maschinenbau studiert. Nach einem Zwischenspiel im Flugzeugmotorenbau, bei BMW übrigens, war er 1930 zur Opel AG nach Rüsselsheim gegangen. Die Firma war gerade von General Motors gekauft worden. Nordhoff bot das die Gelegenheit, zwischen 1935 und 1939 mehrmals das Stammwerk in Detroit zu besuchen und sich Einblicke in die automatisierte Serienproduktion zu verschaffen. Fließbänder, Transferstraßen und Spezialmaschinen zur Standardisierung der Einzelteile – davon wußte man in Deutschland noch nicht allzuviel. Der junge Nordhoff rückte rasch in den Vorstand von Opel in Rüsselsheim auf.

Im Krieg ging es für Nordhoff weiter nach oben. Er entsprach Speers Idealtypus des jungen, unglaublich tüchtigen und unpolitischen Technikers nahezu vollkommen. Seit 1942 leitete er mit

Geschick und Erfolg das Opel-Lastwagenwerk in Brandenburg, das größte seiner Art in Europa. Daß seine Laster für die Wehrmacht und für Hitlers Krieg bestimmt waren, bekümmerte Nordhoff nicht. Seine Verantwortung endete am Werktor, mit der ordnungsgemäßen Auslieferung des Produkts. Was das Regime dann damit machte, lag jenseits seines Horizonts. In der NSDAP war er nie. Daß er seit November 1943 den Titel »Wehrwirtschaftsführer« trug, reichte den Amerikanern, um ihn nach Kriegsende zunächst als »Hauptschuldigen«, also in die Kategorie I, einzustufen. Ende Januar 1947 fand er sich dann aber doch als »Entlasteter« in der Kategorie V wieder. Ein Grund zum Aufatmen war das nicht. Die Amerikaner verbauten ihm die Rückkehr in den Vorstand von Opel in Rüsselsheim.

Zwei Jahre lang schlug er sich bei einem Hamburger Opelhändler eher schlecht als recht in der Kundendienstannahme durch. Ende 1947 nahm er schließlich das Angebot der Briten an, die Führung des Wolfsburger Werks zu übernehmen. Nach langem Zögern übrigens, denn als alter Opel-Mann hatte er erst seine Ressentiments gegen die angebliche Billigkonkurrenz von VW überwinden müssen. »Als ich nach Wolfsburg ging«, erinnerte er sich später, »war ich arm wie eine Kirchenmaus. Fünfundzwanzig Jahre harter Arbeit waren vertan. Ich war hungrig und wog fünfzig Pfund weniger als heute. Und alle Leute, die ich in den Fabrikhallen antraf, waren ebenso arm und hungrig wie ich – noch schlimmer: sie waren verzweifelt und hatten den Glauben an die Zukunft verloren.«[85]

Das galt für Nordhoff, bleich und unterernährt wie alle anderen auch, keineswegs. Woher nahm er angesichts der Industrieruine, die er zu neuem Leben erwecken sollte, seinen unerschütterlichen Optimismus? Das Werk lag zu zwei Dritteln in Trümmern, es gab keine Organisation, keine Händler, keinen Vertrieb, keine Ersatzteile, keinen Kundendienst. Eine deutsche Regierung, sei es in Bonn oder in Hannover, an die er sich hätte hilfesuchend wenden können, gab es auch nicht. Wolfsburg war nicht viel mehr als eine Barackenstadt.

Was ihn reizte, war die technische Seite der Aufgabe. Als erfahrener Ingenieur wußte er natürlich, daß Porsches Konstruktion so schlecht nicht war, auch wenn er anfangs gelegentlich verkündete, daß er lieber ein völlig neues Auto hatte bauen wollen. Zudem schmeichelte es seinem Ehrgeiz, daß es ausgerechnet ihm zugetraut wurde, die verfahrene Karre wieder aus dem Schlamm zu ziehen. »Je tiefer der Schlamm, um so besser«, lautete eine seiner stehenden Redensarten.

Vor allem war er überzeugend, auf den Punkt präzise und ein glänzender Redner, der absolut glaubwürdig wirkte. »Ich baue seit mehr als 20 Jahren Automobile«, eröffnete er den an den Lautsprechern des Werksfunks lauschenden Arbeitern in seiner Antrittsrede am 5. Januar 1948. »Ich habe eine sehr klare Vorstellung sowohl von der Größe der hier übernommenen Aufgabe und Verantwortung als auch von dem, was geschehen muß. [...] Alles, was ich an Erfahrung, Wissen und Können einzusetzen habe, werde ich einsetzen – ich habe keine anderen Interessen und Ziele! Euch alle rufe ich zur Mitarbeit auf, aus diesem Werk einen Schrittmacher des Friedens und des Aufbaus werden zu lassen.«[86]

Dieser Volkswagen, stöhnte Nordhoff am Anfang, habe so viele Fehler wie ein Hund Flöhe. Sämtliche Experten rieten ihm, den Namen und vor allem die Konstruktion des Fahrzeugs umgehend zu ändern. Aber für ein neues Modell gab es kein Geld, und bald konnte sich jedermann überzeugen, daß dieser Hund, einmal von Flöhen befreit, kerngesund war. Bei äußerlich unveränderter Form wurde der Wagen nun fortlaufend auf dem neuesten technischen Stand gehalten. In den Wolfsburger Werkhallen liefen bald 500 Autos im Monat vom Band, zum Stückpreis von 5300 D-Mark. Die meisten gingen an die britische Besatzungsbehörde, für die Nordhoff eine Art Hoflieferant war.

Die Standardlimousine, Typ 1 mit 1200 Kubikzentimetern Hubraum und 25 PS, übte eine geradezu magische Anziehungskraft auf die Deutschen aus. Wer diesen Wagen besaß und mit ihm vorfahren konnte, der hatte es geschafft. Legendär wurde ein Fischhändler aus Braunschweig, der am Montag nach der Währungsreform mit einem Pappkarton voller nagelneuer D-Markscheine nach Wolfsburg kam. Das Geld stammte von vielen seiner Kunden, denen er, gegen Vorkasse versteht sich, einen großen Posten fangfrischer Fische aus Wesermünde versprochen hatte. In Wolfsburg bekam er anstandslos seinen Neuwagen und konnte auf der Stelle losbrausen. Am nächsten Tag hatten die Kunden ihre Fische, und alle waren zufrieden: eine Urszene der Marktwirtschaft.

Im Mai 1949, in Bonn verkündete gerade Konrad Adenauer in seiner Eigenschaft als Präsident des Parlamentarischen Rates das Grundgesetz für die Bundesrepublik Deutschland, lief bei VW schon der fünfzigtausendste Nachkriegsvolkswagen, später »Käfer« genannt, durch die Endmontage. Die Hunderttausender-Marke wurde im März 1950 erreicht. Zeitgleich begann Nordhoff mit der Fertigung eines Lieferwagens. Es dauerte nicht mehr lange, bis sich das Volkswagenwerk aus einer Trümmerhalde zum größten Unternehmen der jungen Bundesrepublik verwandelt hatte.

Für den VW-Chef gab es keinen Grund, seinen autokratischen Führungsstil, den er sich in den 1930er Jahren und als »Wehrwirtschaftsführer« im Krieg angewöhnt hatte, zu modifizieren. Das mußte auch der frisch gewählte Betriebsrat von Volkswagen anerkennen, der mit seinem Verlangen nach der Einführung »demokratischer« Strukturen auf wenig Gegenliebe stieß. Was Nordhoff betraf, war dies nicht weiter überraschend. Aber auch ein Großteil der Belegschaft fand am patriarchalischen Regiment des Generaldirektors, der sich zum Primus inter pares stilisierte und seine Reden für gewöhnlich mit einem knappen »Meine Arbeitskameraden!« begann, nicht das leiseste auszusetzen. Schließlich war man nichts anderes gewohnt, und der Erfolg gab Heinrich Nordhoff recht. Obendrein forderte der Chef von seinen Untergebenen nur dieselbe aufopfernde Hingabe, die er selbst jeden Tag vorlebte. »Ich würde gern viel lesen, Blumen züchten, Bilder – Impressionisten – sammeln und manches andere Nutzlose tun«, vertraute er Anfang 1948 dem »Spiegel« an, »wenn, ja wenn nicht mein größtes Hobby, nämlich Automobile zu bauen, mich mit Haut und Haaren gefangen nähme. Man muß wissen, daß Automobile zu bauen kein Beruf ist, sondern eine Passion. Wer mit Automobilen zu tun hat und darin nur den Beruf sieht, wer genausogut Nähmaschinen oder Büromöbel machen könnte, der wird nie Erfolg mit Automobilen haben.«[87]

Carl Hahn, Jahrgang 1926, der drahtige und für seine sarkastischen Sprüche berühmte VW-Vorstandsvorsitzende von 1981 bis 1993, vermutete gelegentlich, daß es den britischen Autobauern womöglich an dieser Leidenschaft fehle. Jedenfalls, so Hahn, sei ihnen »nie ein Fahrzeug gelungen«, das mit dem »Volkswagen vergleichbar gewesen wäre«. Hahn rühmte sein Unternehmen daher auch gern als »die erfolgreichste Autofirma, die jemals von den Briten gegründet wurde«.[88]

Für Hahn ist diese Erfolgsstory hauptsächlich Nordhoffs Verdienst, bei dem er 1954 als Assistent anfing: »Er war kein Apparatschik und kein Manager im üblichen Sinne, und die Menschen haben das instinktiv realisiert. Jeder kam aus dem Nichts. Die Arbeiter hausten in Lagern, weil die Werkswohnungen beschlagnahmt waren. Er sorgte dafür, daß sie wieder ein Dach über dem Kopf bekamen und einen Lohn, wenn der auch noch so klein war. Ab und zu war Speck in der Erbsensuppe. Für die Leute war das ein unerhörtes Glück. Nordhoff war für sie ein Halbgott.«[89]

Für deutsche Traditionsunternehmen, die nicht auf westliche Starthilfe rechnen konnten, war der Weg von der Trümmerwüste zurück zum wirtschaftlichen Erfolg ungleich beschwerlicher. Das zeigt das Beispiel von Siemens, des ehedem größten Unternehmens der europäischen Elektroindustrie.

Die Berliner Unternehmensspitze war durch ihre Niederlassung im neutralen Schweden schon im Februar 1945 über die Ergebnisse der Konferenz von Jalta informiert und kannte die Umrisse der künftigen Besatzungszonen. Im Sommer 1943 waren schon erste Überlegungen angestellt geworden, Teile von Siemensstadt aus der Reichshauptstadt nach Süd- oder Westdeutschland auszulagern.

Das Produktionszentrum der Stammfirma Siemens & Halske

wurde gegen Kriegsende noch heftig bombardiert. Den Rest besorgten die Russen im Frühjahr 1945. Das in Berlin verbliebene Führungsteam fiel fast vollzählig dem Siegesrausch der Roten Armee zum Opfer. Als Ende April 1945 die sowjetischen Panzer durch Siemensstadt rasselten und die Welle der Plünderungen, Morde und Vergewaltigungen über die Notbelegschaft hereinbrach, kam es zu vielen Selbstmorden. Verzweifelte Arbeiter setzten ihrem Leben – und oft genug dem ihrer Familie – ebenso ein Ende wie Fritz Lüschen, der Chef des Zentrallaboratoriums, oder Gustav Leifer, der Fabrikleiter der Wernerwerke. Heinrich von Buol, der Vorstandvorsitzende des Stammwerks, vergiftete sich Anfang Mai 1945 in der Lubjanka in Moskau, um dem sowjetischen Verhör zuvorzukommen.

Der amtierende Chef des Unternehmens hieß zu diesem Zeitpunkt Hermann von Siemens, Jahrgang 1885. Im Sommer 1941, nach dem Tod seines dreizehn Jahre älteren Bruders Carl Friedrich, hatte er das Ruder des Konzerns übernommen. Das Wort »Konzern« mochte man bei Siemens übrigens nie, man sprach vom »Haus«. Carl Friedrich war zu den Nazis stets auf Distanz geblieben. Deshalb verschwiegen sie sein Begräbnis im Juli 1941 und verhinderten die Veröffentlichung der Trauerrede.

Die Familie Siemens hatte das »Dritte Reich« politisch nahezu unbeschadet überstanden. Hermann von Siemens wurde zwar von den Amerikanern in »automatischen Arrest« genommen – aber nicht aufgrund seiner Funktion als Chef des Hauses, sondern weil er im Aufsichtsrat der Deutschen Bank saß. Aus der Anklage in den Nürnberger Prozessen – er wurde als Kriegsgewinnler beschuldigt – ging er ohne Verurteilung hervor.

Wirtschaftlich dagegen war die Nachkriegssituation des Unternehmens hoffnungslos. Ernst von Siemens, der Sohn und spätere Nachfolger von Carl Friedrich, damals dreiundvierzig Jahre alt, erzählte aus dieser Zeit: »Die Russen haben die Fabriken zum Schluß besenrein übergeben. Es war nichts mehr drin. Alles, was in der Ostzone lag, war weg. Die Nürnberger Fabriken (Siemens-Schuckert-Werke), die Starkstromseite von Siemens, alles zerbombt. Nur die Medizin in Erlangen (Siemens-Reiniger-Werke) war relativ gut erhalten geblieben. Eine Fabrik in Bocholt (Fernmeldetechnik) war auf Befehl der Wehrmacht ausgeräumt worden, bevor die Alliierten hereinkamen. Speyer (Fernmeldetechnik) besaßen die Franzosen, da durften wir auch nichts mehr machen. Alles, was wir im Ausland hatten, war weg.«[90] Einen Vorteil gab es. Wer keine Zentrale mehr hatte, konnte den Ort des Neuanfangs nach rein persönlichen Gesichtspunkten frei auswählen. Es sollte die erste strategische Weichenstellung werden, mit der Ernst von Siemens in die Geschichte seines Hauses eingriff: Der kommende Chef entschied sich für München. Erstens kannte er die Stadt aus seiner Studienzeit, zweitens besaß er ein Haus am Starnberger See und konnte – als Mitglied im Akademischen Alpenverein – seiner Passion, dem Bergsteigen, frönen. Drittens existierte im Münchener Süden noch eine kleine nachrichtentechnische Fabrik, die Isaria Werke. Sie war weitgehend unzerstört geblieben.

Die vorerst im Berliner Westen ausharrende Firmenleitung wurde durch Ernst von Siemens beauftragt, das Treibgut aus dem Zusammenbruch in südliche Gefilde zu lenken und von München aus den Neuanfang zu organisieren – ein Glücksfall für das damalige Agrarland Bayern, das es in der Nazizeit immerhin schon zum Zentrum der Luftrüstung gebracht hatte.

Ernst von Siemens wurde mit der treuhänderischen Wahrnehmung der Gesamtinteressen der Firma betraut. Büroräume fanden er und seine Truppe in der Neuhauser Straße, über dem Café »Fürsteneck« – drei schäbige kleine Zimmerchen. Regen und Schneewasser tropften durchs Dach, trockene Ecken für die Schreibtische waren rar. Der einzige Vorzug des Notquartiers: die Lage im vierten Stock. Als die Amerikaner das Café beschlagnahmten, inspizierten sie nur den ersten und den zweiten Stock, den Rest fanden sie so trostlos, daß sie wieder verschwanden. Drei Jahre lang konnte die kleine Siemens-Mannschaft ungestört über ihren Zukunftsplänen brüten.

Fahrradreifen, Kohleschaufeln, Kochtöpfe und Behelfsöfen, wenn es hochkam Transportkarren und Marktroller: So sah der Neubeginn der einstigen Weltfirma aus. Kochherde durften, so wollten es die Alliierten, nur einflammig sein. Als ein Werksleiter eigenmächtig einen Tischherd mit zwei Kochplatten fertigen ließ und damit gegen eine Anordnung des Kontrollrats verstieß, hatten, wie sich der ehemalige Aufsichtsratsvorsitzende Hermann Franz erinnert, »alle Angst, daß der Laden zugemacht wird«.[91]

Selbst das Radeln verbot der Kontrollrat den Siemensianern. Ernst von Siemens, der zeitlebens an den Folgen einer schweren Kinderlähmung litt, mußte vom Büro in die Fabrik laufen: elf Kilometer hin, elf zurück. Das konnte er sich nur an drei Tagen in der Woche zumuten. Die übrigen Tage verbrachte er am Schreibtisch und dachte über neue Produkte nach. Die Kurskreisel, spezielle Kompaßinstrumente, die Siemens im Krieg für die Marine produziert hatte, wollte niemand mehr haben.

»Wichtig war doch nur eines«, so Ernst von Siemens: »Was können wir aus der Fabrik machen? Wir haben den Fabriksaal ausgeräumt und haben gesagt, was wir brauchen, ist Entwicklung. An einen leeren Fabriksaal haben wir drangeschrieben ›Laboratorien und Entwicklung‹. Wir hatten eine ganze Reihe guter Laborleute und gute Konstrukteure. Wir haben denen gesagt: Geht da rein, macht was draus.«[92]

Er selbst war kein begnadeter Techniker, obwohl er auf Anraten seines Vaters Carl Friedrich an der Technischen Hochschule in München Physik studiert hatte. An die Spitze des Hauses, so wollte es die Familientradition, gehörte nun einmal ein Ingenieur. Seine Promotion stand unter keinem guten Stern. Während der Doktorarbeit über »Kanalstrahlen« erkrankte er schwer an spinaler Kinderlähmung. Als er wieder halbwegs genesen war, starb sein Doktorvater. Danach einigte er sich mit seinem Vater darauf, die Sache auf sich beruhen zu lassen, und schloß sich der Meinung eines Onkels an: Wenn Ernst etwas tauge, soll der Onkel zu seinem Vater gesagt haben, bekomme er doch eines Tages einen Ehrendoktor – wenn er aber nichts tauge, dann sei es »eh wurscht«. Später wurden ihm sogar mehrere Ehrendoktorhüte aufgesetzt.

Nach dem Krieg gab es andere Probleme. Mit Händen und

*Produktion einfacher Kochherde bei den Siemens-Schuckert-Werken
in der britischen Zone, 1945*

Füßen wehrten sich die Neu-Münchener Siemensianer gegen die Entflechtungspläne der Alliierten. Sie liefen darauf hinaus, den Konzern mit seiner kaum überschaubaren Vielzahl von unterein- ander verschachtelten Unternehmungen in seine Einzelbestand- teile zu zerlegen. Es fing an mit dem Dach, das aus der Siemens & Halske AG, der eigentlichen Konzernholding, und der Siemens- Schuckert-Werke AG bestand. Für Eingeweihte beinahe absurd klang das alliierte Bestreben, die Starkstrom- von der Schwach- stromtechnik zu trennen. Technisch war das gar nicht machbar. Verständnis für ihre Nöte fanden die Betroffenen bei Ludwig Er- hard, damals bayerischer Wirtschaftsminister. »Mit dem brauch- ten wir darüber nicht lange zu reden. Der sagte: ›Das ist natür- lich Wahnsinn, was die wollen‹«,[93] erinnerte sich Ernst von Sie- mens. Erhard plädierte dafür, das Problem auszusitzen. Und so geschah es.

Nach der Währungsreform setzte auch bei Siemens in München der Güterkreislauf schnell wieder ein. Die Produktions- und Verkaufsziffern kletterten steil nach oben. Aber nicht ohne Risiko. Ernst von Siemens, der grundsolide Grandseigneur, verspürte noch Jahrzehnte später ein heftiges Unbehagen, wenn er an die sogenannten Sola-Wechsel dachte – nichts anderes als ungedeckte Schecks, die er damals notgedrungen unterschrieb, um seine Arbeiter bezahlen zu können. Nur der Erfolg half ihm aus der Klemme: Er verhinderte, daß die unsolide Finanzierung platzte.

Im April 1949 fiel die endgültige Entscheidung über die Verlegung des Stammsitzes von Siemens & Halske nach München. Die Siemens-Schuckert-Werke richteten sich im fränkischen Erlangen bei Nürnberg ein. Die erste Produktionsphase, in der Verlegenheitsartikel gefertigt wurden, war rasch überwunden. Auf einfache Elektrogeräte, Radios und Heizlüfter folgten vollwertige, moderne Erzeugnisse für gehobene Ansprüche. Nach und nach gelang es, die alte Qualität wieder herzustellen. Die Zeiten, in denen es nicht einmal möglich war, die Erzeugnisse einer Serie in ein und demselben Grauton zu lackieren, waren überwunden. 1950 näherten sich die westdeutschen Siemens-Werke dem Produktionsniveau der Vorkriegszeit. Der Wiederaufbau war im wesentlichen abgeschlossen. Großaufträge wie das westdeutsche Fernschreibnetz mit 4000 Anschlüssen oder der Bau eines Dampfkraftwerkes in Südamerika bescherten dem Unternehmen respektable Gewinne und eindrucksvolle Referenzen.

Ernst von Siemens, der seit 1949 Vorstandsvorsitzender von Siemens & Halske war, blieb dennoch zurückhaltend, was die zukünftigen Entwicklungschancen anging. Kaum einer seiner Mitarbeiter – er eingeschlossen – konnte sich damals vorstellen, daß Siemens an den Erfolg der Vergangenheit würde anknüpfen können. »Niemand erwartete, daß das Unternehmen je wieder seine Vorkriegsgröße erreichen würde«,[94] bemerkte Ernst von Siemens rückblickend. Er täuschte sich gewaltig.

Die Herstellung von Konsumgütern, denen die Alliierten keinerlei strategische, sprich kriegswichtige Bedeutung beimaßen, war von Reglementierungen und Beschränkungen weitgehend frei geblieben. Diesen Umstand wußten sich nicht nur alteingesessene Großunternehmen wie Siemens zunutze zu machen. Er beflügelte auch Nachkriegspioniere, die im Vergleich zu Sohl, Nordhoff oder Siemens scheinbar aus dem Nichts auftauchten. Traditionen hatten sie nicht zu verteidigen, dafür wurden sie mit neuen Ideen zu Haushaltsnamen des »Wirtschaftswunders«.

Zur Symbolfigur für diese Spezies wurde Max Grundig, ein unscheinbarer, knapp vierzigjähriger Radiotüftler und Verkäufer aus Franken. Er war 1908 als Sohn eines kleinen Lagerverwalters in Nürnberg geboren worden. Mit neunzehn Jahren eröffnete er ein kleines Einzelhandelsgeschäft in Fürth, Sternstraße 4. Er reparierte Radios und baute Transformatoren. Damit machte er 1938 schon die erste Million Umsatz. Ein kleiner Fisch, aber eben doch nicht ganz so klein, wie die spätere Grundig-Legende glauben machen wollte.

Wenn ihm der Krieg und die Nachkriegszeit nicht dazwischengekommen wären, hätte Grundig wohl kaum einen Grund gesehen, sich von seiner bisherigen Geschäftspraxis zu verabschieden. Weil der Nachschub ausblieb, waren sein Lager und sein Laden irgendwann leer. Niemand wußte, wann und vor allem woher sich neue Radioempfänger für den Einzelhandel beschaffen ließen. Als die Amerikaner den Verkauf von Radios verboten, mußte sich Grundig etwas Neues einfallen lassen. Dabei bewies er die richtige Nase.

Im Sommer 1946 brachte Grundig seinen »Heinzelmann« auf den Markt, einen simplen Einkreis-Radio-Baukasten aus Einzelteilen. Was man brauchte, um einen funktionstüchtigen Empfänger zusammenzulöten, das wußte der Bastler seit Kindertagen. Die noch fehlenden Röhren ließen sich in der Regel ohne größere Mühe irgendwo auftreiben. Der Bausatz wurde ein voller kaufmännischer Erfolg, und Grundig konnte 1947 in Fürth eine neue Fabrikhalle bauen lassen. Das Fundament für sein späteres Stammwerk war gelegt.

Max Grundig mit dem Radio Heinzelmann und einem
Taschenempfänger, 1960.

Am 21. Juni 1948, als die kauflustigen Deutschen mit ihrer neuen D-Mark die Läden stürmten, war Grundig bestens vorbereitet. Er hatte die richtigen Produkte in ausreichender Menge parat und verdiente damit einen Batzen Geld. In dieser Zeit begann sein Aufstieg zum größten Radiohersteller Europas. Noch ehe das Jahr zu Ende ging, beglückte er die Deutschen mit dem ersten »richtigen« Nachkriegsradio. Das leistungsstarke und wegen seines reinen Klanges gerühmte Produkt hieß »Weltklang«. 1949, im Geburtsjahr der Bundesrepublik, waren davon bereits 100 000 Exemplare verkauft worden.

Für die Deutschen, die auch während ihrer Ausflüge, vielleicht sogar in einem nagelneuen Volkswagen, nicht auf musikalische Unterhaltung verzichten wollten, hatte das Fürther Unternehmen den »Grundig-Boy« im Angebot: das erste moderne deutsche Kofferradio, das auch mit Batterien gespeist werden konnte.

Ein Mann mit Ideen war auch Werner Otto, ein 1909 im brandenburgischen Seelow geborener Kaufmannssohn. Auch er legte in dieser Zeit das Fundament für sein späteres Weltunternehmen, den Otto-Versand, heute die größte Unternehmensgruppe dieser Branche. Dabei wurde Ottos Laufbahn zunächst einmal von zwei Pleiten geprägt. Gegen Ende der zwanziger Jahre ging das väterliche Lebensmittelgroßhandelsgeschäft unter. Der junge Otto mußte das Gymnasium verlassen und seine literarischen Ambitionen begraben – er versuchte sich an zeitkritischen Romanen.

Otto hielt sich als Händler über Wasser, anfangs in Stettin, dann als Zigarettenverkäufer in Berlin. Die Nazis verfolgten ihn wegen seiner Kritik am »Führer« als Systemgegner und inhaftierten ihn in Plötzensee. Kurz vor Schluß wurde er an die Ostfront geschickt. Er überlebte, trug jedoch eine schwere Kopfverletzung davon, die eine bleibende Gleichgewichtsstörung hinterließ.

Sofort nach Kriegsende fing Otto mit seinem letzten Geld als Kleinunternehmer in Hamburg an. Auf ausrangierten Schuhstockmaschinen, die er durch Zufall auf einem Hinterhof entdeckt hatte, ließ er primitive Schuhe aus Holz und Leder zusammenflicken – »Gurken«, wie er sie freimütig nannte. Begehrt waren sie allemal. Die Schuhindustrie, traditionell in Süddeutschland ansässig, konnte aufgrund der Zonentrennung nicht in den Norden liefern, was Otto ungeachtet seiner minderwertigen Produkte zu einer Art Schuhmonopolisten machte. Die Währungsreform setzte dem ein jähes Ende. »Schlagartig waren die Schuhe da«, erinnert sich Otto, »und wir hatten da im Keller nur diese Gurken, und ich hörte sofort mit meiner Schuhproduktion auf.«[95] Seine Firma ging pleite. Gegen die Hersteller aus Süddeutschland und ihre richtigen, »guten« Schuhe hatte der Seiteneinsteiger keine Chance. Werner Otto mußte umdenken, aber das fiel ihm nie schwer.

Wieder machte er aus der Not eine Tugend, und dieses Mal

hatte er den richtigen Riecher. »Der Handel war damals in einer besonders schwierigen Situation, die ganzen Läden waren zerstört, waren alles Trümmer. Bis das alles wieder in Bewegung kam, hatte ich natürlich im Versandhandel eine große Chance, nun nach vorn zu kommen.«[96] Wenn sich die eigenen, zugegeben schlechten Schuhe nicht mehr verkaufen ließen – warum nicht mit den hochwertigen Schuhen der Konkurrenz handeln?

1949 gründete Otto mit 6000 D-Mark Startkapital einen Versandhandel in Hamburg. Seine vier Mitarbeiter bastelten rund um die Uhr in Handarbeit die ersten Kataloge zusammen: dreihundert Exemplare, sechzehn Seiten, notdürftig mit einer Kordel zusammengebunden. Der Chef setzte auf Qualität. Höchstpersönlich zog er über die Dörfer und klapperte die süddeutschen Schuhfabriken ab. Er suchte erstklassige Ware. Als ihm ein größerer Posten Marineklapphosen angeboten wurde, die noch aus dem Krieg übriggeblieben waren, griff er zu. In seiner »Herbst- und Winterkollektion 1950/51« nahmen die blauen Klapphosen einen festen Platz ein, umgeben von 28 Schuhmodellen, zwei Trenchcoats und vier Aktentaschen. »Da merkte ich«, so Otto später, »aha, Textilien gehen ja noch besser als Schuhe. Und dann habe ich angefangen mit Textilien.«[97]

Das alles war noch nicht das »Wirtschaftswunder«. Trotz aller Symptome des Aufschwungs wollte der Chor der Kritiker an Erhards Liberalisierungskurs nicht verstummen. Gründe gab es genug. Der Export hinkte trotz der massiven Abwertung der D-Mark weit hinter den Einfuhren her. Wer unbedingt von einer Konjunktur reden wollte, mußte das Wörtchen »Binnen« voranstellen. Die Arbeitslosigkeit näherte sich der Zwei-Millionen-Grenze. Im Februar 1950 lag die Arbeitslosenquote bei 14 Prozent. Und jeden Tag kamen neue Flüchtlinge aus der DDR über die damals noch durchlässige Zonengrenze in den Westen.

Fünf Jahre nach dem verlorenen Krieg war die Mehrzahl der Deutschen noch immer auf der Suche. Auf der Suche nach vermißten Familienangehörigen, nach einer Wohnung, einem Arbeitsplatz, einem besseren Leben. Als das Jahr 1950 anbrach, konnte kaum jemand in der Bundesrepublik mit den Vokabeln »Wirtschaftswunder« oder »Vollbeschäftigung« etwas anfangen. Zum Alltag gehörten noch immer Lebensmittelrationierungen und Brotkarten. Bis zur Verwirklichung der Vision von Ludwig Erhard, wonach der Luxusgegenstand von gestern das Gebrauchsgut von morgen werden müsse, war es noch ein langer Weg.

4
»Herrliche Zeiten« – die Wundertäter
im Lichte des »Wirtschaftswunders«
(1950 bis 1953)

Auf der Leinwand war die Welt schon wieder in Ordnung. Im notdürftig hergerichteten Delphi-Palast in West-Berlin wurde am 26. Mai 1950 Günter Neumanns Schwarz-Weiß-Film »Herrliche Zeiten« uraufgeführt. »50 Jahre heiter betrachtet«, versprach der Untertitel. Das Publikum strömte zuhauf an die Kinokassen. Auf keinen Fall wollte es sich seine altbekannten Mimen Willy Fritsch, Hans Albers und Bruno Fritz in diesem Dokumentarstreifen entgehen lassen, der das letzte halbe Jahrhundert deutscher Geschichte in anderthalb Stunden Revue passieren ließ.

Jede andere als eine ironische Betrachtungsweise des fürchterlichen deutschen Desasters hätte sich Mitte 1950 kaum jemand freiwillig zumuten wollen: ein verlorener Weltkrieg, eine Weltwirtschaftskrise, eine Inflation, eine Diktatur, ein zweiter, von den Deutschen begonnener und katastrophal verlorener Weltkrieg, der den Verlust sämtlicher Ostgebiete des Reichs nach sich zog. Dann Vertreibung, Besatzung, abermals Inflation, Kalter Krieg, deutsche Teilung. Die zweite deutsche Diktatur hatte nur ein paar Hundert Meter östlich des Delphi-Palastes das Licht der Welt erblickt.

Zu »Großem sind wir noch bestimmt, und herrlichen Tagen führe ich euch noch entgegen«, hatte Kaiser Wilhelm II. seinerzeit vor dem Brandenburgischen Landtag bramarbasiert, der Volksmund hatte sogleich »herrliche Zeiten« daraus gemacht.

Immerhin: Die Westdeutschen, und dazu mußte man neuerdings die Bewohner der Westteile Berlins, der »Insel im roten Meer«, rechnen, die gerade die sowjetische Blockade dank der amerikanischen Luftbrücke überstanden hatten, sahen sich auf dem aufsteigenden Ast. Davon kündete die adrette Kleidung des Premierenpublikums von »Herrliche Zeiten«: die Damen im Sommerkostüm, die Herren im Anzug, Hut und Staubmantel. Man war noch einmal davongekommen, wenn auch um Haaresbreite. Jetzt sollte es eigentlich nur noch aufwärtsgehen. Dieses Grundgefühl vereinte das Publikum von Günter Neumanns Beitrag zum Genre »Trümmerfilm«.

Die Wirklichkeit ließ sich nicht so einfach auf einen Nenner bringen. Die Bonner Auguren blickten mit sorgenvollen Mienen auf die tristen Wirtschaftsdaten, während die Alliierten vor allem die anhaltend hohe Arbeitslosigkeit kritisierten.

John McCloy, der Hohe Kommissar der Vereinigten Staaten, sah soziale Unruhen am Horizont heraufziehen. Er drängte Adenauer unentwegt zu einer Kursänderung in der Wirtschaftspolitik – weg von der freien Marktwirtschaft, hin zu mehr staatlicher Steuerung. Die Alliierten sorgten sich aus höchst eigennützigen Gründen um die Liquidität der Bundesrepublik. Das bisher ungelöste Problem der deutschen Altschulden, sowohl aus der Vor- wie auch aus der Nachkriegszeit, konnte nicht ewig verschoben werden. Wie wollten die Westdeutschen ihren Schuldenberg jemals abtragen, wenn ihre Wirtschaft nicht in Schwung kam? Das Schreckenswort »Inflation«, das bei den Deutschen die schlimmsten historischen Assoziationen wachrief, machte wieder einmal die Runde. Die Stimmung in der Industrie war flau, aber angespannt. Die Wunden, die Krieg und Demontagen geschlagen hatten, waren noch sichtbar und schmerzten.

Die von Adenauer in seiner ersten Regierungserklärung vom 20. September 1949 angemahnte Regelung der Beziehungen zwischen Arbeitgebern und Arbeitnehmern ließ ebenfalls auf sich warten. Der fünfundsiebzigjährige Hans Böckler, ein Arbeiterführer von staatsmännischem Format, verlangte kategorisch die volle und gleichberechtigte Mitbestimmung der Arbeiter in allen Wirtschaftsfragen. Seit dem 13. Oktober 1949 stand er an der Spitze des neugegründeten Deutschen Gewerkschaftsbundes (DGB), der sich aus sechzehn nach Branchen geordneten Einzelgewerkschaften zusammensetzte. Anders als im Kaiserreich und in der Weimarer Republik definierte sich der DGB als partei-unabhängige Einheitsgewerkschaft. Von einer einvernehmlichen Lösung in der Mitbestimmungsfrage waren die Parteien weit entfernt. Böcklers bis zum Beginn der Industrialisierung zurückreichende Erfahrungen faßte der Gewerkschaftsveteran gern in den Worten zusammen, daß diese dünkelhaften Herren aus der Schwerindustrie »hochmütiger, eingebildeter und machtbewußter als selbst unsere Offizierskaste«[98] seien.

Als Wirtschaftsminister Ludwig Erhard im Frühjahr 1950 vom Frankfurter Wirtschaftsrat nach Bonn umzog und in einer ehemaligen Kaserne sein Ministerium installierte, blies ihm der Wind ins Gesicht. Er mußte zu seinem Mißvergnügen zur Kenntnis nehmen, daß Kanzler Konrad Adenauer die Wirtschaftspolitik dem Kalkül des Machterhalts unterordnete. Der prinzipienfeste Erhard hatte seiner Natur nach dafür kaum Verständnis.

Wenn der Kanzler fachlichen Rat suchte, fragte er nicht etwa seinen Wirtschaftsminister, in dessen Gegenwart er sich nicht wohlfühlte. Lieber konsultierte er seine eigene, handverlesene Expertenrunde. Ganz oben in seiner Gunst standen mit Robert Pferdmenges und Hermann Josef Abs zwei Bankiers aus dem Rheinland. Den nur vier Jahre jüngeren Pferdmenges kannte Adenauer schon seit Weimarer Zeiten aus Köln. Der protestantische Patrizier hatte damals beim katholischen Oberbürgermeister Konrad Adenauer Beschwerde eingelegt, weil er sich am Karfreitag, dem höchsten evangelischen Feiertag, durch ein in unmittelbarer Nähe seines Hauses angesetztes Fußballspiel empfindlich gestört fühlte. Es war der ungewöhnliche Anfang einer engen, lebenslangen und aufrichtigen Freundschaft – Adenauers einziger, wie Kenner versichern.

Untereinander hielten die beiden Bankiers höflich und respektvoll auf Abstand. Sie schrieben sich keine Briefe, es gab kaum Gespräche. Beide stammten aus wohlhabenden rheinischen Elternhäusern und waren mit den besten Kreisen der westdeutschen Industrie verschwistert und verschwägert. Beide hatten ihre Welterfahrung schon in jungen Jahren während ihrer Ausbildung

Konrad Adenauer und Robert Pferdmenges beim
Bankiertag in Köln, 1958.

an internationalen Finanzplätzen des Kontinents erworben. Sie wußten die britische Lebensweise zu schätzen, sprachen beide – im Gegensatz zu Adenauer – ein perfektes Englisch und kultivierten äußerlich wie innerlich den dazu passenden Habitus. Abs galt stets als der »englischste« aller deutschen Bankiers, und über Pferdmenges schrieb ein aufmerksamer englischer Beobachter: »There during a ten years stay prior to 1914 he had acquired a wife, and a taste for scots tweed, scotch whisky, bowler hats, an British pipe tobacco, plus a pawky sense of humour.«[99]

Eine bezeichnende Kostprobe seines lakonischen Humors gab Pferdmenges im November 1949 zum besten. Auf die Frage, warum Adenauer denn ausgerechnet ihn zum Frühstück mit dem amerikanischen Außenminister Dean Acheson ins Palais Schaumburg geladen habe, entgegnete er abwiegelnd, der Kanzler habe ihn doch nur herbeizitiert, »weil ich ganz gut englisch spreche, und das Hauptthema waren Moselweine«.[100] Viel mehr war aus ihm nie herauszubekommen.

1880 geboren und damit fast eine Generation älter als Abs, war Pferdmenges noch in der Finanzwelt der festen Wechselkurse vor 1914 großgeworden und hatte in den Kategorien des freien Kapitalverkehrs denken gelernt. Seine Karriere begann er bei der Berliner Disconto-Gesellschaft, um in den 1920er Jahren in den Aufsichtsrat der Dresdner Bank und in den Zentralvorstand der Reichsbank aufzurücken. Seit 1920 saß er im Vorstand des Schaafhausen'schen Bankvereins, im Jahr darauf wählten ihn die Bankiers Westfalens und des Rheinlands zum Vorsitzenden ihrer Berufsgenossenschaft, der Vereinigung der Banken und Bankiers.

Nebenher sammelte Pferdmenges seine ersten Aufsichtsratsmandate im Ruhrgebiet und begründete so seinen späteren Ruf als »treuer Paladin der Ruhrindustrie«.[101] 1931 trat er als persönlich haftender Gesellschafter in das noble Kölner Bankhaus Oppenheim ein. Im »Dritten Reich« trug das Bankhaus seinen Namen, Pferdmenges & Co., und entging damit der drohenden »Arisierung«. Der Bankier hatte das Schicksal der Bank kurzerhand zu seinem eigenen gemacht, indem er ohne viel Aufhebens »zum Juden honoris causa«[102] konvertierte.

Adolf Hitler und dem »Dritten Reich« begegnete Pferdmenges mit couragierter Abneigung, ohne später viel Aufhebens davon zu machen. »Ich halte mir nichts darauf zugute, daß ich frühzeitig engagierter Gegner der Geschichte war«, bemerkte er einmal und fügte hinzu: »Ich war eben so lange im Ausland gewesen, daß ich den Unsinn erkannte, den die verzapften.«[103] 1944 stellte ihn die SS auf seinem Gut Lindenberg unter Hausarrest.

Nach dem Krieg machten ihn die Amerikaner zum Präsidenten der Industrie- und Handelskammer in Köln, im September 1946 allerdings wurde er von den Briten ohne Begründung wieder entlassen. »Das habe ich Adenauer voraus«, scherzte Pferdmenges später. Denn wenig später mußte Konrad Adenauer zum zweiten Mal den Stuhl des Kölner Oberbürgermeisters räumen, diesmal auf Betreiben der Briten, die ihm »Unfähigkeit« attestierten.

Bis Ende der 1940er Jahre stieg Robert Pferdmenges, übrigens ein halbes Jahr nach seiner abrupten Entlassung wieder voll rehabilitiert, zu Adenauers einflußreichstem Ratgeber nicht nur in Geldangelegenheiten auf. Schnell galt er als mächtigster Bankier der jungen Bundesrepublik – und als vermögendster, auch wenn er selber das anders sah: »Mich als reichsten Mann Deutschlands zu bezeichnen, ist ja der reinste Treppenwitz. Von meinem Vermögen nur soviel: Es ist jedenfalls sehr viel kleiner, als man gewöhnlich annimmt. Ich bin ein gutsituierter Mann, das ist alles.«[104] Ob das der Wahrheit entsprach, wußte nur er. Die damalige Rundfunkjournalistin Julia Dingwort-Nusseck fragte ihn einmal: »Was würden Sie tun, wenn Sie Millionär wären?« Pferdmenges antwortete schnoddrig: »Mich einschränken.«[105]

Seit Juni 1947 hatte er die CDU im Frankfurter Wirtschaftsrat der Bizone vertreten, wo er Ludwig Erhard näher kennenlernte. Schon damals saß Pferdmenges zeitweilig in fast fünfzig Aufsichtsräten, meist in der Montanindustrie, in der Textilbranche oder im Versicherungswesen. Bankiers und Bankdirektoren galten aufgrund ihres Insiderwissens in Deutschland seit eh und je als »geborene« Aufsichtsratsmitglieder. Pferdmenges schien Aufsichtsratsposten anzuziehen wie ein Magnet die Eisenspäne. Wer ihn gebeten hätte, seine Mandate aus dem Stegreif aufzuzählen, hätte ihn durchaus in Verlegenheit gebracht.

Durch seinen außerordentlichen Einfluß verfügte der lebenskluge Pferdmenges über »eine Macht, die der eines politischen Diktators«[106] gleichkam. Adenauer, der »seinen« Bankier schon in den Frankfurter Wirtschaftsrat beordert hatte, überredete ihn danach dazu, ein Mandat im ersten Deutschen Bundestag anzunehmen. In einem Schreiben vom 1. Juli 1949 teilte der Kanzler Pferdmenges lapidar mit, daß er für ihn einen Platz auf der nordrhein-westfälischen Landesliste zu reservieren gedenke: »Nehmen Sie mir nicht übel, daß es unmöglich ist, Sie aus Ihren Pflichten zu entlassen.«[107] Der auf diese Weise in die Politik verschlagene Bankier sollte dem Parlament bis zu seinem Tode im Jahre 1962 angehören – ohne ein einziges Mal das Wort zu ergreifen, wenn man von den paar Sätzen absehen will, mit denen er als Alterspräsident im Jahre 1961 den neuen Bundestag zu eröffnen hatte. In den Ausschüssen für Finanz- und Steuerfragen, für Geld und Kredit war sein Einfluß dafür um so größer.

Als Bankiers mußten Pferdmenges und Abs ein natürliches Interesse daran haben, die D-Mark billig zu halten und gegen Aufwertungen und Zinserhöhungen Stellung zu beziehen. Das machte sie nicht unbedingt zu Freunden des Wirtschaftsministers. Der Dissens mit Erhard war gewissermaßen programmiert. Pferdmenges trug mit seinen Ansichten »viel zu der ständigen Kontroverse zwischen Adenauer und Erhard«[108] bei. Letzterer versuchte vergebens, in Adenauers permanente Zwiegespräche mit Pferdmenges eingeschaltet zu werden. Der Kanzler wies dieses Ansinnen schroff zurück. Zornig schrieb er an seinen Wirtschaftsminister: »Ich lasse mir keine Vorschriften machen darüber, mit wem ich sprechen kann, weil mir niemand die Verantwortung abnehmen kann, auch nicht der beste Bundesminister.«[109]

Damit meinte Adenauer auch Hermann Josef Abs, der seinem Privatierdasein zwischen den Apfelbäumen des Bentgerhofs mittlerweile den Rücken gekehrt hatte. Seit Januar 1949 stand Abs, nunmehr entnazifiziert und offiziell entlastet, an der Spitze der Kreditanstalt für Wiederaufbau (KfW), die in Frankfurt am Main ihr Quartier aufgeschlagen hatte. Abs hatte die KfW in seiner pointenversessenen Art sogleich zur »öffentlichen Kreditbedürfnisanstalt« erklärt. Sie verteilte den Geldsegen des Marshallplans gleichmäßig über die deutsche Wirtschaft und wurde zum Finanzierungszentrum des Wiederaufbaus. Ihre Konzeption trug unverkennbar Abs' Handschrift. Noch im Januar 1949 bewilligte die KfW das erste Sofortprogramm über 400 Millionen D-Mark: 170 Millionen gingen in die Energiewirtschaft und 75 Millionen in den Bergbau. Hermann Josef Abs bezog 30 000 D-Mark per anno und wurde fest angestellt.

Da war sie, die »konzentrierte, dem Wiederaufbau gewidmete verantwortungsvolle Tätigkeit«,[110] die er sich während seiner unfreiwilligen Auszeit in Remagen so dringend gewünscht hatte. Sie bildete die Basis für Abs' kommende Rolle als oberster Kapitalverteiler der »Deutschland AG«. Mit der Deutschen Bank im Hintergrund, an deren Restrukturierung er insgeheim arbeitete, und seinem unbestrittenen Genie, die Dinge miteinander zu verknüpfen, wuchs Abs in der jungen Bundesrepublik in eine Machtposition hinein, die absolut einzigartig war.

Der Bankier war im Palais Schaumburg ein gern gesehener Gast. Bis 1963 sollen es mehr als einhundert Besuche gewesen sein, die meisten davon in den frühen fünfziger Jahren.[111] Wenn Konrad Adenauer trotz der ihm eigenen Gabe der schlaglichtartigen Vereinfachung selbst kompliziertester Sachverhalte einmal nicht recht weiterwußte, pflegte er sich dem anzuschließen, »wat de Herr Abs jesacht hat«. Adenauer verstand von Fragen der Wirtschafts- und Finanzpolitik nicht viel, aber es fiel ihm nicht schwer, das Machtpotential zu erkennen, das in diesem Bereich lag. Der Kanzler bot Abs mehrmals das Außenministerium an, auch zum ersten Botschafter in Moskau wollte er ihn machen, was wiederum Abs nicht genügte. Das Verhältnis der beiden war nicht ungetrübt. Abs wollte an der Macht partizipieren, Adenauer wollte nur von ihm beraten werden. Als Abs 1961 wieder einmal für einen politischen Posten im Gespräch war, wehrte Adenauer ihn mit dem Gerücht ab, der Bankier sei Mitglied im Freundeskreis Heinrich Himmler gewesen. Vergebens versuchte Abs, die unrichtige Behauptung aus der Welt zu schaffen. Die Abgefeimtheit Adenauers setzte selbst seiner Macht Grenzen.

Es gab noch einen weiteren Stammgast im Kanzleramt, für den Adenauer zu Erhards Leidwesen immer Zeit und ein offenes Ohr besaß: Fritz Berg, Jahrgang 1901, der massige BDI-Chef aus dem Sauerland, der als nachhaltigste Folge seines betriebswirtschaftlichen Studiums tiefe Schmisse im Gesicht trug, mit denen er seine Mitgliedschaft in der schlagenden Verbindung »Hanseat« eindrucksvoll dokumentierte. Stil und Manieren waren für Berg Fremdworte, das mußten selbst seine Anhänger zugeben, während ihm seine Kritiker, darunter Abs, das nötige »Format« absprachen: Alles in allem war er eine merkwürdige Figur.

Im »Dritten Reich« hatte Berg, der seit 1937 der NSDAP angehörte, als Leiter der Abteilung »Fahrrad- und Motorradteile« in der Reichsgruppe Industrie seinen Beitrag zum »Endsieg« geleistet. Nach Kriegsende setzten ihn die Briten für kurze Zeit zum Bürgermeister ein, nur weil er Englisch konnte – als junger Mann hatte er Amerika bereist, obendrein war er mit einer Kanadierin verheiratet. Wenig später saß der vierschrötige Sauerländer acht Wochen in U-Haft, weil ihm Schwarzmarktgeschäfte und einige andere Wirtschaftsdelikte zur Last gelegt wurden.

Adenauer interessierte dies alles herzlich wenig. Für ihn war Fritz Berg vor allem aus einem Grund interessant: Der Mann aus dem Sauerland präsidierte seit 1949 dem Bundesverband der Deutschen Industrie (BDI) mit Sitz in Köln. Präsident Berg war ohne Zweifel ein grandioser Lobbyist, nicht obwohl, sondern gerade weil er aus dem Mittelstand kam. Er verstand sich als Sprachrohr der westdeutschen Industrie in ihrem Bestreben, sich die Konkurrenz von außen möglichst vom Leibe zu halten und reichlich Subventionen aus Bonn an Land zu ziehen. Dieses Metier beherrschte Berg meisterhaft, was schon allein seine ständige Wiederwahl bewies – nicht umsonst behauptete er sich über zwei Jahrzehnte an der Spitze des BDI.

Fritz Bergs Arbeitsfanatismus galt als besorgniserregend, er selbst gefiel sich als Meister der Zeiteinteilung. Jeden Morgen startete er pünktlich 6.30 Uhr von seiner Kölner Wohnung, um eine Stunde später in seinem Büro in Altena mit der Arbeit zu beginnen. Bis Mittag hielt er dort sein mittelständisches Unternehmen in Schwung. Danach warf er sich ins Auto und fuhr die hundert Kilometer zurück nach Köln, zu seinem zweiten Büro beim BDI, um handfeste Politik zu machen. Einer seiner größten Coups war die Gründung der »Staatsbürgerlichen Vereinigung« im Jahre 1953, die später zum Inbegriff diverser Parteispendenskandale werden sollte.

Jedenfalls war es kein Wunder, daß sich Ludwig Erhard in seiner Zuständigkeitsdomäne, der Wirtschaft, vom Kanzler und dessen Hofkamarilla regelmäßig übergangen fühlte. Vor allem der cholerische BDI-Präsident war ihm ein Dorn im Auge. Hier standen sich zwei Antipoden gegenüber, die einander in wechselseitiger Abneigung verbunden waren: Erhard hielt Berg schlichtweg für dumm, während Berg Ehrhard als naiv ansah. Daß der eine liberal, der andere erzkonservativ war, machte es nicht besser. Was nützte es dem zürnenden Minister, daß sein Konzept seit Juli 1949, als die sogenannten Düsseldorfer Leitsätze ausgearbeitet worden waren, zum Kernbestandteil des CDU-Programms gehörte? Erstmals wurde deutlich, daß er in der Partei keine nennenswerte Hausmacht besaß. Ohne sonderliche Überzeugung machte sich Erhard an die Ausarbeitung zweier Arbeitsbeschaffungsprogramme, die zum größten Teil dem sozialen Wohnungsbau zugute kamen. Das Unternehmen, dessen Gesamtvolumen eine Milliarde D-Mark nicht überschritt, wurde von der Bank Deutscher Länder unterstützt, die den Kreditfluß in die Wirtschaft flankierte. Erhard war im Grunde fest davon überzeugt, daß es lediglich darauf ankomme, die Zeit zu überbrücken, bis die Dinge sich von allein regulierten. Er sollte damit recht behalten. Der entscheidende Zündfunke kam aus Korea.

Am 25. Juni 1950 überfielen die Truppen des kommunistischen Nordkorea das benachbarte Südkorea – mit Stalins Billigung, wie sich hinterher herausstellte. Der Westen, den die unerwartete Invasion auf dem falschen Fuß erwischte, wurde »aufgescheucht wie ein Taubenschlag durch einen Stein«,[112] schrieb der amerikanische Rußlandkenner George F. Kennan später.

Aufgescheucht wurden auch die Bonner Politiker. Kanzler Adenauer hatte schon vor der Invasion, Ende April 1950, die Hohen Kommissare auf die hochgerüstete Volkspolizei in der DDR hingewiesen und ein entsprechendes Gegengewicht verlangt. Während die Nordkoreaner nun die ostasiatische Halbinsel überrannten, drängten sich den Westdeutschen alarmierende Parallelen auf: Würde Deutschland, zwischen Ost und West geteilt, womöglich zum »nächsten Korea« werden? Konrad Adenauer schien mit dem Schlimmsten zu rechnen. Er war jedenfalls fest überzeugt, daß sich die Bundesrepublik in einer äußerst

Fritz Berg spricht mit Heinrich Lübke und Wilhelm Borner bei einer BDI-Tagung, 1968.

gefährlichen Lage befand. Plötzlich klang sein schon länger gehegter Gedanke, die Aufstellung eines westdeutschen Verteidigungskontingentes im Rahmen einer europäischen Armee, hochaktuell. Harry S. Truman, der amerikanische Präsident, reagierte sofort und schickte neben Bombern und Kriegsschiffen auch Bodentruppen nach Südkorea, die freilich einige Zeit brauchten, um die Lage unter Kontrolle zu bringen.

Die Koreakrise hatte nicht nur einschneidende Folgen für die westdeutsche Sicherheitspolitik. Mindestens ebenso gravierend waren die Folgen für die deutsche Wirtschaft, die sich gerade wieder aufrappelte. Die USA, die ihre Rüstungsausgaben drastisch reduziert hatten, kehrten mit Korea praktisch wieder zur Kriegswirtschaft zurück und kauften kriegswichtige Rohstoffvorräte im Wert von knapp zehn Milliarden Dollar auf. Was als »Koreakrise« begann, verwandelte sich unversehens in den »Koreaboom«, den die Historiker mittlerweile nahezu unisono zum »endgültigen Wachstumsdurchbruch«[113] der westdeutschen Wirtschaft erklärt haben.

Am Anfang der 1950er Jahre lebten die Westdeutschen – nicht nur nach heutigen Maßstäben – ausgesprochen bescheiden, wenn nicht ärmlich. Eine Allensbach-Umfrage ergab, daß über die Hälfte der Bevölkerung in beengten räumlichen Verhältnissen wohnte. Intakte Wohnungen mit mehr als drei Räumen waren selten. Die technische Ausstattung war mehr als dürftig, häufig mußten sich mehrere Familien Küche, Bad und die Toilette auf halber Treppe oder im Hinterhof teilen. Eine elektrische Waschmaschine und einen Kühlschrank besaß nur jeder zehnte. Sogar in Lebensmittelgeschäften waren Kühlaggregate die Ausnahme, die vorhandenen Eisschränke mußten mühsam mit massiven Eisblöcken vollgeschichtet werden, die häufig noch von Pferdefuhrwerken zu den Läden gekarrt wurden. Überhaupt der Einkauf: Er führte damals in der Regel durch ein halbes Dutzend kleine Geschäfte, in denen zumeist lange Schlangen standen. 1950 zählte man in der Bundesrepublik ganze 38 Lebensmittelläden mit Selbstbedienung. Ein Drittel der Deutschen gab an, noch nie eine Urlaubsreise unternommen zu haben, seit Sommer 1948 war nur jeder fünfte im Ausland gewesen. Der Pro-Kopf-Verbrauch an Kalorien, an Zucker, an Genußmitteln wie Zigaretten, Bier, Schnaps, Kaffee etc., lag durchweg noch unter dem Konsumniveau von 1936. Man sprach von einer »Fettlücke«. Auf allen Gebieten war der Nachholbedarf ungeheuer groß.

Über die von Schlaglöchern übersäten Straßen und baufälligen Brücken rumpelten Anfang der Fünfziger insgesamt rund 700 000 Autos, viele davon stammten noch aus der Vorkriegsproduktion und waren in beklagenswertem Zustand. Dazu kamen zirka 280 000 Lastkraftwagen, oft genug abenteuerliche Konstruktionen, meist mit klapprigem Holzvergaser. Zumindest in einem Punkt hatte Adolf Hitler allem Anschein nach recht behalten:»In zehn Jahren«, prophezeite er 1938 seinem Adjutanten,»werden die Straßen nirgends mehr ausreichen, um den Verkehr zu bewältigen.«[114] Dem deutschen Schienennetz, den Gleisanlagen, Eisenbahnbrücken und Bahnhöfen war überdeutlich anzusehen, daß das Kriegsende erst fünf Jahre zurücklag.

Der Koreakrieg änderte die Lage grundlegend. Das Investitionsprogramm der Bundesregierung, Ende Februar 1950 hastig aufgelegt, um der dümpelnden Wirtschaft auf die Sprünge zu helfen, erübrigte sich. Die unversehens von Kriegsängsten geplagten Deutschen stürzten in die Geschäfte, kauften, was sie für ihre D-Mark kriegen konnten, und legten private Vorratslager an: Lebensmittel, Konsumgüter, Wäsche, Kleidung. Die Einzelhändler rieben sich die Hände, im Herbst waren die Lager leer. Seit Ende 1950 zogen die Preise kräftig an, parallel dazu stiegen die Lebenshaltungskosten um ein Viertel.

Auf dem Weltmarkt genau dasselbe Bild: Die Nachfrage, insbesondere nach strategisch wichtigen Rohstoffen wie Kohle und Stahl, stieg jäh an, die Preise explodierten. Die Auftragsbücher der deutschen Industrie begannen sich mit lukrativen Bestellungen aus dem In- und Ausland zu füllen. Die ununterbrochen steigenden Rohstoffkosten machten den finanziell klammen Unternehmen jedoch schwer zu schaffen. Das deutsche Außenhandelsdefizit schwoll besorgniserregend an. Im September 1950 stiegen die Einfuhren binnen vier Wochen um 141 Millionen auf 1005 Millionen D-Mark, die Ausfuhren dagegen schrumpften um 58 Millionen auf 695 Millionen D-Mark. Die Bundesregierung sah sich ob dieser Schieflage massiver Kritik seitens der Europäischen Zahlungsunion ausgesetzt. Ludwig Erhard versuchte gegenzusteuern. Die Bank Deutscher Länder ging Ende 1950 zu einer restriktiven Kreditvergabe über, die Bundesregierung schränkte die Importe von Grundstoffen drastisch ein.

Schnell stellte sich heraus, daß die Grundbereiche der deutschen Wirtschaft – die Kohleindustrie, die Stahl- und Eisenproduktion, vom Verkehrswesen ganz zu schweigen – nicht mit der rapide wachsenden Nachfrage Schritt halten konnten. Die trotz aller Anstrengungen unzureichende Kohleförderung, lediglich 400 000 Tonnen am Tag, führte Ende 1950 zu Engpässen in der Energieversorgung.

Einen Tag vor Weihnachten mußte Bundeswirtschaftsminister Ludwig Erhard seine Ressortkollegen in den Ländern anweisen, täglich zwei Sperrstunden für den privaten Strom- und Gasverbrauch durchzusetzen. In den deutschen Großstädten gab es nachts keine beleuchteten Schaufenster und Reklametafeln mehr. Fabriken standen still, in den Privathaushalten wurde wieder mit Kohle gespart, Pessimisten fühlten sich an den schrecklichen Winter 1946/47 erinnert. Es war zunächst einmal die Angelegenheit der deutschen Montanindustrie, insbesondere der im Ruhrgebiet, diesem unhaltbaren Zustand ein Ende zu bereiten. Die Kohlengruben an der Saar befanden sich nach wie vor unter französischer Verwaltung.

Für Ludwig Erhard war die ewige Kohlenknappheit, damals der unangefochtene Energieträger Nummer eins, die natürliche Folge der in diesem Bereich fortdauernden Planwirtschaft. Die Alliierten diktierten schließlich nach wie vor die Fördermengen und setzten die Preise fest. Von Marktwirtschaft konnte keine Rede sein. Staatliche Interventionen, gar Kapitalhilfen zugunsten des Ausbaus der schwachbrüstigen Grundstoffindustrien – neben Kohle, Eisen, Stahl und Energie zählte hierzu auch die Chemiebranche – waren Erhard zutiefst suspekt. Derartige dirigistische Eingriffe liefen seinem großen Ziel, ein freier Markt mit freien Preisen und freiem Wettbewerb, zuwider. Sein Credo lautete, daß der Konsum Priorität vor den Investitionen haben müsse, weil man das »bisherige Maß an Opferfreudigkeit dem Volke einfach nicht mehr zumuten«[115] könne. Nur halbherzig unterstützte er daher den von der Schwerindustrie und ihren Unternehmerverbänden vorgetragenen Plan, das für die notleidende Grundstoffproduktion erforderliche Kapital aus der Konsumgüterindustrie herauszuziehen.

Es sollte noch etliches Wasser den Rhein hinunterfließen, ehe dieses Vorhaben Gestalt gewann. Das vom BDI, vor allem von seinem Präsidenten Fritz Berg, lautstark geforderte »Investitionshilfegesetz« konnte erst am 18. Januar 1952 verabschiedet werden. Demnach sollte die gewerbliche Wirtschaft, mit einigen Ausnahmen – wie Landwirtschaft, Freiberufler, Bauunternehmen, öffentliche Verkehrsbetriebe –, für die Investitionen in den Kohlenbergbau, in die eisenschaffende Industrie, in die Energie- und Wasserwirtschaft und die Bundesbahn insgesamt eine Summe von einer Milliarde D-Mark aufbringen. Es dauerte noch einmal ein halbes Jahr, bis Sommer 1952, ehe die Beträge dorthin flossen, wo sie gebraucht wurden.

Den Amerikanern, die längst zur staatlichen Rohstofflenkung und -bewirtschaftung übergegangen waren, dauerte das alles viel zu lange. Der Hohe Kommissar John McCloy verlangte von Adenauer am 6. März 1951 »eine bedeutsame Modifizierung der freien Marktwirtschaft« – und ließ seinem Verlangen eine handfeste Drohung folgen: »Angesichts der ungewöhnlichen wirtschaftlichen Anstrengungen, die jetzt vom amerikanischen Volk gemacht werden«, so schrieb McCloy, müsse »die Regierung der Bundesrepublik offensichtlich direkt mit Verwaltungsmaßnahmen eingreifen, wenn Westdeutschland weiterhin bei der Dollarhilfe berücksichtigt werden will. Anderenfalls können wir nicht länger dafür einstehen, daß seltene Rohmaterialien, welche jetzt in den Vereinigten Staaten militärischen und damit in Verbindung stehenden Zwecken zugeleitet werden, weiterhin auch Westdeutschland zur Verfügung stehen werden.«[116]

Die Mittel des Marshallplan gingen zur Neige, und der deutschen Industrie ging das Geld aus. Eine »Modifizierung der freien Marktwirtschaft« – das war für Ludwig Erhard ein Unding. Ein bißchen Planwirtschaft, so lautete eines seiner geflügelten Worte, könne es ebensowenig geben wie ein bißchen Schwangerschaft. Im Frühjahr 1951 sah er sich trotzdem genötigt, die Berufung eines Rohstoffberaters der Bundesregierung zu akzeptieren.

Damit betrat Otto A. Friedrich die politische Bühne. Er war einer der wenigen Industriellen, die im BDI-Präsidium die Stirn hatten, Erhards Wirtschaftspolitik zu verteidigen. Er war vom freien Wettbewerb überzeugt und sprach sich damit gegen das im BDI herrschende Kartelldenken aus. Der knapp fünfzigjährige Friedrich war in der norddeutschen Gummi-Industrie großgeworden. Im Hauptberuf amtierte er seit Anfang April 1949 als Generaldirektor der Hamburg-Harburger Phoenix AG. Die Firma bestand seit 1856. Friedrich war im Oktober 1939 in den Vorstand von Phoenix aufgerückt. Erst relativ spät, nämlich an seinem 39. Geburtstag, dem 3. Juli 1941, in die NSDAP eingetreten, hatte er wenig später Eingang in »Speers Kindergarten« gefunden: 1943 avancierte Friedrich zum stellvertretenden Reichsbeauftragten für Kautschuk. Der künstlerisch ambitionierte Friedrich –

er schrieb nebenher an einer Dramentrilogie mit Titeln wie »Bonaparte« oder »Stein« – war unter seinesgleichen eine Ausnahmeerscheinung. Er empfand die Nazi-Diktatur im nachhinein als moralische Katastrophe und lieferte sich darüber in seinen umfangreichen Tagebuchaufzeichnungen schonungslos Rechenschaft. Er unterzog sich dieser intensiven Gewissensprüfung auch deswegen, weil ihn sein Bruder, ein namhafter Politikprofessor, der in die USA ausgewandert war, zwang, sich seiner Vergangenheit im »Dritten Reich« zu stellen.

Im Sommer 1951 begleitete Otto A. Friedrich den Wirtschaftsminister in die Vereinigten Staaten. Ludwig Erhard stand in Bonn unter heftiger Kritik, nicht nur aus den Reihen der Sozialdemokraten, die – wie der Wirtschaftsprofessor Erik Nölting in der jüngsten Haushaltsdebatte des Bundestages – offen seinen Rücktritt verlangten. Erhard zeigte sich ungerührt. In Übersee traf er mit der Creme der amerikanischen Wirtschaftsexperten zusammen und tat, was er konnte, um den wirtschaftlichen Handlungsspielraum der Bundesrepublik nicht noch weiter schrumpfen zu lassen. Mit Erfolg. Die USA versprachen ihm, nicht nur beim Zwangsexport von Steinkohle, sondern auch bei der Freigabe der Stahlproduktion und der nach wie vor für die Deutschen geltenden Forschungsbeschränkungen Zugeständnisse zu machen. Friedrich zog später eine positive Bilanz des Besuches: »Tatsächlich ist es gelungen, die Soziale Marktwirtschaft auch unter weltweiten Restriktionen durchzuhalten und – abgesehen von wenigen formalen Konzessionen an die Amerikaner auf dem Eisen- und Stahlgebiet – den Weg zu einer noch größeren Entfaltung der Wirtschaft, einer ständig zunehmenden Beschäftigung und zur Beseitigung der damals noch bestehenden Fesseln der Besatzungsmächte in die Wege zu leiten.«[117] Die Geburtskrise der Marktwirtschaft war überwunden.

Der Knoten begann sich auch im Mitbestimmungsstreit zu lockern. Kanzler Adenauer mußte dafür allerdings sein ganzes Gewicht in die Waagschale werfen. Am 17. Januar 1951 lud er eine Unternehmerdelegation ins Palais Schaumburg ein – neben Fritz Berg waren Hans-Günther Sohl und Hermann Reusch, der

Ruhrmagnat der alten Schule und Generaldirektor der Oberhausener Gutehoffnungshütte, mit von der Partie. Adenauer versuchte die Schwerindustriellen zu einem Treffen mit der DGB-Spitze zu überreden – ein schweres Stück Arbeit, weil vor allem Hermann Reusch hartnäckig blieb und es auf einen Streik ankommen lassen wollte. Schließlich lenkten die Unternehmensvertreter ein und zeigten sich ebenfalls zu einem Kompromiß bereit. Die Gewerkschaften ließen ihre Streikpläne fallen und stimmten Ende Januar 1951 den »Richtlinien zur Mitbestimmung im Bergbau und in der eisenschaffenden Industrie« zu.

Das Gesetz über die Montanmitbestimmung vom 21. Mai 1951 sicherte den Arbeitnehmern ein paritätisches Mitbestimmungsrecht in den Aufsichtsräten und Vorständen der Unternehmen des Bergbaus und der Eisen und Stahl erzeugenden Industrie. Hans Böckler, der Vorsitzende des DGB, konnte diesen beachtlichen Etappensieg der Gewerkschaftsbewegung jedoch nicht mehr miterleben. Er war bereits am 16. Februar 1951 gestorben. Böcklers alter Traum, die volle »Gleichberechtigung von Arbeit und Kapital«, ging nicht in Erfüllung. Die Mitbestimmung blieb auf halber Strecke stecken.

Daran konnte auch das Betriebsverfassungsgesetz vom 11. Oktober 1952 nichts ändern, das das Prinzip der Mitwirkung zwar gesetzlich verankerte, dem Betriebsrat in Großunternehmen aber lediglich ein Drittel der Aufsichtsratssitze zugestand. In wirtschaftlichen Fragen erhielten die Betriebsräte lediglich Informationsrechte. Aus Sicht der Gewerkschaften war das eine herbe Enttäuschung. Für die sogenannten Schlotbarone dagegen ging selbst die Montanmitbestimmung viel zu weit. Hermann Reusch etwa beklagte Anfang 1955 lauthals, daß diese Regelung nichts anderes sei als »das Ergebnis einer brutalen Erpressung durch die Gewerkschaften« und einer Zeit entstamme, in der »die Staatsgewalt noch nicht gefestigt war«.[118] In den Köpfen der Wirtschaftskapitäne dominierte nach wie vor die Gedankenwelt des Ancien régime. Zumindest Hans-Günther Sohl war im Umgang mit den Gewerkschaften beweglicher. Bei Thyssen sorgte er dafür, daß es Betriebsratsvorsitzende gab, mit denen er leben konnte. Der gewiefte Taktiker war bereit, zur kurzfristigen Erreichung seiner Ziele langfristige Konzessionen an die Gewerkschaften zu machen. Gegen Personaldirektoren bei der Ruhrkohle hatte er nichts einzuwenden. Außerdem setzte er sein Talent als Witze-Erzähler ein, um gespannte Situationen zu entkrampfen. Als er von einem Gewerkschaftler einmal als »Bergassessor« angepflaumt wurde, entwaffnete Sohl ihn mit einem Witz. »Die ›Titanic‹ ist untergegangen. Einige Passagiere sind ertrunken, andere sitzen in den Rettungsbooten und drei schwimmen noch in einer dunklen Ecke. Ein Gewerkschafter, ein Denker und ein Bergassessor. Von den dreien wird nur einer gerettet. Wer? Als erster geht der Gewerkschafter unter, er reißt den Mund zu weit auf, schluckt Wasser und ertrinkt. Als zweiten trifft es den Denker. Warum? Er kann nicht schwimmen. Dem Bergassessor gelingt es, sich das dicke Brett von der Stirn zu reißen und sich darauf schwimmend in Sicherheit zu bringen.«

Kein Witz dagegen war die Einkommensschere, die sich zwischen den Akteuren des »Wirtschaftswunders« öffnete. Auf dem Lohnzettel der Arbeitnehmer hatte sich der Verdienst in etwa verdoppelt, die Einnahmen der Selbständigen jedoch stiegen im selben Zeitraum mindestens um das Dreifache. Die in ihrer Hand konzentrierten Vermögenswerte übertrafen die der Arbeiter und Angestellten im Durchschnitt um das Zwanzigfache, Tendenz stark steigend. Die Armen waren fraglos reicher geworden, aber die Kluft zu denen, die vorher schon reich gewesen waren, wuchs immer schneller.

Die deutschen Schwerindustriellen frohlockten. Sie sahen den weltweiten Nachfrageschub bei Roheisen und Rohstahl als Geschenk des Himmels an – und als lange entbehrte Gelegenheit, sich ihrer traditionellen Schlüsselbedeutung für die deutsche Wirtschaft zu vergewissern, ihre industriellen Kapazitäten gezielt auszubauen und ihren Druck auf die Politik zu erhöhen.

Hans-Günther Sohl war als Chef von Thyssen der natürliche Wortführer der Schwerindustrie. Der 7. Mai 1951 war für ihn ein großer Tag – ein Tag, auf den er lange und beharrlich hingearbeitet hatte. In der Duisburger August-Thyssen-Hütte wurde der erste Hochofen, Nr. VII, angeblasen, am 24. Mai folgte Hochofen III. Die Botschaft:»Die Hütte wird wieder warm!« verbreitete sich in Windeseile in Duisburg und Umgebung. Auf der Gründerversammlung am 2. Mai 1953, zugleich sein 47. Geburtstag, wurde Sohl offiziell in den Vorstand des neuen Unternehmens berufen. Ende 1953 rückte er zum Vorstandsvorsitzenden auf.

Der Aufsichtsratsvorsitzende war ein alter Bekannter, dessen Präsenz in der Stahlbranche nur Uneingeweihte überraschen konnte: Dr. rer. pol. h.c. Robert Pferdmenges. Der Bankier, den Ehrendoktor hatte ihm 1927 die Kölner Universität verliehen, erfreute sich nicht nur ausgezeichneter Verbindungen zum Bundeskanzler. Er besaß auch beste Beziehungen zur Familie Thyssen. Bis zu seinem Tod am 28. September 1962 nahm er an der Entwicklung der Thyssen-Hütte maßgeblich Anteil. Mit seinem Stellvertreter war er freilich selten einer Meinung: Viktor Agartz, ein führender Sozialdemokrat, dem die weitgehende Verstaatlichung der Schlüsselindustrien vorschwebte.

Der starke Mann der ATH hieß jedoch Hans-Günther Sohl. Sein Bestreben war es, von den Vereinigten Stahlwerken, die die Alliierten entflochten und großteils demontiert hatten, soviel wie möglich unter dem Namen»Thyssen« wieder zusammenzuführen. Was einmal mehr beweist, daß die menschliche Natur dazu neigt, ein als golden empfundenes Zeitalter mit aller Macht wiederzugewinnen. Um sein Ziel zu erreichen, war der»Stahlfürst«, wie er von seinen Untergebenen ehrerbietig genannt wurde, alles andere als zimperlich. Erst recht, wenn es jemand wagte, sich seinen Fusionsplänen in den Weg zu stellen. Wer den Erfolg wolle, so lautete Sohls eherner Grundsatz, dürfe»nicht auf Gartenwegen bleiben«. Risiken nahm er dabei achselzuckend in Kauf.

Im April 1952 konnte in der Thyssen-Hütte der dritte Hochofen, Nr. VI, angeblasen und in Betrieb gesetzt werden. Was aber nach wie vor fehlte, war eine Walzstraße. Daß die Hütte nur Roheisen und Rohstahl produzierte – 1952 immerhin 500000 bzw. 132000 Tonnen –, war im Grunde ein betriebswirtschaftliches

Unding, das sich nur dank des märchenhaften Stahlbooms im Zuge der Koreakrise mit Erfolg aufrechterhalten ließ. Der Aufsichtsratsvorsitzende Robert Pferdmenges formulierte diese glückliche Fügung am 2. Mai 1953 so: »Die bis Anfang des Jahres ungewöhnlich günstige Konjunkturlage, die inzwischen wieder einer ruhigeren Entwicklung gewichen ist, hat wesentlich dazu beigetragen, die großen Schwierigkeiten beim Wiederaufbau zu überwinden.«[119] Aber spätestens seit dem Abklingen der »Koreahausse« führte an der Herstellung von Walzstahl kein Weg mehr vorbei.

Vor diesem Hintergrund traf es sich gut, daß der Schuman-Plan, der in Wirklichkeit auf Überlegungen im State Department basierte, gerade Gestalt annahm. Robert Schuman, der französischen Außenminister, hatte am 9. Mai 1950 den Gedanken eines Zusammenschlusses der deutschen und französischen Kohle- und Stahlproduktion öffentlich ins Spiel gebracht. Die Fusionierung der Grundstoffindustrien, an der sich die übrigen westeuropäischen Länder beteiligten, sollte die Keimzelle für ein föderalistisches Europa bilden. Bundeskanzler Adenauer, der intern einen ähnlichen Vorschlag gemacht hatte, nahm Schuman beim Wort. Am 18. April 1951 war der Vertrag über die Gründung der Europäischen Gesellschaft für Kohle und Stahl (EGKS), kurz »Montanunion«, dann in Paris unterzeichnet worden. Ein gutes Jahr später, am 23. Juni 1952, trat der Vertrag in Kraft, zeitgleich wurde das Ruhrstatut aufgehoben.

Der Wiederaufbau der Thyssen-Hütte näherte sich der Vollendung. Im Sommer 1953 wurde die Erzeugung von Walzstahl wieder aufgenommen – ein denkwürdiger Moment und der Anlaß zur großen Wiederaufbaufeier am 23. Juli 1953. Die erste Geschäftsbilanz der neuen ATH bezifferte Ende 1953 das Grundkapital mit 10 Millionen und das Anlagevermögen auf 100 Millionen D-Mark – dem standen Wiederaufbaukredite von sage und schreibe 115 Millionen D-Mark gegenüber, die den rasanten Aufstieg der August-Thyssen-Hütte zum leistungsstärksten Stahlerzeuger Westeuropas ermöglichen sollten. Im April 1955 wurde die Flachstahlherstellung wieder aufgenommen. »Unsere ATH«, so frohlockte Sohl, »ist in die erste Reihe der europäischen Feinblechproduzenten auf dem Breitbandsektor eingerückt.«[120] Die Einweihung der Warmbreitbandstraße war eine technische Attraktion und ein Politikum. Es war eine Premiere, zu deren Feier sich am 11. Juli 1955 750 prominente Gäste versammelten. Vom Bundeskanzler abwärts war alles vertreten, was in der deutschen Politik Rang, Namen und Einfluß hatte. Zehn Jahre nach Kriegsende standen in der Duisburger Thyssen-Hütte bereits wieder rund 8000 Mitarbeiter in Lohn und Brot; Ende 1949, als die alliierten Demontagen für beendet erklärt wurden, waren es nicht einmal 2000 gewesen.

Die zweite Karriere von Hans-Günther Sohl, der in der anhaltenden Konjunktur auf dem Stahlsektor konsequent auf Expansion setzte, war nicht mehr aufzuhalten. Seine Konkurrenten überkam immer häufiger »ein leichtes Frösteln, wenn sie am Verhandlungstisch hinter der Bonhomie des kunstbeflissenen Bergassessors a. D. die schneidende Kälte des Machtpolitikers spürten«.[121]

Zu den prominenten Opfern, die Sohl am Wegesrand zurückließ, gehörte Fritz-Aurel Goergen, der in den Fünfzigern den Ruf eines phänomenalen Managers genoß. Goergen, der sich gern »Prinz Aurel« nennen ließ, war achtunddreißig Jahre alt, als ihn die Briten 1947 in den Vorstand des Duisburger Hüttenwerks Phoenix holten. Der Selfmademan, dessen Vater in Gelsenkirchen ein Schokoladengeschäft besaß, hatte dem Sohn nur ein paar Semester Rechts- und Staatswissenschaft finanzieren können. Goergen brachte die Phoenix rasch nach oben. Nach Korea verkaufte sich sein Qualitätsstahl besser denn je, die Geschäfte gingen glänzend. Am Düsseldorfer Hofgarten ließ sich Goergen bereits zu Lebzeiten ein Denkmal setzen – ein 24stöckiges Dreischeibenhochhaus, das im Volksmund »Prinz-Aurel-Obelisk« genannt wurde. Aber der hemdsärmelige Goergen, der den angestammten Platzhirschen im Revier keinerlei Respekt entgegenbrachte, wollte mehr. Allen Antikonzentrationsbestrebungen zum Trotz setzte er seinen Ehrgeiz daran, den Phoenix-Rheinrohr-Konzern, dessen Großaktionärin Amélie Thyssen war, mit der August-

Hans-Günther Sohl, Konrad Adenauer, Alfred Michel
und Robert Pferdmenges bei der offiziellen Inbetriebnahme der
Warmbreitbandstraße in der Thyssen-Hütte am 11. Juli 1955.

Thyssen-Hütte, dem Konzern ihrer Tochter Anita Gräfin Zichy-Thyssen, zu verschmelzen. Dieser Coup hätte Goergen auf einen Schlag zum Regenten über den größten Stahlkonzern Europas gemacht.

Genau das war der Punkt, an dem er Hans-Günther Sohl ins Gehege kam. Was der Außenseiter Goergen, im Ruhrgebiet ein homo novus, nämlich nicht ahnte: In der Gunst der Damen Thyssen und ihres Vermögensverwalters – kein anderer als Robert Pferdmenges – hatte ihn der Traditionalist Sohl längst ausgestochen. Sohl pflegte die Beziehungen zu den beiden Eigentümerinnen seit vielen Jahren mit kontinuierlicher Ausdauer und hatte das Seine getan, um Amélie Thyssens Vermögen durch geschickte Transaktionen zu vermehren. Und dann hatte er noch einen Trumpf im Ärmel: Seine Frau Annelies, eine geborene Baroneß von Wrede, pflegte seit ihrer Jugend freundschaftlichen Umgang mit der Familie Thyssen. Das waren die Verbindungen, die an der Ruhr zählten, und damit konnte Goergen beim besten Willen nicht aufwarten.

Schließlich war es ein weiteres Mal Hans-Günther Sohl, der das Rennen machte und die Fusion zwischen Thyssen und Phoenix Rheinrohr vollendete. Nicht Goergen, sondern Sohl zog nun in den neunzehnten Stock des Düsseldorfer Dreischeibenhochhauses ein – heute Sitz von Thyssen-Krupp. Sohl hatte es geschafft. Er dirigierte den mit Abstand größten privaten Stahlkonzern Europas wie einst sein großes Vorbild Albert Vögler die Vereinigten Stahlwerke. Obwohl formal gesehen nur angestellter Manager, sprach er nur von »meinem« Konzern. Seine Rolle als Statthalter, ausgestattet mit dem vollen Vertrauen der beiden Hauptaktionärinnen von Thyssen, verlieh ihm die Aura eines Eigentümers, von der er ungeniert Gebrauch machte.

Noch viele Jahre später, als Sohl schon nicht mehr im operativen Geschäft tätig war und sich den Blick zurück leisten konnte, merkte man ihm die Befriedigung über seine Leistung als Rekonstruktionskünstler an:»Wenn Sie mich fragen, wer letztlich der Sieger oder der Verlierer [bei der Demontage] war, ich glaube, man kann es so formulieren: die Engländer, Amerikaner und Franzosen haben von der Demontage nichts gehabt. Die einzigen, die nach meiner Kenntnis ein Werk, das demontiert worden ist, wieder aufgebaut haben, sind die Russen. Die haben das Bandeisenwerk Dinslaken mit der Warmbreitbandstraße, der einzigen, über die wir damals verfügten, soweit ich weiß, im Ural wieder aufgebaut. Alle anderen Anlagen sind verschrottet worden.«[122] Zum Wiederaufbau der August-Thyssen-Hütte in Duisburg-Hamborn bemerkte er nicht ohne verhaltenen Sarkasmus:»Das einzige, was nicht modern ist, sind die Hochöfen, und das liegt daran, daß sie nicht demontiert worden sind.«

Geradezu den Antitypus zur Spezies der Bergassessoren verkörperte Berthold Beitz an der Spitze des Essener Krupp-Konzerns. In seiner Person hat sich am augenfälligsten die Ablösung alter

Industriedynastien durch das Regime der Manager vollzogen. In den fünfzig Jahren seines Lebens, die er Krupp widmete, war er – wie er gerne betont – nie Angestellter, sondern stets der Mann, den Alfried Krupp zu seinem persönlichen Generalbevollmächtigten, seinem Vertrauten und später zu seinem Nachfolger erkor. Wie Krupp auf Berthold Beitz verfiel, blieb vielen ein Rätsel. Unterschiedlichere Menschen waren kaum vorstellbar. Beitz, schrieb Gerd Bucerius einmal, »mit beiden Armen und lebhafter Körpersprache agierend, Charme verbreitend und modisch angezogen, die kleinbürgerliche Herkunft mit roter Nelke am Sakko aggressiv und witzig überspielend. Der Krupp-Chef dagegen, ein müder Urenkel, inaktiv, in Gesellschaft schweigend, verbittert durch sechs Jahre (ungerechter) Haft als Kriegsverbrecher. Beitz bekam von ihm Generalvollmacht, das Trümmererbe zu reorganisieren, das in seinen Glanzzeiten für preußische Könige, für deutsche Kaiser und für Hitler Waffen produziert hat.«[123] Um dieser Aufgabe gerecht zu werden, brauchte Beitz seine ganze hart erworbene Überlebensfähigkeit. Gern erzählt er, daß er nie geraucht, wenig getrunken, viel geschlafen und von seinen Vorfahren gute Gene mitbekommen habe.

Alfried Krupp von Bohlen und Halbach war in Nürnberg anstelle seines schwer erkrankten Vaters zu einer langjährigen Haftstrafe und zur Einziehung seines Vermögens verurteilt worden. Am 3. Februar 1951 kam er durch einen Gnadenakt des amerikanischen Hohen Kommissars McCloy vorzeitig frei. Im Januar 1950 war der Vater, Gustav Krupp von Bohlen und Halbach, im Alter von nicht ganz achtzig Jahren verstorben. Als Alfried Krupp 1951 aus der Haft entlassen wurde, durfte er auch wieder über sein Vermögen verfügen. Er mußte sich aber noch bis 1953 gedulden, ehe der »Entflechtungsplan« der Alliierten fertig war und die Bedingungen feststanden, unter denen er sein Erbe antreten durfte. Demnach blieb ihm ein Großteil seines Imperiums erhalten, allerdings wurde er am 4. März 1953 zu einer Erklärung genötigt, die ihm den Ausstieg aus der Montanindustrie und das Abstoßen seiner Eisen- und Kohlenwerte abverlangte.

Der junge Krupp kannte seine Stärken – und seine Schwä-

Alfried Krupp und Berthold Beitz, 1957.

chen. Er wußte, daß er nicht den visionären Gründergeist besaß, der für den Wiederaufstieg des Hauses unerläßlich war. Dafür brauchte er Berthold Beitz. Beitz wurde 1913 in dem pommerschen Örtchen Zemmin geboren. Der Sohn eines preußischen Wachtmeisters hatte das Abitur und eine Banklehre in Stralsund hinter sich, als er 1939 seine berufliche Laufbahn bei der Deutschen Shell AG in Hamburg begann. 1942, mit neunundzwanzig Jahren, arbeitete er als Direktor der Karpathen-Öl AG im ostpolnischen Boryslaw. Dabei rettete er, wie er später erwähnte, Hunderte Juden aus den Todeszügen, die in die Vernichtungslager fuhren. Er holte sie aus den Waggons – mit der Begründung, sie in seinem »kriegwichtigen« Betrieb als Arbeitskräfte zu brauchen. Nach dem Krieg landete Berthold Beitz in der Versicherungsbranche, wo er rasch avancierte. Als Generaldirektor der Hamburger Iduna-Germania-Versicherungsgesellschaft lernte er Alfried Krupp kennen. Die Beitz-Legende will wissen, daß Krupp ihm sein Angebot in der Bar des Hamburger Hotels »Vier Jahreszeiten« machte, eine Million D-Mark per anno – eine für damalige Verhältnisse sensationelle Summe. Beitz feierte gerade seinen 39. Geburtstag.

Krupp wußte, was er von seinem Generalbevollmächtigten erwarten konnte. »Er war sehr darauf bedacht«, entsinnt sich Beitz, »daß ich nur für ihn da war. Ich war nicht im BDI, ich war in keinem Ausschuß, in keiner Gewerkschaft, in keiner Partei, ich war nirgends drin, ich war nirgendwo, nur für ihn da, ein Einzelgänger. Das wollte er so.«

Alfried Krupp war selbst ein Einzelgänger. Bis an sein Lebensende verübelte er es den dünkelhaften »Ruhrbaronen« seiner Generation, den Sohls, Reuschs und wie sie alle hießen, daß sie auf seinen Vater glaubten herabsehen zu können, weil der es ihrer Meinung nach nur durch Heirat ins Revier-Establishment geschafft hatte. Über Krupps Art, mit ihm als seinem Generalbevollmächtigten umzugehen, berichtet Beitz: »Wir saßen auf demselben Flur. Wenn er was wollte von mir, dann war er selbst am Apparat. Er hat sich nie durch das Sekretariat verbinden lassen. Oder seine Sekretärin sagte zu meiner Sekretärin: Wenn Herr Beitz Herrn von Bohlen noch sprechen will, er ist noch eine Stunde da. Das war die höflichste Form, um zu sagen, ich möchte mal zu ihm kommen.«[124]

Beitz' Stärke war das Fädenziehen, nicht das Bilanzenlesen. Ende der 1950er Jahre bahnte er der deutschen Industrie den Weg in die Ostblockländer. Als sich Krupp 1958 an der Posener Messe beteiligte, war das ein wirtschaftlicher und politischer Paukenschlag. Natürlich hatte die Ostdiplomatie von Beitz geschäftliche Gründe. Aber sein Engagement in den deutsch-polnischen Beziehungen hing auch mit seiner pommerschen Herkunft zusammen und mit seinen Erlebnissen während des Holocaust in Galizien.

Im Zusammenspiel zwischen dem Erben des Krupp-Imperiums und dem Aufsteiger aus der pommerschen Provinz wurde nicht nur die Form gewahrt, sondern der erfolgreiche Wiederaufstieg des Unternehmens in die Wege geleitet. Daß Beitz als weithin unbekannter Versicherungsmann ohne Tradition und Stallgeruch im Revier auftauchte, bekümmerte ihn selbst am wenigsten. An erster Stelle stand für ihn die Umgestaltung und Neuordnung der unübersichtlich gewordenen Konzernstrukturen, vor allem die Zentralisierung der strategischen Kompetenzen. Bislang hatten sich die einzelnen Abteilungen und Betriebe, angeführt von den berühmt-berüchtigten »Herzögen« des Ruhrgebiets, nicht selten ein erbittertes Gerangel um Macht und Einfluß auf Kosten des Ganzen geliefert. Damit war nun Schluß. Das Sagen hatte allein die Konzernleitung, sprich das Tandem Inhaber und Generalbevollmächtigter, unterstützt von einer Reihe sogenannter Stabsabteilungen, die ausschließlich der Spitze zuarbeiteten, nach unten aber keinerlei Weisungsbefugnis besaßen.

Beitz setzte seinen Ehrgeiz darein, von den Montanwerken der Firma Fried. Krupp – ungeachtet des Entflechtungsplanes – möglichst viel zu behalten, was in vielen Fällen gelang. Alfried Krupp blieb stur in der Tradition der Firma. Das bedeutete: Stahl, Stahl und nochmals Stahl. Ein Eintauschen gegen Kraftfahrzeugaktien, etwa bei Volkswagen, wie Friedrich Flick es gerade bei Daimler vorexerzierte, lehnte Krupp strikt ab. In der ersten Hälfte der Fünfziger kannte Krupps Imperium, von ihm selbst als »Verarbeitungskonzern mit vorgeschalteter Stahlerzeugung« bezeichnet, keinerlei Absatzschwierigkeiten. »Der Stahl hat geboomt, das können Sie sich nicht vorstellen. Sie hätten mit dem Besen kommen können, und es wäre kein Kilo Stahl zu finden gewesen«,[125] erzählt Beitz heute.

Mit dieser geschlossenen, männerbündischen Welt, die ihre eigenen Regeln und Gesetze hatte, konnte Beitz nicht viel anfangen. Er stellte fest, daß die wirklich wichtigen Entscheidungen nicht in den Chefetagen, hinter gepolsterten Türen, fielen. »Manchmal habe ich schon gestaunt. Ich erinnere mich an eine Jagd Anfang der fünfziger Jahre auf einem Schloß. Da saßen die Herren am Kamin und unterhielten sich. Sie verteilten die Aufsichtsratsposten unter sich. Die Rekonstruktion der Stahl- und Kohleindustrie – das machten die alles bei der Jagd.«[126]

Die Jagd war ein Adelsvergnügen, das bei den Schlotbaronen an Rhein und Ruhr hoch im Kurs stand. Der Adel spielte beim Wiederaufbau keine Rolle. Sichtbar waren seine Angehörigen nur als Jagdaufseher und Wildhüter der Wirtschaftskapitäne (und als deren Gattinnen). Die Nachfolgegesellschaften der Vereinigten Stahlwerke besaßen nach dem Krieg mehr als ein Dutzend Eigenjagden, für deren Hege und Pflege manche Konzernherren mindestens ebensoviel Sorge trugen wie für ihre Jahresbilanzen. Gerechtfertigt wurden diese Latifundien als »Vorratsgelände« für die längerfristig zu erwartende Nordwanderung des Kohlebergbaus. Schon August Thyssen (1842–1926), der mit dem Band- und Stabeisenwalzwerk Thyssen & Co. KG in Mülheim an der Ruhr den Kern des späteren Großkonzerns gründete, hatte deshalb weitläufige Gebiete angekauft. Ab 1950 begannen die Stahlunternehmer, die zugleich Zechen besaßen, im großen Stil Land zu horten, weil sie auf diese Weise Beschwerden wegen Bergschäden vermeiden konnten.

So kam es, daß alle Produktionsgesellschaften ihre Reviere besaßen. Die schönsten und reizvollsten lagen am Niederrhein und gehörten Krupp, Thyssen und Mannesmann. Natürlich war der Wildbestand erstklassig, und der Kreis der Eingeladenen handverlesen. Man war unter sich. Wer an Rhein und Ruhr dazugehören wollte, mußte bei derlei Aktivitäten mittun und notfalls eben solange in sich suchen, bis er den leidenschaftlichen Weidmann entdeckte. Geschäftsfreunde, bisweilen auch Politiker aus dem In- und Ausland, ließen sich im Rhythmus des Jagdkalenders zwanglos einladen: ab April die Schnepfen, ab Mitte Mai die Böcke, vom 1. September an die Rebhühner.

Beim gemeinsamen Ballern und Bechern wurden die berühmten »Netzwerke des Vertrauens« gepflegt, die die geschäftlichen Beziehungen tragfähig und geschmeidig hielten. Man lernte sich nicht nur kennen, man konnte einander auch testen. »Man steht da und hat viel Zeit«, sinnierte Karl-Heinz Bund, ehemals Chef der Ruhrkohle AG, »da sind echte Freundschaften entstanden.«[127] Überflüssig zu erwähnen, daß Damen nicht zur Jagd geladen waren.

In ihren Erinnerungsbüchern und -bändchen verbreiten sich die Ruhrmagnaten über ihre Passion mit einer Ausführlichkeit, die sie im Hinblick auf ihr unternehmerisches Wirken leider allzuoft vermissen lassen: Bei Egon Overbeck, dem letzten Vorstandsvorsitzenden bei Mannesmann, der noch »Generaldirektor« genannt wurde, kann man lesen: »Meinen ersten Hirsch durfte ich noch kurz vor Kriegsende in Ostpreußen erlegen. Die Jagdtrophäe ist leider bei dem tragischen Untergang der ›Wilhelm Gustloff‹ mit untergegangen.«[128] Vermutlich war Overbeck der einzige, dem ein ausgestopfter Hirsch so wichtig war, daß er auf den Gedanken verfiel, ihn auf dem Seeweg vor den unaufhaltsam heranrückenden Sowjets in Sicherheit zu bringen. Die Leidenschaft für Rotwild hatte in Deutschland Tradition: Werner von Siemens ging noch im Alter von hundert Jahren auf die Jagd, beim Schießen mußte er sich die Büchse allerdings halten lassen. Es ging den Herren wie Wilhelm II., von dem das Wort überliefert ist, »immer wenn die Hirsche im Wald schreien, möchte ich zur Büchse greifen«. Auch Hermann Josef Abs ging gerne jagen, aber ohne zu schießen: So war er, immer unabhängig, immer überlegen.

In seinen Erinnerungen dokumentiert Hans-Günther Sohl rührselig die »Freude an der Jagd, die mir ein neues Lebensgefühl vermittelte«.[129] Mitte der fünziger Jahre, als der Wiederaufbau der August-Thyssen-Hütte AG die kritische Phase hinter sich und den *point of no return* erreicht hatte, pachtete Sohl für sein Unternehmen eine Niederwildjagd bei Geldern am Niederrhein, gefolgt von einer Hochwildjagd bei St. Johann im österreichischen Pongau.

Sohl gehörte zu denen, die ihre Jagden planten wie ein Börsenmanöver. Koordinierung war alles: Gäste einladen, ohne das vorher mit Kollegen und der »Abschußplanung« abzustimmen, war für ihn undenkbar. Das schuf Probleme, die Hausmitteilungen nach sich zogen. Daher wurde sorgfältig Buch darüber geführt, welche Vorstandsmitglieder von Thyssen »auf Einzeljagden Wild erlegt haben«, wer einen Hirsch, eine Gams, einen Muffelwidder »gestreckt« hatte. Die Chefs luden sich gegenseitig in schöner Regelmäßigkeit zur Drückjagd ein, zur Riegeljagd, zur Treibjagd etc. Von Sohl wird erzählt, daß er in seinem Vorstand den jagdfreien Mittwoch einführte, um wenigstens einmal in der Woche Anwesenheit zu garantieren.

1952 wurde Wilhelm Zangen, der alte Haudegen von Mannesmann, von einem Vorstandsmitglied von Brown, Boveri & Cie eingeladen, in Österreich »einen Bock zu schießen«. Zangen nahm mit gebührendem Vergnügen an und teilte bei der Gelegenheit beiläufig mit, daß er im Anschluß »weiter nach Kapfenberg fahre, weil ich eine weitere Einladung von Herrn Generaldirektor Dr. Mayer-Mallenau bekommen habe. Mit freundlichem Weidmannsheil!« Solche Briefe konnte nur schreiben, wer wieder im Geschäft war – und es zeigen wollte. Wer die richtigen Einladungen erhielt, der durfte sicher sein, zur Creme des »Wirtschaftswunders« zu gehören. Wer feierlich zum »königlichen Jagen« gebeten wurde, nämlich ganz alleine zu pirschen, durfte sich zu den *top ten* zählen.

»In der Eifel«, berichtet denn auch Wilhelm Zangen, »brachte ich an meinem 64. Geburtstag meinen bis dahin besten Hirsch, einen Achtzehnender, zur Strecke – abgesehen von meinem Karpatenhirsch aus dem Jahre 1942 – und im Jahre 1959 einen nicht minder braven Vierzehnender. Diesen letzten schoß ich frühmorgens, nachdem mein Jagdgast Bundestagspräsident Gerstenmaier am Abend vorher einen kapitalen Zehnender erlegt hatte.«[130]

Die gerührten Dankesbriefe für erlegte Hasen, Keiler, Enten füllen die Aktenordner in den Konzernarchiven und halten die Gefühle der längst in die ewigen Jagdgründe eingegangenen Nimrode für die Nachwelt am Leben. Der Knittelvers auf das Jagdschloß der Krupps im Salzburger Land – ohne einen solchen Rahmen ging es einfach nicht – zeugte von heller Begeisterung: »Blühnbach ist ein Königreich, rundherum liegt Österreich«.

Offensichtlich arbeiteten die Vorstandsherren damals noch nicht so verbissen wie die heutige Managergeneration. Für die schönen Dinge des Lebens schienen sie immer Platz in ihren Terminkalendern zu haben. Wenn andere ins Bett sanken, gingen sie an die Bar. Vielleicht auch, weil sie wußten, wie sich harte Zeiten anfühlen. Dieter Spethmann hörte seinen Beinamen »Sonnenkönig von der Ruhr« nicht ungern. Die mondänen Bälle und rauschenden Feste, ob bei Krupp, bei Thyssen oder sonstwo im Revier, waren legendär. Die Herren erschienen im Frack und mit weißen Handschuhen und tanzten paar- oder gruppenweise Quadrille. Alte Damen schwärmen heute noch von den Abendroben, die sie damals trugen. »Es war alles exklusiver«, seufzte eine. Im Hause Henle in Duisburg waren bei Einladungen Smoking und Abendkleid selbstverständlich. Die Söhne hatten auch an normalen Tagen mit Schlips und Kragen zum Dinner zu erscheinen. Es gab die richtigen Tanzstunden für die Kinder, den richtigen Tennisclub für die jungen Leute und die richtige Studentenverbindung. Man heiratete im Cut und beerdigte im Zylinder und schuf sich ein Umfeld, in dem sich vor allem eines trefflich vergessen ließ – was in den letzten Jahren in Deutschland geschehen war und warum es geschehen konnte.

Die gesellschaftlichen Umgangsformen haben sich inzwischen auch im Ruhrgebiet demokratisiert. Die Jagdeinladung spielt immer noch eine Rolle. Aber Geschäfte werden jetzt auch auf Golfplätzen abgeschlossen, in Hubbelrath für die Düsseldorfer, in Öfte für die Essener. »Ich kam nach Öfte«, erzählte ein Essener, »weil ich zu einer Hochzeit eingeladen war. Aber die Gesellschaft sah so aus, als wäre es eine Aufsichtsratssitzung mit Damen.«

Um das private Lebensgefühl und den opulenten Lebensstil der damaligen Großindustrie vorzuführen, läßt Jürgen Großmann, Chef der Georgsmarienhütte und so etwas wie der letzte Mohikaner der Stahlindustrie, seinen Chauffeur mit einem schwarzpolierten Mercedes 300 Coupe vorfahren, Baujahr 1952, das edle Holz, die lederbezogenen Sitze, die kleine Bar – eine Augenweide. Der Mercedes 300, das war für die Konzernherren an Rhein und Ruhr das Auto des »Wirtschafswunders«, nicht der bescheidene VW »Käfer«. Die Fünfziger waren fraglos die goldenen Jahre für die Generation der Nachkriegsgründer. Mutter Henle, die Gemahlin des Klöckner-Chefs Günter Henle, bemerkte gegenüber Konrad Adenauer, dem sie zu Weihnachten immer einen Rosenkalender schenkte: »Wir erleben die glücklichste Zeit dieses Jahrhunderts.« Herrliche Zeiten eben.

Berthold Beitz, ehrgeizig, zielstrebig und wie eh und je auf das Wesentliche konzentriert, wußte sich in dieser Welt zu bewegen, auch wenn sich die alten Eliten an der Ruhr ihm gegenüber immer einen Rest von Ressentiment bewahrten und Beitz die Zugehörigkeit zu den Aufsichtsräten anderer Konzerne hartnäckig zu verbauen suchten. Dafür wurde der Generalbevollmächtigte von Alfried Krupp neben Egon Overbeck einer der Schützenkönige vom Niederrhein.

Die Jagd spielte auch bei seinen Kontakten in den Ostblock eine große Rolle. An der Seite von Nicolae Ceauşescu oder Erich Honecker erhielt er ausreichend Gelegenheit, seine weidmännischen Talente unter Beweis zu stellen.

Die ferne Koreakrise erlaubte den Schwerindustriellen an Rhein und Ruhr den großen Befreiungsschlag. Sie gab ihnen die Chance, sich aus den Trümmern des Weltkrieges aufzurappeln und die Restriktionen der *de facto* zu Verbündeten gewandelten Besatzungsmächte allmählich abzuschütteln. Und damit nicht genug. Die Schlüsselbereiche der deutschen Wirtschaft, die Maschinen- und die Automobilindustrie, die Chemie und die Elektrotechnik, wurden durch die anspringende Nachfrage zu Beginn der Fünfziger wachgerüttelt. Sie zogen mächtig an. Binnen Jahresfrist, 1950 bis 1951, schnellten die deutschen Exporte ungefähr auf das Doppelte empor. Der Index der westdeutschen Industrieproduktion bewegte sich Ende 1951 ganze 37 Prozentpunkte über dem Stand des gesamten Deutschen Reichs im »Normaljahr« 1936. Ende 1953 waren es sogar 60 Punkte. Die Arbeitslosenrate entwickelte sich umgekehrt proportional dazu und näherte sich in raschen Schritten der Fünfprozentmarke, die allgemein als Grenze zur Vollbeschäftigung angesehen wurde.

Der eloquente VW-Chef Heinrich Nordhoff brauchte vier Worte, um die neue Lage auf den Punkt zu bringen: »Der Erfolg ist da«, konstatierte er am 22. Mai 1951 in einer Ansprache vor dem neuen Beirat des Volkswagenwerks lapidar. Nordhoff wußte, wovon er sprach. Der hunderttausendste »Käfer« war vom Band gerollt. Die Tür zum Automobilzeitalter stand auch für die breite Masse der Deutschen weit offen.

Der nun einsetzende gewaltige Autoboom sprengte alle Er-

Heinrich Nordhoff mit den 30 000 VW-Mitarbeitern, 1955.
Im Hintergrund das Werksgebäude, für das Adolf Hitler 1938 den
Grundstein gelegt hatte.

wartungen. Im Jahrzehnt nach 1950 stieg die Zahl der Personen-kraftwagen von 700 000 auf gut fünf Millionen. Fast bei jedem zweiten neuzugelassenen Wagen prangte das VW-Signet an der Kühlerhaube. Die obere Hälfte des Marktes dominierte Mercedes in Stuttgart. BMW in München und die Auto Union tummelten sich mehr oder minder in den Nischen, die ihnen die beiden Großen ließen. Weiter unten rangierten Borgward, Porsche und Glas, die zusammen nicht einmal einen Bruchteil der Jahrespro-duktion von VW auf die Räder stellten. 1955 rollte in Wolfsburg der einmillionste »Käfer« durchs Werktor – Anlaß für ein opu-lentes Volksfest, bei dem tagelang die ganze Stadt auf den Bei-nen war. Mit besonderem Stolz hob Nordhoff in seiner Rede den Aufbau der firmeneigenen Exportorganisation hervor, die »heute rund 100 Millionen jährlich an Devisen« hereinbringe. Sie leiste damit mehr als die »seit Jahrzehnten eingespielte autoindustrielle Großmacht General Motors«.[131]

Ende 1951 drehte die deutsche Außenhandelsbilanz ins Plus. Die Bundesrepublik exportierte erstmals mehr als sie einführte, der Anteil am Weltexport wuchs kräftig. Die Bundesregierung konnte es sich erlauben, die Einfuhrzölle abzubauen und den Handel weiter zu liberalisieren. Im Oktober 1951 trat sie dem Allgemeinen Zoll- und Handelsabkommen (GATT) bei. Die Grundlage zum heutigen Nimbus des »Exportweltmeisters« wurde in diesen Jahren gelegt. Automobile »made in Germany« gehörten von Anfang an zu den zugkräftigsten unter den deutschen Exportschlagern. Fast zwei Drittel aller exportierten Personenkraftwagen stammten aus Wolfsburg, damals das mit Abstand modernste Automobilwerk der Welt. In nicht einmal fünf Jahren – das muß man auf sich wirken lassen – rückte die Bundesrepublik Deutschland aus dem Nichts zum zweitgrößten Fahrzeughersteller des Planeten auf, übertroffen nur von den Vereinigten Staaten von Amerika. Die prosperierende Autobranche war für die Zulieferer ein wahrer Segen, die Elektro- und Kunststoffindustrie verspürte ebenso einen mächtigen Produktivitätsschub wie die Öl- und Reifenhersteller.

Das Auto, gleichviel ob es nun ein Mercedes, VW-Käfer, Borgward, Lloyd oder nur ein »Goggomobil« mit bescheidenen vierzehn PS war, wurde zum neuesten Fetisch der Deutschen, und zwar mit allen Konsequenzen, im guten wie im schlechten. 1954 waren fünf Millionen Kraftfahrzeuge auf den Straßen der Bundesrepublik unterwegs, nicht eingerechnet die rund zwei Millionen Motorräder, die für die meisten Verkehrsteilnehmer die Zwischenstufe zum Auto waren. Die andere Seite der Medaille bildete die beunruhigende Zunahme der Verkehrstoten – 1953 waren es fast 11 000, was in etwa der Anzahl der Gefallenen des Polenfeldzuges vom Herbst 1939 entsprach. »Die steigenden Unfallziffern des Straßenverkehrs«, beteuerte Bundeskanzler Adenauer am 20. Oktober 1953, »werden uns eine ernste Mahnung sein, dem Zustand der Straßen unsere besondere Aufmerksamkeit zuzuwenden«.[132]

Dabei tat Eile not. Drei Viertel der westdeutschen Bundesstraßen wiesen noch einen Vorkriegsbelag aus Kopfsteinpflaster auf. Davon abgesehen waren sie viel zu schmal und instabil, um das steigende Verkehrsaufkommen, insbesondere die Verdoppelung der schweren Lastkraftwagen, zu bewältigen. Seit Kriegsende waren nur etwa vierzig Kilometer neue Autobahnen gebaut worden. Da der Nachholbedarf bei der Bundesbahn nicht minder groß war, führte Adenauers Ankündigung in der neuen Legislaturperiode zu langwierigen Auseinandersetzungen, die unter dem Kürzel »Schiene-Straße-Konflikt« ausgefochten wurden. Die Bundesbahn hatte erwartungsgemäß mächtige Fürsprecher in den »Herren aus dem Westen«, die ihre Kohle noch preiswerter transportieren wollten: Bergassessor a. D. Heinrich Kost machte sich im BDI-Präsidium für die einseitige Förderung des Schienenverkehrs stark.

Adenauer wurden die Details schnell lästig. Er überließ die Frage den Experten und gab im Frühjahr 1955 resignierend zu bedenken, daß womöglich die »Deutschen nie Disziplin im Verkehr lernen würden«. Einer der wenigen, die im Unternehmerlager für eine ausgewogene verkehrspolitische Konzeption warben, war der Harburger Reifenhersteller Otto A. Friedrich. Heraus kam ein teurer Kompromiß: Unzählige Milliarden staatlicher Investitionen flossen sowohl in den Straßenbau als auch in die Modernisierung der Bundesbahn, die nach wie vor weit davon entfernt blieb, schwarze Zahlen zu schreiben. Immerhin: Die Unfallziffern begannen in der Mitte des Jahrzehnts wieder zu sinken, die gelegentlichen Verstopfungen der Straßen – schwache Vorläufer der heutigen Staus – gingen allmählich zurück.

Ob nun Kopfsteinpflaster, Beton oder Asphalt, ob nun zwei, drei oder vier Räder: Der fahrbare Blechuntersatz wurde zum allgegenwärtigen, unübersehbaren Symbol für das »deutsche Wirtschaftswunder«, von dem seit Mitte 1952 die in- und ausländischen Beobachter unisono zu sprechen begannen. Hinterher gab es naturgemäß viele, die lautstark für sich reklamierten, diese Entwicklung vorhergesehen zu haben.

Einer hatte derlei nicht nötig, weil er die Zeichen der Zeit schon immer rechtzeitig erkannt hatte. Stillschweigend, wie es sich für das »Genie der Geräuschlosigkeit« gehörte, zog er die richtigen Konsequenzen. Die Rede ist von Friedrich Flick. Der größte Konzernherr des »Dritten Reiches«, in Nürnberg wegen der Beteiligung an Kriegsverbrechen und Verbrechen gegen die

Menschlichkeit zu sieben Jahren Haft verurteilt, hatte die Gründung der Bundesrepublik und den Aufschwung der Adenauer-Ära von seiner kargen Zelle aus miterlebt. Er verbüßte seine Strafe im Kriegsverbrechergefängnis Landsberg am Lech, wo schon Adolf Hitler nach seinem mißglückten Putsch eingesessen hatte. Flicks Sturz war tief und schien unwiderruflich. Der alte Herr, inzwischen Mitte sechzig, hatte seine Zukunft offenkundig hinter sich. Der Mann, der einst mit einer einzigen Unterschrift Millionen bewegt hatte, mußte nun Kartoffeln schälen, Kleider flicken und Schuhe besohlen. Den Versuch einer autobiographischen Selbstreflexion gab er nach dreizehn Seiten entnervt auf. Gegen Ende der Haftzeit stieg er zum Registrator der Gefängnisbibliothek auf, wofür er nicht das geringste Faible verspürte. Bücher waren seine Sache nicht, es sei denn, sie enthielten Zahlen, Bilanzen oder Börsenkurse. Am 25. Februar 1950, als Flick durch die vom amerikanischen Hochkommissar John McCloy verfügte Amnestie zwei Jahre vor Ablauf der Haftstrafe das Gefängnis verlassen durfte, war er siebenundsechzig Jahre alt.

Auch wenn sein altes Imperium in Trümmern lag – die zwei Drittel seines Besitzes, die nun im sowjetischen Machtbereich lagen, konnte Flick ohnehin vergessen –, stand er nicht vor dem Nichts. Schließlich waren da noch die bayerische Maxhütte in Sulzbach-Rosenberg, eine neunzigprozentige Beteiligung an der Hochofenwerk Lübeck AG, die Bayerische Schrott AG in Nürnberg und München, ein Mehrheitspaket der Harpener Bergbau AG in Dortmund, ehemals Deutschlands größter Kohlekonzern, die Waggon- und Maschinenbau GmbH Donauwörth und die Landmaschinenfabrik Fella-Werke in Feucht bei Nürnberg.

Während seiner Haftzeit hatte Flick regelmäßig einen stillen, unscheinbaren älteren Herrn um die Fünfzig empfangen, der stets viel Papier bei sich trug und meist in Begleitung von anderen schwer mit Akten bepackten Untergebenen in den Besucherraum kam: Konrad Kaletsch, sein Vetter und langjähriger engster Vertrauter, der in Nürnberg im Gegensatz zu seinem Chef mit einem Freispruch davongekommen war.

Der beflissene Kaletsch, sechzehn Jahre jünger als Flick und als eine Art Ziehsohn dem Patriarchen treu ergeben, war der verlängerte Arm, mit dessen Hilfe der rastlose Konzernherr aus der Haft heraus die nach wie vor ansehnlichen Reste seines Besitzes dirigierte. Die politischen Systeme mochten wechseln, aber Flick blieb sich treu. Er vertraute felsenfest seiner Überzeugung, wonach das Geld letztlich immer wieder dorthin zurückkehrt, wo es den besten Wirt findet. Es kam auch nach dem Krieg wieder zu ihm, als er noch einmal von vorn begann. Zwei Drittel seines Montanreiches waren verloren: alles, was hinter dem Eisernen Vorhang lag. Das verbliebene westliche Drittel seines Vermögens wurde von Treuhändern verwaltet, die Flick nach eigenem Ermessen auswählen durfte. Er hatte nicht lange überlegen müssen, um dafür noch aus dem Gefängnis heraus die beiden einflußreichsten Bankiers zu benennen, die überhaupt denkbar waren: Hermann Josef Abs und Robert Pferdmenges – angehender Chef der Kreditanstalt für Wiederaufbau der eine, Freund und Berater des kommenden Bundeskanzlers der andere. Eine bessere Wahl hätte er nicht treffen können.

Am Tag der Währungsreform war Friedrich Flick, was er seit ewigen Zeiten gewesen war und weiter bleiben würde: hundertfacher Millionär, dieses Mal allerdings in D-Mark. Die Alliierten betrachteten Flicks Restvermögen, das zu etwa gleichen Teilen aus Kohle und Stahl bestand, noch immer als eine bedrohliche Machtkonzentration. Im Zuge der Entflechtungsmaßnahmen wurde Flick auferlegt, sich entweder von der Kohle oder vom Stahl zu trennen – und der alte Fuchs erkannte blitzartig die Chance, die sich ihm bot. Anders als sein Mitgefangener Alfried Krupp, der sich dagegen sträubte, das Stahlwerk Rheinhausen zu verkaufen, paßte sich Flick ohne Sentimentalitäten der neuen Zeit an.

Er verkaufte seinen Kohlebesitz an der Ruhr, in dem er nur noch das Geschäft von gestern sah. Für einen Montangewaltigen der alten Schule, einen Bergassessor womöglich, wäre das ungleich schwerer gewesen. Aber Flicks Herz hing nirgendwo – nur an den Bilanzen, und die mußten stimmen. Er führte nicht industriell, sondern finanziell. Krupp dagegen fühlte sich seinen

Ahnen und ihrem Lebenswerk verpflichtet und ließ seinen Generalbevollmächtigten Berthold Beitz gegen die Verkaufsauflagen zu Felde ziehen. Sie gewannen, aber es war ein Pyrrhussieg. Viel Geld konnte man mit diesen Aktivitäten nicht mehr verdienen. Anders bei Flick.

Statt in der Gefängnisbücherei Bücher zu katalogisieren, brütete er über dem Bauplan für sein zweites Imperium. Dieses Mal würfelte er seine Besitztümer nicht zusammen, sondern setzte Stein auf Stein und kombinierte sie passend zueinander. Wachstumsfelder definierte er in den Bereichen Kraftfahrzeugbau, Stahlverarbeitung, Papier und Chemie. Dafür standen die Firmenschilder Daimler Benz, Buderus, Feldmühle und Dynamit Nobel.

Was wie eine geniale Auswahl aussah, war eigentlich nur die simpelste Anwendung Aristotelischer Logik: Flick sah die Lage klar und emotionslos, das Ziel deutlich vor Augen. Er war sich seiner Mittel vollkommen sicher. Zum Beispiel: Eine Branche, die der Montanindustrie verwandt war, ist die Chemie. Flick kannte sie von der Kohlechemie her. Für ihn war es nur eine Frage der Zeit, wann der Zellstoff für das Papier durch Chemie ersetzt werden würde. Einer seiner ersten Käufe im Inland war der Erwerb von 75 Prozent des Firmenkapitals der chemischen Fabrik Wolff & Co., Walsrode, aus der Liquidationsmasse der I.G.-Farbenindustrie.

1952 begann er damit, sich gezielt einzukaufen. Flick, der immer seine Zuträger an den richtigen Stellen hatte, wußte von dem Interesse der Feldmühle, der größten kontinentalen Papierfabrik, an diesem Unternehmen. Bald bot sich ihm die Möglichkeit, das Walsroder Paket gegen eine Beteiligung bei der Feldmühle einzutauschen. Der nächste Kauf brachte ihm die Kapitalmehrheit bei den Buderusschen Eisenwerken. Und so ging es immer weiter.

Selbst Kurt Pritzkoleit, der Chronist des Ruhrgebiets, der gegen urkapitalistische Kraftnaturen vom Schlage Flicks, die in ihrem Tun von moralischen Erwägungen unbeschwert blieben, eine Art heiligen Zorn hegte, geriet unweigerlich in Verzückung, wenn er Flicks spätere Winkelzüge im Börsengeschäft nachzeichnete: »Er selber hatte seit dem Sommer 1957 Aktien der Dynamit

Nobel AG gekauft und war zum Aufsichtsratsvorsitzenden, sein Vetter und Generalbevollmächtigter Konrad Kaletsch zum Aufsichtsratsmitglied der Gesellschaft gewählt worden. Zwar behielt er die Papiere nicht im eigenen Portefeuille. Er gab 15 Prozent an die Feldmühle ab; dafür konnte er im August 1959 mit 52,23 Prozent als Mehrheitsaktionär des größten Unternehmens der deutschen Papierfabrikation auftreten. Und da der Bührle-Konzern, der rund 33 Prozent bei Dynamit Nobel besaß, ihm 8 Prozent abtrat, die Flick aus Eigenbesitz auf zehn Prozent aufrundete, konnte er der Feldmühle zur 25prozentigen Sperrminorität bei Dynamit-Nobel verhelfen. Die Feldmühle mußte, um die Übernahme der Dynamit-Aktien zu finanzieren, ihr Kapital zwar um fünf auf 42 Millionen D-Mark erhöhen. Die jungen Aktien gingen jedoch an Flick, dessen Mehrheit am vergrößerten Kapital sich dadurch auf 57,92 Prozent erhöhte.«[133]

So sah sie aus, die Welt des Friedrich Flick. Die besten Gewinnchancen versprach er sich von einem Engagement in der Automobilbranche. Autos als solche waren ihm zwar herzlich gleichgültig – er besaß nicht einmal einen Führerschein. Flick witterte aber das ganz große Geschäft. Überhaupt sah er Liebhabereien jeglicher Art entweder als bloße Zeitvergeudung oder als lästiges Hindernis für seinen enormen Geschäftsinstinkt an. Bücher, Musik, Reisen, Feste, Freunde, Alkohol, Frauen, all das interessierte ihn nicht im mindesten. Das einzige, was er wollte, was ihn antrieb, ihn im Innersten zusammenhielt, war Geld und – Macht. Bernt Engelmann, ein schriftstellernder Gesellschaftskritiker, dem die deutsche Geld- und Machtaristokratie ein ewiges Faszinosum war, erspähte Flick einmal zufällig in einem Düsseldorfer Nobellokal: »Dort saß er, während man sich rings um ihn amüsierte und Champagner trank, recht nachdenklich an seinem Tisch, vor sich ein Gläschen Orangensaft. Zwei Stunden starrte er so vor sich hin, fast regungslos, vielleicht einen neuen Börsencoup austüftelnd, und sagte kein einziges Wort.«[134]

1952 begann Flick in aller Stille damit, Daimler-Aktien aufzukaufen. Das staatliche Volkswagenwerk kam für einen derartigen Coup nicht in Frage, weil weder der Bund noch Generaldirektor Heinrich Nordhoff eine Privatisierung des Wolfsburger Werkes wünschten. Erst recht wollten sie sich keinen Großaktionär ins Haus holen. Ein Jahr später hatte Flick schon 15 Prozent des Kapitals von Daimler beisammen und stellte sich einer überraschten Öffentlichkeit neben der Deutschen Bank (25 Prozent) und Günther Quandt (14 Prozent) als Großaktionär vor. Ein Auftritt ganz nach seinem Geschmack. Daimler-Chef Fritz Könecke fühlte sich zu Recht düpiert. Kurz zuvor hatte er sich bei dem für das Aktiengeschäft zuständigen Aufsichtsratsmitglied von Daimler, selbstverständlich Hermann J. Abs, erkundigt, ob jemand versuche, in großem Stil bei Daimler einzusteigen. Abs wiegelte ab. Wenn dem so wäre, so beschied er Könecke, dann wüßte er es.

Flick kaufte heimlich weiter. Parallel dazu begann er, den einvernehmlichen Kontakt zu den Stuttgarter Automobilbauern zu suchen, wobei ihm kein anderer als der Harburger Gummiunternehmer Otto A. Friedrich, der Generaldirektor der Phönix AG und Rohstoffberater der Bundesregierung, den Weg ebnete. Otto A. Friedrich lieferte Autoreifen nach Stuttgart und war mit Könecke befreundet. Im April 1955 trafen dann Könecke, Flick und Abs zu einer gemeinsamen Besprechung zusammen. Daimler-Chef Könecke fügte sich in das Unausweichliche. Danach gab er seiner Hoffnung Ausdruck, »daß Flick sicher verstehen werde, daß Daimler-Benz bei seiner heimatlichen Bodenständigkeit auf dauerhafte Beteiligung Wert lege«.[135] Offensichtlich eilte Friedrich Flick nach wie vor der Ruf des gerissenen Börsenjobbers voraus, der nur ein Ziel kannte: Gewinnmaximierung. Auch Abs machte deutlich, daß ihm an einem langfristigen Engagement Flicks gelegen war. Am 1. Juni 1955 war der Handel perfekt.

Mitte Juni 1955 konnte Flicks Vetter Konrad Kaletsch die Hauptversammlung von Daimler mit einem Aktienpaket von 25 Prozent besuchen. Das war die Sperrminorität, die Flick ein Veto in der Hauptversammlung sicherte. Aber selbst Flicks Bäume wuchsen nicht in den Himmel. Zur Majorität, sprich Alleinherrschaft, die er bei Aktienkäufen stets anstrebte, reichte es im Falle von Daimler-Benz nicht. Flick mußte sich verpflichten, zunächst keine weiteren Aktien zu erwerben. Als Günther Quandt, sein alter Rivale und Aktienspekulant, 1954 im Alter von 73 Jahren starb, stiegen dessen erbende Söhne Herbert und Harald bei Mercedes ein. Am Ende verfügte Flick über eine Beteiligung von rund 40 Prozent und mußte neben der Deutschen Bank und den Quandts noch die Kleinaktionäre ertragen. Den Aufsichtsratsvorsitz übernahm, und das war alles andere als eine Überraschung, Hermann Josef Abs.

Flick war dennoch zufrieden. Sein Imperium, aus der Konkursmasse des »Dritten Reiches« zusammengeklaubt, feierte fünf Jahre nach seiner Haftentlassung fröhliche Auferstehung. Eine Art Gesamtkunstwerk, das Kenner als Musterbeispiel für konzeptionelle Geschlossenheit und Gespür für industrielle Zusammenhänge lobten. Von ganz oben nach ganz unten – und wieder zurück: Das war der Parcours, den der erfolgreiche Firmenjongleur zwischen 1945 und 1955 scheinbar spielend bewältigte.

Falls er aufgrund seiner Vergangenheit jemals Zweifel an seiner Gesellschaftsfähigkeit in der Bundesrepublik gehabt haben sollte, wurden sie ihm rasch genommen. Bundeskanzler Konrad Adenauer schrieb an Friedrich Flick anläßlich des runden Geburtstages am 10. Juli 1958: »Zur Vollendung Ihres 75. Lebensjahres wünsche ich Ihnen von Herzen Glück. Sie haben in langer und entsagensreicher Arbeit, unbeirrt von allen Schicksalsschlägen, die unser Land und Sie persönlich getroffen haben, ein großes und staunenswertes Lebenswerk aufgebaut. Mögen Ihnen Kraft und Gesundheit noch lange Jahre vergönnt sein, um sich Ihrer Erfolge und Ihres Werkes zu erfreuen.«[136]

Flicks Wiederaufstieg war tatsächlich in erster Linie sein eigenes Werk und das seiner Mitarbeiter gewesen. Im seinem bescheidenen Düsseldorfer Hauptquartier, das keinerlei Pomp und Prunk kannte, waren nie mehr als fünfzig Mann beschäftigt, denen er allerdings außergewöhnlich weitreichende eigene Entscheidungsbefugnisse einräumte. Die Banken hatte er sich diesmal vom Leibe halten können. Eine solide Basis an Eigenkapital war ihm heilig, Flick schwor auf Unabhängigkeit. Irgendwann in den zwanziger Jahren hatte er mit Kaletsch verabredet, daß sie immer in der Lage sein müßten, bei jedem Gläubiger über Nacht das Verhältnis durch die Überreichung eines Schecks zu beenden. Wenn diese Bescheid wüßten, käme man gar nicht erst in Verlegenheit. Eine derart selbstbewußte, kompromißlose Strategie setzte rentables Wirtschaften voraus oder, schlichter formuliert: Die Kasse mußte stimmen.

Der Erfolg hatte eine Kehrseite, die die Familie zu spüren bekam. Der Patriarch war besonders für seine beiden Söhne, ein dritter war im Rußlandfeldzug gefallen, ein schweres Kreuz. Der Älteste, Otto-Ernst, Jahrgang 1916, war der Meinung, daß ein junger Mensch aus einem normalen bürgerlichen Milieu eine »Erziehung« nach Art seines Vaters nie und nimmer durchgestanden hätte. Der ähnelte einem mißtrauischen alten Bauern, der seine Söhne so lange wie möglich als bessere Knechte benutzte. Wenn er ihnen in zwei großen Schenkungen jeweils 45 Prozent des Kapitals übertrug, dann nur aus rein steuerlichen Gründen. Eine Mitsprache im Konzern war damit nicht verbunden. 1958 überwarf er sich mit seinem älteren Sohn, einem tüchtigen, erprobten Manager, der sich als Kronprinz betrachtete. Der damals Zweiundvierzigjährige hatte Informationen über eine Flick-Firma verlangt, deren Aufsichtsrat er angehörte. Der Vater, der seine *arcana imperii* mit niemandem teilte, wies den Sohn brutal in die Schranken: »Du bist der größte Beteiligte von meinen Gnaden.« Zu einem vorläufigen Friedensschluß kam es erst 1960. Der Sohn grollte und hörte nicht auf, an seinen Fesseln zu zerren.

Was auch immer man von Friedrich Flick halten mag, in einem Punkt muß man Kurt Pritzkoleit, dem frühesten Beobachter der Wundertäter, sicherlich recht geben: »In dieser wahrhaft hervorragenden Figur faßt sich alles zusammen, was für das Wirtschaftswunder charakteristisch ist.«[137]

Flick war eine sehr moderne Figur, ein Vorläufer der »Heuschrecken«, wenn man so will. Vor Erhards Vision vom freien Spiel der Kräfte auf dem Marktplatz hatte er keine Angst. Auch für Flick gab es keinen anderen Gott neben dem des Marktes, zumindest wochentags. Das unterschied ihn von einer ganzen Reihe höchst einflußreicher Wirtschaftsmagnaten der jungen Bundesrepublik, die Erhards Gedankenwelt fernstanden und denen dessen liberale Wirtschaftspolitik allmählich zu weit ging.

Dabei gaben der Wachstumssprung und der fabelhafte wirtschaftliche Erfolg, der spätestens Ende 1952 auch die letzten Skeptiker verstummen ließ, Erhard auf spektakuläre Art und Weise recht. Im September 1950 hatte er in einer internen Denkschrift mit dem ihm eigenen Optimismus die Verdoppelung der Exporte als die ultimative Lösung aller wirtschaftlichen Probleme beschrieben. Da sich diese Entwicklung über kurz oder lang einstellen werde, seien staatliche Eingriffe unangebracht, ließ er wissen.

Trotzdem konnte sich der Wirtschaftsminister nicht recht über die verblüffende Richtigkeit seiner Prophezeiung freuen. Dafür sorgte schon Konrad Adenauer. Erhards umständliche Redeweise war für ihn schwer erträglich, und das»Gehabe« ging ihm auf die Nerven: ewig qualmend – Erhards Zigarrenmarke »Schwarze Weisheit« war damals so bekannt wie später Gerhard Schröders»Cohiba« –, melodramatisch, anerkennungsbedürftig und wenig beeinflußbar. Daß er nicht in Machtkategorien dachte und sich mehr als Wissenschaftler denn als Politiker fühlte, machte ihn erst recht verdächtig. Julia Dingwort-Nusseck, eine Erhard-Verehrerin, räumt ein, daß er ein merkwürdiges Phänomen war, alles andere als ein Erfolgstyp:»Er sprach ungepflegt, sah lächerlich aus, war Wirtschaftstheoretiker und absolut kein fleißiger Aktenleser, konnte nicht finassieren und war ohne Hausmacht.«[138] Und trotzdem war dieser Mann der einzige innovative Kopf, den die junge Republik zu bieten hatte.

Der Dauerkonflikt mit dem Kanzler ging in eine neue Runde. Adenauer kritisierte unverhohlen den legeren Führungsstil seines Ministers, unterstellte ihm mangelndes Organisationsvermögen und eine verfehlte Personalpolitik. Zu allem Überfluß bekam es Erhard jetzt auch noch mit den wiedererstarkten Spitzenverbänden der Industrie zu tun. Vor allem mit dem BDI, dessen hemdsärmeliger Präsident Fritz Berg es offensichtlich darauf anlegte, sich gegen Erhard als archetypischer Interessenpolitiker und Lobbyist zu positionieren. Bislang hatten die traditionsbewußten Unternehmerverbände – neben dem BDI suchte sich noch die »Bundesvereinigung deutscher Arbeitgeberverbände« (BdA) zu behaupten – keinen nennenswerten Einfluß auf die Wirtschaftspolitik der Bundesregierung gewinnen können. Daran änderten auch die häufigen Interventionen des BDI-Chefs Berg bei Adenauer nichts.

1950 begannen sich die Gewichte zu verschieben. Der BDI, der die deutsche Schwerindustrie fast geschlossen hinter sich wußte, entschied das Machtgerangel mit der eher arbeitnehmerfreundlichen BdA-Führung zu seinen Gunsten. Fritz Berg profilierte sich als Gegengewicht zu den Gewerkschaften und als lautstärkster Kritiker des Wirtschaftsministers. Die Unternehmer reagierten entsetzt, als Erhard mit einem Thema Ernst machte, das ihm schon seit langem am Herzen lag: das Kartellverbot. Das geschah zwar auch auf dringenden Wunsch der Amerikaner. Er selber war missionarisch von der Notwendigkeit durchdrungen, die zählebige deutsche Kartelltradition zu zerschlagen. Er sah sehr klar, daß sich wirtschaftspolitisch nichts bewegen würde, wenn die Kartelle blieben, wie sie waren. Das nicht nur zu sagen, sondern danach zu handeln, erforderte den Mut eines Löwen. Otto A. Friedrich berichtete in seinem Tagebuch: Als die Rede auf dieses Thema gekommen sei, habe Erhard »wie ein angeschossenes Tier« reagiert. Er habe betont, »nicht gegen notwendige Kartelle, aber gegen die Kartellfreudigkeit bis zu Puppenaugen und Klosettdeckeln«[139] zu sein.

Seit der Kaiserzeit gehörten Kartelle, wie die berüchtigten Zusammenschlüsse selbständiger Unternehmen zum Zweck der Marktbeherrschung und Gewinnstabilisierung genannt wurden, zum Kernbestand der deutschen Industriestruktur. Deutschland war das höchst kartellisierte Land der Welt, 1930 zählte man noch über 2000 Kartelle. Das Netz war so dicht geknüpft, daß man die Kartellgeschäftsführer nur zu Regierungsräten hätte machen müssen, um den nahtlosen Übergang zur Planwirtschaft zu garantieren. So erklärte der Jurist Franz Böhm seinen Studenten das Organisationssystem der »totalen« Kriegswirtschaft. Albert Speer hatte von der »Selbstverwaltung der Wirtschaft« gesprochen. Sie war Teil eines Gesetzes über den »organischen Aufbau« der deutschen Wirtschaft. Dazu gehörte schon 1933 das Zwangskartellgesetz, das auch Außenseiter in die Kartelle zwang. Ausgerechnet auf solche Grundsätze beriefen sich nun Fritz Berg und seine Leute.

Die Unternehmer, auch die kleinen und mittleren, waren derart an das System der Monopole, Kartelle, Syndikate und Absprachen gewöhnt, daß sie sich einen rein nach den Gesetzen des Wettbewerbs organisierten Markt gar nicht vorstellen, geschweige denn wünschen konnten. Erhard schrieb Berg ins Stammbuch: »Kartelle ersticken die Marktwirtschaft.« Berg konterte: »Freier Wettbewerb ruiniert die freie Unternehmerschaft.« Der Wirtschaftsminister mußte seine ganze Hartnäckigkeit aufbieten, um Berg und den Wirtschaftsvertretern klarzumachen, daß Kartelle mit Marktwirtschaft nichts zu tun hätten. Aber er kämpfte gegen die Macht der Tradition. Die personellen wie strukturellen Kontinuitäten in den Führungsetagen der deutschen Unternehmen waren für sein Unterfangen nicht hilfreich. Hinzu kam, daß Kanzler Adenauer Erhards Feldzug bestenfalls mit höflicher Zurückhaltung begleitete. Die Kartellfrage war für ihn keine Angelegenheit von höchster Priorität. Und im übrigen maß er den Argumenten des mächtigen BDI-Chefs Fritz Berg mindestens denselben Stellenwert bei wie denen seines unbequemen Wirtschaftsministers.

Das von Erhard geforderte Kartellgesetz, besser Antikartellgesetz, verlor sich in den Mühlen der Bonner Ministerialbürokratie, die einen Entwurf nach dem anderen produzierte, um immer neue Ausnahme- und Sonderregelungen aufzunehmen. Berg teilte Erhard am 22. Juni 1950 unumwunden mit, daß er dessen Konzept prinzipiell ablehne. Für den BDI-Chef und seine Mitstreiter rührte Erhard mit seiner Wettbewerbsgesetzgebung nicht nur an jahrzehntelang einzementierte Strukturen, sondern auch an ihren Herrschaftsanspruch. Sie hielten die Ordnung der Märkte und die Steuerung des Wettbewerbs für ihre angestammte Domäne.

Im Kern ging es um das Verhältnis des Staates zur Wirtschaft –

und damit letztlich um die Macht. Dies war der eigentliche Gegenstand des Kampfes um das Kartellgesetz. Nur so erklärt sich die ungeheure Schärfe der Auseinandersetzung. Berg schien sich bisweilen auf einem Kreuzzug zu befinden, und Erhard vertraute auf die Überzeugungskraft »seiner« sozialen Marktwirtschaft. Er überschätzte dabei die Tatsache, daß die Popularität seiner Person und seiner marktliberalen Theorien keineswegs auf deren analytischer Stringenz, sondern ganz allein auf dem wundersamen Wohlstand beruhte, der aus dem Füllhorn der Marktwirtschaft floß.

Ein Jahr und gut fünfzehn Entwürfe später passierte das Kartellgesetz immerhin den Bundesrat und konnte im Bundestag zur ersten Lesung eingebracht werden. Danach allerdings verschwand es im Vermittlungsausschuß, wo es jahrelang Staub ansetzte. Der Streit um das Gesetz ging unterdessen erbittert weiter. Erhards zähneknirschendes Angebot an Berg, seinen hartnäckigsten Opponenten, die ganze Angelegenheit doch »einmal ganz vertraulich unter vier Augen« zu diskutieren, blieb unbeantwortet. Dafür ließ Berg am 6. Juli 1954 in einem Brief an Adenauer ziemlich unverfroren wissen, daß sich die Industrie an ein Kartellverbot schlicht nicht halten würde. Otto A. Friedrich, der unablässig zwischen den feindlichen Lagern zu vermitteln suchte, notierte aufgebracht in sein Tagebuch, da zeige sich, »Größenwahn à la Hitler«.[140] Es sollte dann noch bis zum 3. Juli 1957 dauern, ehe das Kartellgesetz vom Bundestag verabschiedet werden konnte. Anfang 1958 trat es endlich in Kraft – in einer stark verwässerten Fassung mit allerlei Ausnahmen und Kompromissen, die weit hinter den ursprünglichen Intentionen Ludwig Erhards zurückblieb. Die zählebige Tradition der deutschen Wirtschaft, die obendrein wieder glänzende Erfolge vorweisen konnte, hatte Erhards marktwirtschaftlichem Purismus standgehalten. Er selber räumte ein, daß er seine ursprünglichen Absichten nicht voll habe verwirklichen können.

Doch zurück ins Jahr 1953. Im beginnenden Wahlkampf um die Sitze im zweiten Deutschen Bundestag schlossen sich die Parteien wieder zu festen Wagenburgen zusammen. Die wirtschaftspolitischen Zwistigkeiten zwischen Adenauer und Erhard, den beiden Matadoren der CDU, traten erst einmal in den Hintergrund. Erhard verkündete landauf, landab die frohe Botschaft der freien und sozialen Marktwirtschaft, ungeachtet der herben Rückschläge, die seine Idee im politischen Kampf hatte hinnehmen müssen. Die Menschen glaubten ihm, die Journalisten mochten ihn. Der »Dicke« war der mit Abstand populärste Politiker in Westdeutschland.

Der überwältigende Wahlsieg der CDU/CSU vom 6. September 1953 – verglichen mit 1949 steigerten sich die Konservativen um fast fünfzehn Prozent und konnten am Wahlsonntag 45,2 Prozent der Stimmen auf sich vereinen – war in erster Linie der Erfolg Ludwig Erhards. Die Deutschen konnten sich damals beim besten Willen keinen tüchtigeren Wirtschaftsminister vorstellen. Und Konrad Adenauer, alter und – ungeachtet seiner nunmehr fast 78 Jahre – neuer Bundeskanzler, konnte in seiner Regierungserklärung am 20. Oktober 1953 eine wirtschaftliche Erfolgsstory zum besten geben, die in der deutschen Geschichte beispiellos war.

Der Kanzler des »Wirtschaftswunders«, selber eine Art Wundergreis, bilanzierte vor dem zweiten Deutschen Bundestag die »Steigerung der deutschen Industrieproduktion von 55 % im zweiten Vierteljahr 1948 auf 156,5 % im zweiten Vierteljahr 1953«. Er wies auf die Vervierfachung des Außenhandels seit der »Schaffung der Deutschen Mark im Jahre 1948« hin und vergaß nicht zu erwähnen, daß der deutsche Export in der gleichen Zeit »um das Siebenfache« gesteigert werden konnte. Adenauer beschloß seine wirtschaftspolitische Blütenlese, die zugleich eine subtile Form der Selbstbelobigung war, mit dem Versprechen, daß sich die von ihm geführte Bundesregierung gleichwohl »nicht auf den errungenen Lorbeeren ausruhen«[141] werde.

5
Ein Phänomen verblaßt – Gipfel
und Grenzen des »Wirtschaftswunders«
(1953 bis 1957)

Als Robert Pferdmenges im Jahre 1919 als abgemusterter Rittmeister der Darmstädter Leibdragoner aus dem verlorenen Ersten Weltkrieg ins heimatliche Köln zurückkehrte, mußte er seinen heulenden kleinen Sohn trösten: »Paß auf, in ein paar Jahren sind wir wieder ganz obenauf.«

Er sollte mit seiner Prognose recht behalten. Seinem unerschütterlichen Optimismus, wie er den Rheinländern so häufig zu eigen ist, blieb er zeitlebens treu, auch nach der Katastrophe von 1945 und in den Strapazen der Nachkriegszeit, die tiefe Spuren in seinem Gesicht hinterließen. Die Geschichte sollte ihn nicht nur aufs neue bestätigen, sondern seine Erwartungen weit übertreffen. Im Jahre 1953 waren die Westdeutschen auf Erfolgskurs, ihre Wirtschaft florierte, die Wunden des Krieges verheilten allmählich. Und Robert Pferdmenges war »ganz obenauf«. Es bereitete ihm immer wieder sichtlich Vergnügen, den wilden Spekulationen der Journalisten über seinen angeblich ungeheuren Einfluß auf den Bundeskanzler entgegenzutreten: »Daß ich sein Hintermann oder seine graue Eminenz wäre, ist natürlich Unsinn«,[142] sagte er dann wie beiläufig.

Aber Pferdmenges war ein kluger Mann, und er hatte in seinem Leben schon viele kollektive Anwandlungen von Euphorie kommen und gehen sehen. Daher war er einer der ersten, die auf die Gefahren des schwindelerregenden deutschen Wiederaufstiegs nach dem Zweiten Weltkrieg aufmerksam machten. »Es gibt kein deutsches Wunder«, lautete seine nüchterne Diagnose. »Die Leute waren sparsam und fleißig. Nun, wo wir etwas erreicht haben, sollten wir nicht in den Fehler verfallen, mehr auszugeben, als die Verhältnisse erlauben. Das gilt für den Staat so gut wie für jeden einzelnen.«[143] Gern zitierte er Bismarcks launige Sentenz, wonach die beste Staatsform die zaristische sei – vorausgesetzt, der Zar verfüge über übermenschliche Fähigkeiten. Da dies selten der Fall sei, so Pferdmenges, gebe es zur Staatsform der Demokratie wohl auch keine Alternative –»wenn ein Volk reif ist«.

1952/53 war die erste Phase des Aufbaus im wesentlichen abgeschlossen. Einige Historiker begannen schon, denkbar voreilig, das Ende der Nachkriegszeit zu verkünden. Immerhin: Die deutschen Innenstädte glichen nun nicht mehr einem öden Niemandsland aus Schutt und Trümmern. Das erste Wohnungsbaugesetz vom April 1950 sah die Errichtung von 1,8 Millionen Sozialwohnungen binnen sechs Jahren vor. 1951 konnten fast 430 000 Wohnungen schlüsselfertig übergeben werden, 1952 waren es noch einmal zehntausend mehr, etwa zwanzig Prozent davon finanzierte die öffentliche Hand. Nirgendwo in Europa wurde so viel Wohnraum in so kurzer Zeit aus dem Boden gestampft.

Daß die hastig aufgemauerten Wohnblocks – meist keine Augenweide, sondern klein, eng und niedrig – in den Großstädten in seltsamem Kontrast zu den wilhelminischen Bürgerpalästen aus der Kaiserzeit standen, störte vorerst niemanden. Am wenigsten die ersten Mieter, die heilfroh waren, endlich ihren Notunterkünften entronnen zu sein. Jedermann vor Augen standen damals die nach ihrem kanadischen Konstrukteur getauften »Nissenhütten« – billigste Behelfsbaracken aus Wellblech, die sich in kürzester Zeit errichten ließen und wenigstens den Regen abhielten. Mitte der fünfziger Jahre begannen die meisten dieser traurigen Symbole für die Wohnungsmisere aus den deutschen Städten wieder zu verschwinden.

Im Oktober 1953 sorgte der ehemalige britische Kriegspremier Winston Churchill mit der Äußerung für Aufsehen, daß »Deutschland unter die großen Mächte der Welt zurückgekehrt« sei. Das war natürlich auch eine gezielte Übertreibung, die den neuen Bündnispartner im Kalten Krieg aufwerten sollte: Am 26. Mai 1952 hatte Adenauer den Deutschlandvertrag unterschrieben, mit dem die Bundesrepublik das Besatzungsregime gegen die Rechte eines souveränen Staates eintauschte – vorbehaltlich der Sonderrechte der Westmächte auf Berlin und auf Deutschland als Ganzes, wie es im Text hieß. Außer Zweifel stand die erfolgreiche Rückkehr Westdeutschlands auf die Weltmärkte. Die Bundesrepublik, die höchsten Wert darauf legte, die legitime Rechtsnachfolgerin des Deutschen Reiches zu sein, war – im vierten Jahr ihres Bestehens und im achten nach Kriegsende – international fast wieder salonfähig.

Diese wundersame Wandlung Deutschlands vom Kriegsgegner und Paria zum gefragten Handels- und Sicherheitspartner der westlichen Welt kam natürlich nicht von ungefähr – und nicht umsonst. Die beiden wichtigsten Meilensteine der Läuterung markierten zwei nahezu zeitgleich ausgehandelte Verträge: das sogenannte Wiedergutmachungsabkommen mit Israel vom 10. September 1952 und das Londoner Schuldenabkommen, das am 27. Februar 1953 unterzeichnet wurde.

Weder das eine noch das andere Abkommen wäre ohne das Verhandlungsgeschick und die außergewöhnliche Kompetenz von Hermann Josef Abs zustande gekommen. Adenauer ernannten ihn ohne Zögern zu seinem Verhandlungsführer. In der damaligen Zeit gab es keinen deutschen Finanzexperten, der sich eines höheren Ansehens in der Finanzwelt des In- und Auslands erfreut hätte als der stets elegant gekleidete, weltläufige und polyglotte Abs. Seine Verstrickung in die Machenschaften der Deutschen Bank während des »Dritten Reiches« schien nicht Jahre, sondern Jahrzehnte zurückzuliegen.

Konrad Adenauer betrachtete die Wiedergewinnung der moralischen und die Wiederherstellung der wirtschaftlichen Integrität Westdeutschlands als zwei Seiten einer Medaille. Die Bundesrepublik müsse alles in ihrer Kraft Stehende tun, um den Holocaust, das unvorstellbare Verbrechen der Nazidiktatur am jüdischen Volk, zu sühnen – soweit das überhaupt möglich war. Am 8. April 1952 schrieb der Kanzler an Abs, »daß, wenn es uns gelingt, das Judentum wenigstens in seinen maßgebenden Männern zu versöhnen, wir dann doch auf wirtschaftliche Hilfe in stärkerem Maße rechnen können, als wenn dieser schroffe Gegensatz weiter besteht. Abgesehen von diesem Grunde bewegt mich auch das Gefühl der moralischen Verpflichtung, das wir gegenüber dem Judentum haben.«[144]

Der Wille zur Wiedergutmachung an den Opfern des NS-Regimes war für Adenauer keine geschäftliche, sondern eine moralische Frage. Die Bundesrepublik Deutschland verpflichtete sich nach den von Abs und dem israelischen Unterhändler Felix E. Shinnar geleiteten Verhandlungen zur Zahlung von drei Milliarden D-Mark an den Staat Israel. Die Raten wurden auf vierzehn Jahre verteilt. Sie bestanden fast ausschließlich aus Warenlieferungen. Zusätzlich gingen noch einmal 450 Millionen an jüdische Organisationen, voran die Jewish Claims Conference, die jüdischen Flüchtlingen zugute kamen, die außerhalb Israels lebten. 50 Millionen erhielten rassisch Verfolgte nichtjüdischen Glaubens.

Die wirtschaftliche Leistungskraft der erstarkten Bundesrepublik bewältigte die entstandenen Belastungen fast mühelos. Erheblich schwieriger als die heikle Wiedergutmachungsfrage gestaltete sich die Londoner Schuldenkonferenz. Hier bekam es die dreißigköpfige deutsche Abordnung unter der Führung von Hermann Josef Abs mit insgesamt 65 Gläubigerländern zu tun, von denen die meisten mit eigenen Delegationen nach Lancaster House gereist waren. Während der zähen Verhandlungen war es dann aber nicht der Bankier, sondern der Bundeskanzler, der die deutsche Position bestimmte. Abs verhandelte, aber die Richtung gab Adenauer vor.

Abs brachte es fertig, die Leistungskraft der Bundesrepublik, genauer ihre finanzielle Transferfähigkeit, zur Bemessungsgrundlage für die zu begleichende Schuldsumme zu machen – und nicht die astronomischen Forderungen einzelner Gläubiger. Sein konzilianter Verhandlungsstil half über krisenhafte Situationen hinweg. Eine Anekdote, die er gern erzählte, macht das deutlich. Die Konferenz hatte sich an der Frage festgebissen, inwieweit die deutsche Teilung berücksichtigt werden müßte. Die Delegierten beharrten auf der vollen Zahlungsverpflichtung der Bundesrepu-

Hermann J. Abs bei der Unterzeichnung des Vertrags zur Regelung der deutschen Auslandsschulden, 1953.

blik. Abs' Versuche, sie von der Tragweite der Teilung zu überzeugen, führten zu nichts. Auch die Landkarten, die er hatte zeichnen lassen – die Bundesrepublik in blau, die DDR rot – verhalfen zu keinen neuen Einsichten. Den Durchbruch erreichte Abs mit einer Geschichte über seine Großmutter. Als diese gläubige, beinamputierte alte Frau 1916 im Sterben lag, spendete ihr ein Priester die Sterbesakramente. Als er sich verabschiedete, rief ihn die alte Dame mit den Worten zurück: »Herr Pastor, wenn ich sterbe, und Sie schicken die Rechnung, dann müssen Sie das Bein abziehen.« Das gefiel Abs. Der ökonomische Realismus schweigt eben auch im Angesicht des Todes nicht. Die Legende will, daß er mit diesem Döntjen die Herabsetzung der deutschen Schuld um eine Milliarde D-Mark erreichte.

Die deutschen Auslandsschulden wurden schließlich auf 14,5 Milliarden D-Mark beziffert, davon waren in den ersten fünf Jahren jeweils 567 Millionen, danach 765 Millionen D-Mark bis zur Abzahlung der Summe aufzubringen. Als Hermann Josef Abs Ende Februar 1953 im Londonderry House zusammen mit den Unterhändlern aus 18 Gläubigerstaaten seine Unterschrift unter das Abkommen setzte, hätte er eigentlich zufrieden sein können. Aber das negative Presse-Echo in Deutschland und die Differenzen mit Adenauer, der Abs während der Londoner Konferenz immer wieder in die Parade gefahren war, bewogen den Bankier dazu, der politischen Bühne den Rücken zu kehren. Dabei spielte auch Enttäuschung eine Rolle:»Ob ich Außenminister werden wolle, hat er mich zum ersten Mal im Februar 1952 gefragt. Damals wäre ich dazu bereit gewesen. Aber Adenauer fragte nicht nur einen einzigen, sondern drei oder fünf oder sechs, und wenn es dann ein siebenter wurde, waren alle anderen nur ein Siebentel gekränkt. Solche Anfragen wiederholten sich im Laufe der Jahre. Als er wieder mal mit einer Anfrage kam, sagte ich ihm: Also, Herr Bundeskanzler, eine Frage, ob ich dieses oder jenes bei Ihnen werden möchte, werde ich nicht mehr beantworten. Wenn Sie dagegen ein Angebot haben, ist das etwas anderes.«[145]

Abs wendete sich wieder seinem eigentlichen Metier, dem Bankfach, zu. Vielleicht hatte er dabei noch den sarkastischen Kommentar des Bundesfinanzministers Fritz Schäffer im Ohr, der ihm schon vor der Schuldenkonferenz vorausgesagt hatte, daß es in London keine Lorbeeren zu erringen gab:»Abs, wenn Sie es schlecht machen, werden Sie an einem Apfelbaum und wenn Sie es gut machen, an einem Pflaumenbaum aufgehängt.«[146]

Abs' Ziel lag ohnehin jenseits der großen Politik. Er wollte die von den Alliierten zerstückelte Deutsche Bank in ihrer alten Herrlichkeit wiederauferstehen lassen. Seit Herbst 1952 war er dafür in einer günstigen Ausgangsposition. Als Sprecher der Süddeutschen Bank leitete Abs nicht nur eines der drei regionalen Nachfolgeinstitute der Deutschen Bank, sondern hielt im internen Verkehr bereits wieder alle Fäden fest in der Hand.

Seit Mitte 1952 befand sich die deutsche Wirtschaft in einem heftigen, vorher nie gekannten Aufwind. Selbst vorsichtige Experten diagnostizierten eine weltgeschichtlich einmalige Wachstumsexplosion. In der Tat wiesen alle relevanten Daten steil nach oben: Das Bruttosozialprodukt stieg jährlich um mindestens zehn Prozent, der Export ebenfalls. Die deutschen Exportzahlen lehrten die Konkurrenz das Fürchten, gemessen an ihren Überschüssen galt die junge Bundesrepublik als reichstes Land der Welt.

Sogar »Helden« gab es bald wieder, zu denen die Westdeutschen aufschauen konnten, ohne hinterher ein schlechtes Gewissen zu haben. Dieses Mal trugen die Helden keine Uniform und waren auch keine Ritterkreuzträger: Die deutschen Fußballnationalspieler kehrten im Sommer 1954 zur allgemeinen Verblüffung als Sieger von der Weltmeisterschaft in der Schweiz zurück. Im Finale hatten sie das damals übermächtige Ungarn bezwungen, eine Sensation, die bezeichnenderweise unter der Rubrik »Wunder von Bern« ins kollektive Gedächtnis einging. Das Turnier wurde übrigens zum ersten Mal im Fernsehen übertragen.

1955 kletterte die Investitionsrate auf märchenhafte 25 Prozent, begünstigt nicht zuletzt durch eine vorausschauende Steuerpolitik, die es der Industrie ermöglichte, durch sofortige Reinvestierung der Gewinne kräftig Steuern zu sparen. Ein Viertel des Bruttosozialprodukts floß in die Modernisierung der Wirtschaft und der Infrastruktur. Allein in einem Jahr, 1954/55, nahm die industrielle Produktion um 27 Prozent zu. Eine Konsumwelle rollte durchs Land. Die Westdeutschen nahmen Erhards Wahlkampfspruch vom »Wohlstand für alle« wörtlich und leisteten sich etwas. Der Lebensstandard auch der »kleinen Leute« erreichte ein vorher nie gekanntes Niveau. Der Italienurlaub im »Käfer«, mit dem sich dank seiner laut Hersteller »hervorragenden Bergsteigfähigkeit« auch die steilsten Alpenpässe gefahrlos bezwingen ließen, gehörte ebenso dazu wie der Heinkel-Roller, die Vespa, das Goggomobil, die Lambretta, der Siemens-Herd oder das Grundig-Radio. Nicht zu vergessen Gartenfeste, Cocktailparties und elegante Abendkleider in der berühmten »A-Linie«, die den allerletzten Schrei verkörperte. Das deutsche »Wirtschaftswunder« hatte viele Gesichter.

Toast Hawai, der letzte Schrei

Im März 1954 brachte Josef Neckermann den »Volkskühlschrank« heraus, den Ludwig Erhard im Jahr zuvor auf einer Industriemesse dringend gefordert hatte. Das Produkt besaß ein Volumen von 92 Litern und lag mit 574 D-Mark gut hundert Mark unter dem marktüblichen Ladenpreis. Weil Neckermann das Gerät in Lüneburg montieren ließ, eroberte es als »Lüneburger Kältewunder« die Herzen der Verbraucher, die ihre Vorräte nun nicht mehr auf der Fensterbank oder im Keller kühlen mußten.

Den nächsten Coup landete der rastlose Verkäufer im November 1954. Zum Entsetzen des Fachhandels warf er ein Fernsehgerät auf den Markt, das er »Weltblick« nannte. Am ersten Weihnachtsfeiertag 1952 hatte der Nordwestdeutsche Rundfunk mit der Ausstrahlung des ersten regelmäßigen Fernsehprogramms begonnen; die Arbeitsgemeinschaft der öffentlich-rechtlichen Rundfunkanstalten, kurz ARD, ging am 1. Oktober 1954 auf Sendung. Der Markt für Fernseher war vorbereitet. Neckermann unterbot mit seinem Preis von 648 D-Mark die Geräte der Konkurrenz um satte 300 D-Mark. Konrad Adenauer, mit dem Neckermann zuvor im Palais Schaumburg über die Vor- und Nachteile des Fernsehens geplaudert hatte, hielt von dem neuen Medium allerdings gar nichts. Er fürchtete, von diesem nicht vorteilhaft genug abgebildet zu werden: »Wer will denn alle meine Falten sehen?« hielt der Kanzler, nicht eben uneitel, seinem Besucher entgegen.

Anfangs der fünfziger Jahre sah alles danach aus, als hätte die große Zukunftsvision des Versandhauskönigs im Alltagsleben der Westdeutschen ihre Entsprechung gefunden: »Herr Müller trinkt morgens auf seiner Neckermann-Eckbank eine Tasse Neckermann-Kaffee, fährt dann mit dem Neckermann-Motorrad zur Arbeit, seine Frau trocknet sich die Haare mit dem Neckermann-Fön, hört beim Saubermachen beschwingte Musik aus dem Neckermann-Radio, und abends suchen sich die beiden vor dem Neckermann-Fernseher neue Wintermäntel aus dem Katalog aus, während die beiden Kinder schon in ihren Neckermann-Bettchen liegen.«[147]

Kein Wunder, daß dieser Josef Neckermann seinem fränkischen Landsmann Ludwig Erhard geradezu wie die Verkörperung des marktwirtschaftlichen Elans erschien, den er immer predigte. Daß die beiden durchaus als eine Art Duo wahrgenommen wurden, zeigte ein damals gängiges Scherzwort:»Was Goethe einst der Eckermann ist Erhard heut' der Neckermann«. Am 3. Februar 1954 lud Ludwig Erhard den cleveren Versandhändler zu einem ganz besonderen Termin in das Bonner Wirtschaftsministerium.»In unserem Katalog«, so Neckermann,»sahen die Ministerialbeamten ebenso wie weite Kreise der Bevölkerung einen Preisspiegel für wichtige Konsumgüter und darüber hinaus durch die ausführlichen Warenbeschreibungen ein hervorragendes Informationsmittel für den Verbraucher.«[148] Eigens für den Wirtschaftsminister hatte Neckermann in einem Nebenraum eine Produktausstellung,»eine Art mobilen Katalog« aufbauen lassen und zudem eine Modenschau arrangiert, auf der die neuesten Modelle gezeigt wurden.

Was Präsentationen auf höchster Ebene betraf, konnte Josef Neckermann bekanntlich auf einschlägige Erfahrungen verweisen. Knapp zwölf Jahre zuvor, am 20. April 1942, hatte er, damals als »Wehrwirtschaftsführer« für Bekleidung und Textilien zuständig, Adolf Hitler zu dessen 53. Geburtstag in der Wolfsschanze die neue Winteruniform für die Wehrmacht vorgeführt. Diesmal war es Ludwig Erhard, der sich von Neckermanns Kreationen angetan zeigte. Neckermann, schreibt Eberhard von Brauchitsch, sei »einer der wichtigsten Garanten für den Erfolg des Erhardschen Wirtschaftsprogramms« und der »engste Verbündete« des Wirtschaftsministers gewesen.[149]

Das hohe unternehmerische Risiko, das Neckermann mit seiner Festpreisgarantie einging, fiel noch nicht ins Gewicht. Um zu verhindern, daß die Kaufhäuser am Ort nach Erscheinen des Katalogs die gleichen Produkte billiger anbieten konnten, mußte er messerscharf kalkulieren: Seine Preise behielten sechs Monate lang ihre Gültigkeit, egal, wie die Konkurrenz oder die Kunden darauf reagierten. Kaufmännische Fehler, die unter Umständen massenhaft Ladenhüter nach sich zogen, durften ihm nicht passieren. Der fränkische Tausendsassa lebte in Wirklichkeit von einem Halbjahr zum nächsten – oder von der Hand in den Mund, wie seine Kritiker bemerkten.»Niemand außerhalb der Familie«, so Brauchitsch, habe »Neckermann je in die Bücher geschaut, aber seine Umsatzrendite dürfte kaum mehr als ein oder zwei Prozent betragen haben. Damit konnte er auf Dauer nicht überleben.«[150] Diese Prognose sollte sich bewahrheiten, allerdings rettete er sich noch bis in die siebziger Jahre.

Solange das Schwungrad des »Wirtschaftswunders« sich immer schneller drehte, hatte Josef Neckermann nichts zu befürchten. Die Gesamtauflage seines Kataloges schnellte von ein paar hundert Exemplaren im Jahre 1950 auf drei Millionen im Jahre 1958 hoch. Hintereinandergelegt neunhundert Kilometer lang, hätten sie damals den Weg von den Außenbezirken Hamburgs bis nach Garmisch gepflastert, wie Neckermann voller Stolz errechnete. Am 25. November 1960 würdigte Hans Magnus Enzensberger in der »ZEIT« den jüngsten Katalog einer ausführlichen Rezension unter dem Titel »Unsere kleinbürgerliche Hölle«. Darin schrieb er:»Ein Ethnologe aus dem Jahre 3000 könnte aus diesem Katalog genauere und fruchtbarere Schlüsse auf unsere Zustände ziehen als aus unserer ganzen erzählenden Literatur.«

Für ihre Sparschweine hatten die Deutschen bei aller Kauflust noch genug übrig. Ihre Spareinlagen versechsfachten sich zwischen 1950 und 1956 von vier auf rund 24 Milliarden D-Mark. Lohn und Brot gab es für alle mehr als genug. Zwischen 1954 und 1955 entstanden fast eine Million neue Arbeitsplätze, Anfang 1955 wurde Vollbeschäftigung erreicht. Erstaunliche Zuwächse gab es auch in ganz anderen Regionen zu vermelden: Im Düsseldorfer Landtag mußte die erst sechs Jahre alte Bestuhlung komplett ausgewechselt werden, weil sie den mittlerweile auch in ihrem Leibesumfang repräsentativen Volksvertretern einfach nicht mehr genügend Sitzfläche bot. Der deutsche Sprachschatz wurde um das Wort »Freßwelle« bereichert.

Im September 1955 sank die Zahl der Arbeitslosen erstmals auf unter 500 000 ab, zugleich begann ein gleitender Übergang zur Vierzig-Stunden-Woche mit freiem Wochenende. Die deutschen Unternehmen suchten mittlerweile händeringend nach Facharbeitern und schreckten nicht davor zurück, sich gegenseitig mit lukrativen Prämien und Anreizen aller Art das Fachpersonal abzujagen. Der eklatante Arbeitskräftemangel, zehn Jahre nach Kriegsende, wurde auch durch den gewaltigen Zustrom von rund 13 Millionen Vertriebenen aus den verlorenen deutschen Ostgebieten nicht behoben. Die Mehrzahl fand westlich der Elbe eine neue Heimat und eine berufliche Existenz. Ihre geglückte Integration darf getrost in die Liste der Nachkriegswunder aufgenommen werden. Hinzu kamen die jüngeren, meist gut ausgebildeten Übersiedler aus der DDR, die im vermeintlichen »Arbeiter- und Bauernstaat« keine Zukunft für sich sahen. Zwischen 1949 und 1956 zog es fast zwei Millionen Ostdeutsche in den Westen. Die Bundesregierung mußte auf den leergefegten Arbeitsmarkt reagieren. Am 19. Oktober 1955 verkündete Ludwig Erhard ein Programm, das aufhorchen ließ:»Im Hinblick auf die besonderen Verhältnisse auf dem Arbeitsmarkt wird die Bundesregierung unverzüglich Vorbereitungen treffen, um in bestimmten kritischen Arbeitsbereichen ausländische Arbeitskräfte und deutsche Arbeitskräfte im Auslande, die sich zu einer Rückkehr in die Bundesrepublik entschließen, heranzuziehen.«[151]

Am 20. Dezember 1955 wurde ein Anwerbevertrag mit der italienischen Regierung unterzeichnet. Noch vor Ablauf des Jahres begann die massenhafte Rekrutierung ausländischer Fachkräfte. Das Gros kam in Sonderzügen aus Süditalien, um in Deutschland auf dem Bau oder in der Landwirtschaft zu arbeiten. Die Italiener wurden später von den Türken überflügelt, die es zum großen Teil vorzogen, nicht mehr in ihre Heimat zurückzukehren. Bis Sommer 1963 erreichte die Zahl der ausländischen »Gastarbeiter« die Millionengrenze.

Glaubt man den einschlägigen Statistiken, wurde schon im »Boomjahr« 1955 der Kulminationspunkt des »Wirtschaftswunders« erreicht. Selbst ein außergewöhnlich erfolgreiches Unternehmen wie das Haus Siemens, das seit der Währungsreform explosionsartige Umsatzsteigerungen verzeichnet hatte, registrierte

1955 eine »leichte Beruhigung der Geschäftsentwicklung«.[152] Daß die Umsätze gleichwohl weiter stiegen, lag hauptsächlich am florierenden Auslandsgeschäft. Dort war die Nachfrage nach elektrotechnischen Geräten und Anlagen von Siemens stärker denn je. Ernst von Siemens und seiner Truppe war es gelungen, die nach dem Krieg verlorenen Auslandsniederlassungen nach und nach zurückzuerwerben. Besonders dankbar waren sie der Schweiz, die ihnen die verlorenen Immobilien kostenlos wiedergab. Auf dem Binnenmarkt dagegen, der die ersten Sättigungserscheinungen zeigte, schien Siemens seine Umsatzmöglichkeiten ausgeschöpft zu haben.

Nicht nur innen-, auch außenpolitisch ging es darum, das Erreichte zu konsolidieren. Am 5. Mai 1955 trat der Deutschlandvertrag in Kraft. Die Bundesrepublik wurde Mitglied des Atlantischen Bündnisses. Die Wiederbewaffnung rückte näher. Das führte nicht nur zu heftigen innenpolitischen Auseinandersetzungen, sondern brachte auch Vorteile – besonders für die Wundertäter. Die Bundeswehr brauchte 150 neue Garnisonen und Unmengen an Ausrüstung und Material. Die Bundesregierung hatte sich zwar verpflichtet, auf schwere Waffen zu verzichten – dies betraf Kriegsschiffe, Geschütze, Flugzeuge und U-Boote. Trotzdem winkten lukrative Staatsaufträge für deutsche Unternehmen, voran für Krauss-Maffei, Haniel, Messerschmitt-Bölkow-Blohm, die Quandt-Gruppe oder BMW. Bei den westdeutschen Industriellen löste die Wiederaufrüstung nicht nur Begeisterung, sondern auch Besorgnis aus. Als im April 1955 in einer Präsidiumssitzung des BDI zur Sprache kam, daß die Rüstungskosten für zwölf Divisionen mindestens 60 Milliarden D-Mark betrugen, wurde die Erwartung laut, daß Kanzler und Regierung das Aufrüstungstempo »fraglos so dämpfen« würden, daß daraus »keine politischen Schwierigkeiten in der Bundesrepublik«[153] entstünden. Sie wollten nicht schon wieder Ärger haben.

»Kanonen statt Butter« hatte Hermann Göring, Hitlers Paladin, in den 1930er Jahren getönt und damit die Tatsache verschleiert, daß Hitler Kanonen *und* Butter produzieren ließ – das war das Erfolgsgeheimnis des ersten »deutschen Wirtschafts-

Italienische »Gastarbeiter« in Dortmund, 1964.

wunders« in den Friedensjahren des »Dritten Reiches« gewesen. »Alle Kräfte der Wirtschaft werden zusammengerafft, um eine moderne, nein die allermodernste und allerstärkste Militärmacht der Welt in wenigen Jahren förmlich aus dem Boden zu stampfen«,[154] hatte Fritz E. Priester, der ebenso kluge wie vorausschauende Analytiker, damals vermerkt. Nach 1945 lautete die heimliche, allgemein geteilte wirtschaftspolitische Devise »Butter statt Kanonen«. Gut zehn Jahre später, als die Gründung der Bundeswehr ins Haus stand und der Staat die ersten Rüstungsaufträge vergab, wurde diese Devise offensichtlich erneut modifiziert: »Butter und ein paar Kanonen«, hieß es jetzt.

In der Wirtschaft kündigten sich, noch fast unmerklich, die ersten Krisensymptome an. In den Erfolgsfanfaren klangen 1955/56 unvermutet erste Molltöne an. Der Bundeshaushalt, der 1950 rund 21 Milliarden D-Mark betragen hatte, war jedes Jahr kontinuierlich gewachsen. 1955 schlugen zusätzlich die Kosten für die Bundeswehr kräftig zu Buche. Der Haushalt für 1957 bewegte sich schon bei 35 Milliarden D-Mark. Vor allem der Anteil der Sozialleistungen stieg unaufhörlich an: 1950 lag er noch bei rund 36, 1956 bereits bei 42 Prozent. Die rapide Expansion der Staatsausgaben bereitete dem Bundesfinanzminister, Fritz Schäffer, Kopfzerbrechen. Seine wohldurchdachte antizyklische Finanzplanung – Sparen in den fetten Jahren, um in mageren Reserven zu haben – geriet ins Wanken. Zwar verfügte er noch über Rücklagen aus den jüngsten Budgetüberschüssen, die in historischer Anspielung als »Juliusturm« bezeichnet wurden: nach dem Turm der Spandauer Zitadelle, in dem das Deutsche Reich 1871, nach dem gewonnenen Deutsch-Französischen Krieg, einen Teil der französischen Reparationen als »Kriegsschatz« eingelagert hatte.

Ludwig Erhard vertrat die Meinung, daß weder die Finanzkraft noch die Verpflichtungen des Staates unerschöpflich seien. Die Sozialleistungen, lediglich als Absicherung für den Notfall gedacht, dürften keinesfalls ins Unendliche steigen: »Die Entwicklung zum Versorgungsstaat«, so hatte er Ende Mai 1955 an Konrad Adenauer geschrieben, werde »nicht unwesentlich auch durch den deutschen Hang zu übersteigertem Ordnungsdenken, zum Gesetzesperfektionismus und das darauf beruhende Vordringen des Staates in immer weitere private, kulturelle und wirtschaftliche Bereiche gefördert«.[155] Prophetische Worte. Der Bundeskanzler war mit Erhard einer Meinung, zumindest was die Rhetorik anging. Auch ihm, so bekannte er, sei der augenfällige Trend zum »Versorgungsstaat« suspekt. In der Tagespolitik jedoch ließ sich Adenauer durch diese Erkenntnis nicht weiter beunruhigen. Der Zeitpunkt für Sparmaßnahmen war nicht besonders günstig: Mitte September 1957 standen wieder Bundestagswahlen ins Haus. Der 81jährige Konrad Adenauer, weit davon entfernt, sich aufs Altenteil zurückzuziehen, dachte an die üppigen Geschenke aus Steuermitteln, die er unters Wahlvolk bringen wollte. Seit 1956 existierte im Parlament ein Fraktionsausschuß der CDU/CSU, der für die Bemessung und Verteilung dieser Gaben zuständig war und als »Kuchenausschuß« in die Annalen einging. Was die Teilnehmer nicht bedachten: Ihre auf Dauerwirkung veranschlagten Ausgabenbeschlüsse wurden zu einem Großteil aus Mitteln finanziert, die nur einmalig zur Verfügung standen.

Adenauer scheute auch nicht davor zurück, seinen Fachministern, voran Ludwig Erhard, schnöde in den Rücken zu fallen, wenn es ihm opportun erschien. Mit den finanzgewaltigen Herren von der Industrie, vertreten durch Fritz Berg, dem obendrein der Ruf des einflußreichen Wirtschaftsberaters des Kanzlers vorauseilte, mochte er es sich auf keinen Fall verderben, schon gar nicht vor den Wahlen.

Mitte 1956 hätte es Berg um ein Haar geschafft, seinen alten Widersacher Erhard vom Sockel zu stoßen. Am 23. Mai, auf der Mitgliederversammlung des BDI im großen Saal des Kölner Gürzenich, zog Berg wie gewöhnlich gegen die Politik des nicht geladenen Wirtschaftsministers vom Leder. Vor allem aber lehnte er die Diskonterhöhung und die Zollsenkung, Maßnahmen, mit denen Erhard eine konjunkturelle Überhitzung vermeiden wollte, vehement ab. Konrad Adenauer, der als Redner gar nicht vorgesehen war, stieg unvermittelt aufs Podium und stieß in dasselbe

Horn. Das Publikum erstarrte. Jeder wußte, daß Wirtschaftspolitik nicht seine starke Seite war. Aber die Heftigkeit und die wenig stichhaltigen Argumente, mit denen er Erhard abkanzelte, überraschten alle. Der deutschen Konjunktur, so wetterte Adenauer, sei »ein schwerer Schlag versetzt worden«, der die kleinen Leute wie ein Fallbeil treffen werde. Dabei betraf die Diskonterhöhung nur die Industrie, die Arbeitnehmer tangierte sie überhaupt nicht. Unter dem Applaus seiner Zuhörer bekundete der Kanzler, daß er nicht gesonnen sei, sich ein derartiges Handeln über seinen Kopf hinweg länger gefallen zu lassen. Eine Sternstunde für Fritz Berg.

Anderntags im Kabinett versuchte Adenauer Erhard mit brutaler Offenheit zu entwaffnen, indem er auf die zu erwartenden Wahlkampfkosten hinwies: »Wer soll denn dat Jeld jeben, wenn es die Industrie nicht tut? Können Sie es etwa bezahlen, Herr Erhard?«[156] Aber er hatte Erhard unterschätzt. Auf Druck der Unionsfraktion mußte der Kanzler in der nächsten Kabinettssitzung zurückrudern. Erhard konnte sich am Ende durchsetzen, im Juni 1956 wurde sein Programm einschließlich der Zollsenkungen beschlossen. Der Kanzler, der Erhard für einen Wahlsieg mindestens ebenso dringend brauchte wie die Spenden der Industrie, versuchte sich damit herauszureden, daß die Akustik im neuen Gürzenich »miserabel« gewesen sei. Er habe die fragliche Rede des Herrn Berg von seinem Platz aus kaum verstehen können. Seitdem wuchsen die Bäume des immer selbstherrlicher werdenden BDI-Präsidenten nicht mehr in den Himmel.

Am 4. Februar 1957 feierte der Bundeswirtschaftsminister seinen sechzigsten Geburtstag. Der Jubilar stand im Zenit seines Ansehens. Weit und breit gab es keinen Minister, der größere Erfolge und ein höheres Prestige vorweisen konnte. Der stämmige Franke mit seiner offensichtlich nie erkaltenden Zigarre galt als personifiziertes »Wirtschaftswunder« – als größter aller Wundertäter. Im Wahlkampf war Erhards unverwechselbares Konterfei praktisch allgegenwärtig.

Hinter den Kulissen sah es anders aus. Das Kartellgesetz,

das der Bundestag am 4. Juli des Jahres verabschiedete, war zum Papiertiger geschrumpft. Die von Kanzler Adenauer geplante massive Rentenerhöhung mißbilligte Erhard ebenso ausdauernd wie vergeblich. Auch der europäischen Integration konnte er wenig abgewinnen. Die Verträge, die von den sechs europäischen Außenministern am 25. März 1957 in Rom unterzeichnet wurden, sahen die Bildung eines Gemeinsamen Marktes vor, unter dem Dach der Europäischen Wirtschaftsgemeinschaft. Erhard konnte dem ganzen Projekt, hinter dem er dirigistische Eingriffe in das freie Spiel der Märkte witterte und die damit verbundene Bürokratisierung fürchtete, nur mit heftigen Bauchschmerzen zustimmen. Letztlich beugte er sich aber dem vornehmlich politisch argumentierenden Bundeskanzler, für den allein der »europäische Gedanke« und der Prestigegewinn der Bundesrepublik zählten. Die reine Lehre der Marktwirtschaft hatte demgegenüber zurückzutreten. Erhard war übrigens nicht der einzige, der die Linie des Kanzlers mißbilligte. Friedrich Flick, den Adenauer in Wirtschaftsfragen häufig konsultierte, beantwortete die Frage, was er denn von der EWG halte, ohne Umschweife: »Davon halte ich gar nichts, Herr Bundeskanzler. Gewinne kann man teilen, Verluste nicht.«[157]

Die schwerste Niederlage aber mußte der Wirtschaftsminister keine drei Wochen nach seinem runden Geburtstag einstecken. Am 23. Februar 1957 wurde das neue Rentenreformgesetz verkündet. Erhard, so analysiert mit Alfred C. Mierzejewski sein neuester Biograph, war es »nicht gelungen, die Rentenreform aufzuhalten oder wesentlich abzuändern, die eine Explosion der Staatsausgaben auslöste, die noch jahrzehntelang anhalten sollte. Die Verabschiedung dieses Gesetzes«, so schreibt er weiter, könne »mit gutem Grund als das Ende der sozialen Marktwirtschaft angesehen werden. Es markierte eine entscheidende Abkehr der Politik weg vom Markt und hin zur Schaffung des Wohlfahrtsstaates.«[158]

Die Crux des Gesetzes, das im wesentlichen mit den Stimmen der CDU/CSU und der SPD gegen die FDP verabschiedet worden war, lag in der Dynamisierung der Renten, sprich in ihrer

Anbindung an das Bruttoeinkommen der Beitragszahler. Die Renten stiegen fortan im Gleichschritt mit den Löhnen. Rückwirkend zum 1. Januar 1957 wurde das Gesetz wirksam, ab Mai durften sich die Rentner über die fälligen Erhöhungen und Nachzahlungen freuen. Die Renten selbst stiegen um durchschnittlich 65 Prozent in der Arbeiter- und fast 72 Prozent in der Angestelltenversicherung. Das Prinzip der Dynamisierung machte in allen Bereichen des Versicherungsrechts Schule. Vor diesem Hintergrund relativierte sich der CDU/CSU-Wahlslogan »Keine Experimente«, ohne jedoch an Zugkraft einzubüßen.

Adenauer hatte richtig kalkuliert, was die unmittelbaren Auswirkungen seiner Rentenreform anging. Am Wahlsonntag, dem 15. September 1957, fiel es den meisten Wählern zu schwer, ihr Kreuz nicht bei der CDU/CSU zu machen. Zum ersten und bisher einzigen Mal in ihrer Geschichte gewann die Union die absolute Mehrheit. Mit ihrem 81jährigen Spitzenkandidaten, der sich ungerührt für eine weitere Legislaturperiode bereit hielt, kam sie auf sage und schreibe 50,2 Prozent der Stimmen. Konrad Adenauer stand auf dem Gipfel seiner Macht. Das Jahr 1957 sollte auch für ihn zum »Äquatorjahr« werden. Die SPD hingegen konnte mit 31,8 Prozent nur mit knapper Not dem gefürchteten »30 Prozent-Turm« entrinnen, für die FDP blieben gerade noch 7,7 Prozent.

Der Kanzler sah seinen Triumph als Selbstverständlichkeit an. Als der Patriarch am 29. Oktober 1957, zwei Wochen nach seinem Wahltriumph, vor den dritten Deutschen Bundestag trat, verlieh er seiner festen Überzeugung Ausdruck, daß »es den deutschen Arbeitern noch niemals so gut gegangen [sei] wie jetzt«. Daher wünschten sie »keine Störung der wirtschaftlichen Lage«. In der Tat hatte es nie zuvor in der deutschen Geschichte einen auch nur annähernd vergleichbaren Wohlstand gegeben. Nie vorher waren die Deutschen so schnell wohlhabend geworden. Und nie waren die Regierten mit den Regierenden zufriedener als in diesem Herbst des Jahres 1957. Was konnte danach noch kommen? Konrad Adenauer, dessen biographische Wurzeln bis tief ins 19. Jahrhundert zurückreichten, hielt es jedenfalls Ende Oktober 1957 für angebracht, seine Wählerschaft auf Grenzen hinzuweisen. »Der Sinn und die Erfüllung des Lebens«, sagte er, »liegen nicht im übersteigerten Lebensstandard und übertriebenen Luxus, nicht in Hast und Jagd nach Geld und materiellem Genuß.«[159]

Das Jahr 1957 hatte es in sich, und zwar innen- wie außenpolitisch. Die Bundesrepublik erlebte eine Hochzeit der Ordnungspolitik. Eine regelrechte Gesetzesflut zur Regulierung der Wirtschafts- und Sozialordnung passierte den Bundestag, vom Gesetz gegen Wettbewerbsbeschränkung über das Bundesbankgesetz und die Landwirtschaftsgesetzgebung bis hin zum Gesetz über die Gleichberechtigung von Mann und Frau, das endlich den entsprechenden Passus des Grundgesetzes im bürgerlichen Recht verankerte.

Im »Ordnungsjahr« 1957 nahm ein Projekt Gestalt an, das Hermann Josef Abs seit seiner Internierung 1945/46 mit Geschick, Geduld und großer Beharrlichkeit vorangetrieben hatte: die Wiedererrichtung der Deutschen Bank. Ihre Zentrale schlug die größte westdeutsche Geschäftsbank in Frankfurt am Main auf – die Adresse in der alten Reichshauptstadt, in der Mauerstraße südlich der »Linden«, war anderweitig vergeben: Sie lag jetzt in Ost-Berlin, der Hauptstadt der DDR. In der Auferstehung »seiner« Deutschen Bank erblickte der Bankier eine wohltuende Bestätigung seiner Lebensmaxime. Für ihn stehe »das Bedürfnis, Dinge, die der Ordnung bedürfen, in Ordnung zu halten oder zu bringen«, an erster Stelle, gestand er in einem Fernsehinterview.[160] Niemand hegte irgendeinen Zweifel daran, daß allein Abs, mit fünfundfünfzig im Vollbesitz seiner Kräfte, für den Posten des Vorstandssprechers in Frage kam. Für Abs, der 1936 in den Vorstand des Instituts eingetreten war, schloß sich ein Kreis. Was seinen Aufgabenbereich anging, so machte er genau da weiter, wo er im Frühjahr 1945 notgedrungen hatte aufhören müssen: Er verantwortete die Auslandsgeschäfte des Hauses. Sein Arbeitspensum war immens. Die Deutsche Bank erkämpfte sich unter seiner Regie Schritt für Schritt einen herausragenden Platz auf dem weltweiten Anleihemarkt. Abs' Biograph Lothar Gall kommt zu dem Schluß, daß durch diese Erfolge die Deutsche Bank das »aktivste Emissionshaus auf den internationalen Märkten« wurde. Sie besaß einen erheblichen Anteil sowohl »am raschen Aufstieg der Bundesrepublik zum bedeutendsten europäischen Auslandskapitalmarkt« als auch am »dramatisch schnellen Aufstieg der Bundesrepublik unter die führenden Wirtschaftsnationen der Welt«.[161]

Bei allen Erfolgen und Höhenflügen – das Jahr 1957 machte unmißverständlich klar, daß der »Wachstumspfad«, von dem die Wirtschaftshistoriker mit Vorliebe sprechen, nicht für immer und ewig steil nach oben führen würde. Überhaupt mußte man kein Wirtschaftswissenschaftler sein, sondern brauchte nur im Bilde zu bleiben, um zu wissen, daß nach dem Erreichen des Gipfels in aller Regel der Abstieg beginnt.

Alle waren obenauf, auch die Bergassessoren. Es war noch der alte Schlag, der zehn Jahre nach Kriegsende im Revier den Ton angab. Die nächste Generation hatte sich zu gedulden, demütig auf ihre Stunde zu warten und sich dem Führungsanspruch der Alten zu beugen.

Die Montanbosse sahen sich in ihrer traditionellen Macht bestätigt, als in den Wirtschaftswunderjahren die Förderkapazitäten über den Vorkriegsstand hinausschossen. Ihre Welt war wieder in Ordnung, die alte schwerindustrielle Struktur hatte sich reproduziert, die alten Privilegien eingeschlossen. Die Bergwerksdirektoren hatten frei Wohnen, frei Licht, frei Brand, frei Gärtner und frei Auto – alles ging auf Firmenkosten. Für normale Sterbliche waren sie fast gottunmittelbar. Auf jeden von ihnen paßten die Zeilen, die den Nachruf auf einen Bergassessor zierten: »ein Mann aus einem Guß«, hieß es da, der immer »fest auf dem Boden der Erfahrung und der Überlieferung stand und den Blick stets auf das Wesen aller Erscheinungen gerichtet hielt«.

Fast achtzig Prozent der Beschäftigten im Revier arbeiteten entweder in der Kohle oder im Stahl, in der Grube oder in der Hütte. Die bekannten Kohlevorräte des Ruhrgebiets betru-

gen nach Schätzungen der 1950er Jahre über 65 Millionen Tonnen – mehr als dreimal soviel wie die Reserven aller übrigen Kohlengruben Westeuropas. Im Vergleich mit der Konkurrenz stand das Ruhrgebiet einzigartig gut da. Kosten und Preise waren in den Fünfzigern bei allen Sorten Kohle, Koks und Briketts die günstigsten.

Revierfremde Industrien und artfremde Unternehmer ohne Stallgeruch wurden konsequent abgeblockt. Die Ruhrbarone wollten unter sich bleiben. Ihre Vorfahren hatten zu Kaisers Zeiten sogar durchgesetzt, daß im Ruhrgebiet weder Kasernen noch Universitäten gebaut wurden: Waffen in den Händen von aufrührerischen Bergarbeitern, die ihre renitenten Söhne obendrein noch zum Studieren schickten: was für eine Schreckensvorstellung! Die AEG, Daimler, Ford – fast alle hatten im Laufe der Jahre irgendwann angeklopft und versucht, sich an der Ruhr anzusiedeln. Allesamt waren sie gescheitert. Die berühmte Ausnahme von der Regel bildete Opel. Dem Autobauer gelang es 1962, sich in Bochum niederzulassen.

Eine Krise hielt Mitte der Fünfziger im Revier niemand für möglich, auch die Kumpel nicht. Sie hatten einen festen Arbeitsplatz, eine preiswerte Wohnung, billige Energie, eine erstklassige Ausbildung, verdienten Spitzenlöhne –»Kumpellohn ist Spitzenlohn«. Sozial waren sie besser abgesichert als jeder andere Arbeitnehmer. Eine »Störung der wirtschaftlichen Lage« konnte sich niemand vorstellen.

Es gab allerdings Signale, die verrieten, daß die Bergassessoren nicht nur in einer Welt von gestern, sondern auch in den Erfolgen der Vergangenheit lebten. Nur wenige waren so smart wie Dietrich Spethmann, der die in den 1950er Jahren weltweit herrschende Energieknappheit für ein Übergangsphänomen hielt. »Also ging ich 1955 in den Stahl«, sagte er später. Für wache Zeitgenossen war die Strukturkrise in der Schwerindustrie längst erkennbar. Über den Grubenrand hinauszublicken, fiel den hohen Herren dagegen schwer.

In der Nacht zum 1. Oktober 1957 setzten sie die Preise drastisch herauf. Daß das Heizöl einen immer größeren Marktanteil eroberte, ignorierten sie und fühlten sich dabei sicherer denn je. Obwohl sie schon seit der Preisfreigabe am 1. April kräftig verdient hatten, wollten sie sich jetzt als Marktwirtschaftler zeigen und ordentlich zulangen. Mit gewohnter Selbstherrlichkeit hatten sie die Preiserhöhungen – um 4,70 D-Mark für die Tonne Kohle und um 6,20 D-Mark für die Tonne Koks – einen Tag nach der von der CDU/CSU mit absoluter Mehrheit gewonnenen Bundestagswahl – angekündigt. Auf Erhard, der den Wahlkampf mit dem Versprechen geführt hatte, mit seiner Person die Stabilität der Wirtschaft und der Preise zu garantieren, mußte das Verhalten der Ruhrbarone wie eine Kriegserklärung wirken.

Er war fest entschlossen, den Fehdehandschuh aufzunehmen: Er könne nur hoffen, so der Wirtschaftsminister, daß sich die »maßgebenden Persönlichkeiten der deutschen Ruhrkohle« bei ihrer Entscheidung der Tragweite ihrer Verantwortung bewußt gewesen seien. Am 1. Oktober 1957 machte er einen Blitzbesuch ins Essener »Ruhrkohlehaus«, um die dort versammelten Zechenvorstände in letzter Minute umzustimmen. Er traf auf eine feindselige Runde, die sich verschworen hatte, dem Minister keinen Zentimeter nachzugeben. Erhards Vorwurf, sie hätten die Bundesregierung instinktlos hintergangen und vor der Öffentlichkeit bloßgestellt, nahmen die Anwesenden völlig unbeeindruckt zur Kenntnis.

Auch der Bergassessor a. D. Heinrich Kost saß mit am Tisch. Auf die Nelke im Knopfloch, sein traditionelles Erkennungszeichen, hatte er diesmal verzichtet. Dafür war der große alte Mann der Kohle, inzwischen siebenundsechzig Jahre alt, mit Würden und Ehrenämtern bestens ausgestattet: Präsident der Wirtschaftsvereinigung Bergbau e.V., Vizepräsident des Bundesverbandes der Deutschen Industrie, ehemaliger Generaldirektor der Deutschen Kohlenbergbauleitung (DKBL) und Ehrenvorsitzender des Unternehmensverbandes Ruhrbergbau.

Hochdekoriert, aber nicht mehr auf der Höhe der Zeit. Kost mahnte die Zechenherren zur Disziplin, wie es sich für das Rheinisch-westfälische Kohlesyndikat seit jeher gezieme. Danach beschied Kost den Minister, daß er sich keinerlei Sorgen machen müsse: »Was unsere Leute im Hausbrand mehr zu zahlen haben, wird dadurch ausgeglichen, daß sie in diesem Winter die Kartoffeln entsprechend billiger bekommen.«[162]

Ludwig Erhard konnte kaum fassen, was ihm an diesem Abend an Uneinsichtigkeit und plumper Anmaßung zugemutet wurde: »Wir reden wirklich an dem Problem vorbei. Es ist ein politisches Problem [...] Ich bedaure es außerordentlich, daß diese politischen Momente, die von so schwerwiegender Bedeutung sind, [...] von ihnen in den Wind gefegt werden und sie nur von der Ertragslage sprechen.«

Mehrmals machte der Vorsitzende Anstalten, die Diskussion abzubrechen: »Herr Minister, der Bergbau kommt zu einem anderen Entschluß. Ich glaube, es hat dann auch keinen Sinn, daß wir diese Besprechung weiter fortsetzen.« Aber Erhard ließ sich nicht beirren: »Darf ich fragen, ob hier gar kein Herr anwesend ist, der Verständnis für die Regierung aufbringt?« Die Anwesenden riefen ironisch: »Alle!« Darauf der Minister: »Und auch die von mir gewünschte Konsequenz zu ziehen bereit ist?« Der Vorsitzende erwiderte: »Nein, das nicht!«[163]

Die denkwürdige Sitzung endete nach mehreren Stunden mit dem emotionalen Aus zwischen den Bergwerksdirektoren und der Bundesregierung. Der Bundeswirtschaftsminister mußte unverrichteterdinge abreisen, und am nächsten Tag wurden die Kohlenpreise wie angekündigt heraufgesetzt. Es sollte das letzte Erfolgserlebnis der Ruhrbarone gewesen sein.

Die große Kohlekrise brach Ende 1957 aus. Der Siegeszug des Erdöls, das als preisgünstiger Energieträger der Zukunft galt, war nicht mehr aufzuhalten. 1956 war die Ölversorgung Europas noch durch den Suezkonflikt behindert worden, in dem sich Frankreich und Großbritannien zu einem absurden Kolonialabenteuer mit Ägypten hatten hinreißen lassen. Zwischen 1957 und 1963 stiegen die deutschen Ölimporte sprunghaft von 10 auf 47 Millionen Tonnen im Jahr an.

Die Bergassessoren an Rhein und Ruhr blieben auf ihrer eben erst verteuerten Kohle sitzen. Am 22. Februar 1958 fuhren die insgesamt 16 000 Bergarbeiter der Essener Zechen Katharina und

Theodor Heinrich, Dahlhauser Tiefbau in Bochum, Rosenblumendelle/Wiesche in Mülheim und Alter Hellweg in Unna die erste Feierschicht: ein Schlüsseldatum in der Geschichte des Ruhrbergbaus.[164] Nachfrage und Absatz stockten, die Kohle türmte sich zu Halden. Die Zechenherren waren ratlos, zumal ihre alten Reflexe – sich zu Kartellen zusammenzuschließen und nach staatlichen Subventionen zu rufen – nicht mehr die gewohnte Wirkung zeigten. »Hinter der Hacke ist es duster«, lautete eine ihrer stehenden Redensarten, die nun plötzlich eine ganz unerwartete Aktualität gewann.

Der Bundeswirtschaftsminister, der seine Abfuhr vom letzten Herbst noch in frischer Erinnerung hatte, dachte nicht daran, seinen engstirnigen Widersachern aus der Patsche zu helfen. Widerwillig ließ er sich dazu bewegen, die in den Mangeljahren vereinbarten Kohleimporte zu beschränken, vor allem aus den Vereinigten Staaten. Dort wurde die Kohle seit jeher zu niedrigen Preisen als an der Ruhr aus der Erde geholt. Ansonsten war Erhard dafür, der Logik der Marktwirtschaft freien Lauf zu lassen und dem sich anbahnenden technologischen Wandel nicht in den Arm zu fallen.

Die deutsche Stahlindustrie, der traditionelle Verbündete des Kohlenbergbaus, hielt sich dieses Mal ebenfalls bedeckt. Die Ölschwemme kam den Stahlindustriellen gerade recht: In der Röhrenherstellung für die neuen Pipelines erkannten sie ein lukratives Geschäft. Die traditionelle Symbiose zwischen Kohle und Stahl verlor ihre Geschäftsgrundlage. Noch ein anderer alter Großabnehmer kam der Ruhrkohle abhanden: Die deutsche Chemie vollzog den epochalen Übergang zur Petrochemie, das Zeitalter der Kunststoffe begann. Zu Beginn der 1950er Jahre wurden lediglich 15 Prozent aller organischen Chemikalien aus Öl hergestellt; als das Jahrzehnt zu Ende ging, waren es rund fünfzig Prozent. 1957 lief die letzte Dampflokserie für die Bundesbahn aus, seither wurden bei Krupp die gemeinsam mit Henschel und Krauss-Maffei konstruierten Elektrolokomotiven gebaut.

Die Kohleindustrie im Revier, kommentierte mit Werner Abelshauser einer der besten Kenner des Ruhrgebiets, »hatte im

Wachsende Kohlenhalde , 1969.

Augenblick der Stärke die goldenen Ketten staatlicher Inkorporierung gesprengt und mußte nun die Krisen des Bergbaus auf sich allein gestellt durchstehen«.[165] Dem nun einsetzenden Prozeß der Konzentration und Rationalisierung, der zur Gründung der Ruhrkohle AG im Jahre 1969 führte, war die ältere Generation der Bergwerksdirektoren nicht mehr gewachsen. Der rapide Bedeutungsverlust ihrer Kohle von einem Gut äußerster Knappheit, von dem sie annahmen, daß es ein dauerhafter Engpaß in der Energieversorgung bleiben würde, zu einem Überflußprodukt – das sprengte ihre Vorstellungskraft. Sie lebten in einer Boomindustrie und hatten offenbar vergessen, daß es auch wieder abwärts gehen konnte.»Verpaßtes Risikomanagement« würde man das heute nennen.

Die Zechen des Ruhrgebiets starben langsam, ihr Ableben währte Jahrzehnte. Die Leidtragenden waren die Bergleute, die sich an unbezahlte Feierschichten gewöhnen mußten. Die ersten Entlassungswellen begannen Ende 1958. Aus der traditionellen Arbeiterelite, den stolzen Lohnführern der Industrie wurden teuer subventionierte Sorgenkinder. Die Kumpel wehrten sich nach Kräften.»Wenn die Ruhr brennt, dann reicht das Wasser des Rheins nicht aus, um sie zu löschen.« So hieß eine der Parolen, mit denen sie nach Bonn zogen, um sich für den Erhalt ihrer Arbeitsplätze stark zu machen und die Öffentlichkeit zu beeindrucken. Den Niedergang der Kohle konnten sie allenfalls verzögern, aufzuhalten war er nicht. Ihren Höhepunkt erreichten die Proteste im Mai 1967, als die Zeche»Concordia« in Oberhausen geschlossen wurde, obwohl sie noch über ausreichend Kohlevorräte verfügte. Der Historiker Klaus Tenfelde, der selbst Bergmann war, ehe er sich der akademischen Laufbahn verschrieb, kennt den Grund:»Das Gebot der Nachhaltigkeit gehört zu den Prinzipien des Bergmannes. Solange der Bergbau staatlich war, galt es als zwingendes Gebot, daß der Berg nicht aufgelassen wurde, bevor das Flöz nicht vollkommen abgebaut war. Mit der Bergbaukrise ist dieser Grundsatz gröblich vernachlässigt worden. Früher baute man Flöze auch dann noch ab, wenn sie nur vierzig Zentimeter Mächtigkeit hatten. Bei vierzig Zentimeter, da muß der Bergmann liegen. Wenn man entscheidet, daß nur noch das genommen wird, was maschinell abbaufähig ist, dann ändern sich natürlich auch die Preise«[166] – eine betriebswirtschaftliche Abwärtsspirale, die sich nicht mehr aufhalten ließ. Von den 77 Kohlenbergwerken, die allein die Stadt Essen nach dem Krieg hatte, überlebte kein einziges.

Es ist und bleibt schwer erklärbar, warum ausgerechnet die untereinander eng vernetzten Kohlemagnaten, die sonst das Gras wachsen hörten, die Zeichen der Zeit nicht erkannt und die Absatzkrise nicht vorhergesehen hatten. Kritiker sprachen von Borniertheit. Aber selbst wenn sie den epochalen Wandel erahnt hätten: Was in aller Welt hätten sie tun sollen? Ihren »Bergassessor a. D.« nahmen sie übrigens mit ins Grab. Das Oberbergamt in München war eine der letzten Institutionen, das den illustren Titel noch an seine Absolventen verlieh. Schon bald durften sich die Eleven der Zunft nur noch als »Assessor des Bergfachs« bezeichnen. Kein Zechenherr hätte sich in den fünfziger Jahren vorstellen können, daß mit Karl-Heinz Bund der Chef der Ruhrkohle AG einmal ein Doppeldiplom als Elektroingenieur und Betriebswirt auf seine Visitenkarte setzen würde.

Die Führungsgeneration, die nach den Bergassessoren kam und den Schrumpfungsprozeß in der Kohle organisieren mußte, führte nur noch ein Schattendasein. Nach der Stillegung ihrer Zechen wurden sie zumeist vorzeitig pensioniert und in der Regel wunderbar abgefunden. An Beratertätigkeiten und diversen Nebenjobs herrschte kein Mangel. Aber im Zenit der Schaffenskraft aus der Bahn geworfen zu werden, ist auch mit viel Geld kein Vergnügen. Sie spielten Golf, gingen weiter zur Jagd und kultivierten Lebensläufe, die niemanden mehr mit Neid erfüllten. Für manche Soziologen sank das Revier nach dem Niedergang der Kohle und der Schwerindustrie zur »elitefreien« Zone ab. Dafür gelang 1964 endlich, was seit den Zeiten Kaiser Wilhelms II., dem zufolge die Ruhrgebietsbewohner nicht zu intelligent und zu rebellisch werden sollten, immer und immer wieder fehlgeschlagen war: die Gründung der Ruhr-Universität in Bochum.

Der Ruhrpott, einst das stählerne Herz der deutschen Wirt-

schaft, entwickelte sich seit 1958 in raschem Tempo zu einer Frei-
zeitlandschaft, in der die alten Fördertürme als »Kathedralen der
Industriekultur« eine neue Daseinsberechtigung erhielten. Die
Ruhrkohle, auf die einst die Wirtschaft des Kontinents angewiesen war, hatte ausgedient, ihre ungewöhnlich gestalten- und
ereignisreiche Saga war zu Ende. Geblieben ist, von den Industriebrachen einmal abgesehen, nur der Mythos, die für Ruhrge-
bietspatrioten schmerzliche Erinnerung an die heroische Zeit –
und die seither stetig wachsende Belastung für den Steuerzahler,
die sich im Jahre 2004 auf 75 000 Euro pro Kumpel summieren
sollte.

Das Schwergewicht der deutschen Wirtschaft begann sich zu
verlagern, in geographischer wie in personeller Hinsicht. Neue
Männer, meist frei von den Traditionen, Ritualen und Ansprüchen der Altvorderen, gaben den Ton an, als das Wirtschaftswunder, vom Glanz der Gründerzeit befreit, zum alltäglichen Erlebnis
wurde.

In den Köpfen der Westdeutschen zeichnete sich ein grund-
legender Wandel ab, in dessen Verlauf sich nicht zuletzt ihre Einstellung zur Arbeitswelt gravierend veränderte: Aus Menschen,
die von weit unten kamen, buchstäblich nichts besaßen und unbedingt etwas erreichen wollten, wurden Bürger, die relativ weit
oben waren, relativ viel besaßen und künftig vor allem eines
wollten: das einmal Erreichte um jeden Preis behaupten. Das
Wort »Besitzstandswahrung« kam in Umlauf.

Die Krise der Kohle und die Bauchlandung der Bergassessoren
stießen auf durchaus geteilte Reaktionen. Eine Welle der Scha-
denfreude lief durch die Führungsetagen der Republik. Wer sich
als revierferner Unternehmer, ob nun in Bayern, in Hessen, im
schwäbischen »Ländle« oder anderswo, nach dem Krieg erfolgreich über Wasser gehalten hatte, der blickte auf seine eigenen,
zumeist leidvollen Erfahrungen mit den feinen »Herren aus dem
Westen« zurück, ohne die es am Anfang kein Überleben gab.

Der Energiehunger war in den ersten Nachkriegsjahren schwer
zu stillen: Strommasten fehlten, das Verkehrssystem war zusam-

mengebrochen, Materialien waren kontingentiert und nur auf Bezugsschein erhältlich. Es mangelte an allem. Wer Beziehungen hatte, mußte sie spielen lassen, um das Fehlende auf Umwegen zu beschaffen. Dafür mußte man im Ruhrgebiet die richtigen Leute kennen. Im Gedächtnis schwäbischer Unternehmer hat sich tief eingegraben, wie herablassend sie von den allgewaltigen Schlotbaronen in dieser schwierigen Phase behandelt wurden.

Helmut Eberspächer, Jahrgang 1915, der Nachkriegsgründer des gleichnamigen, inzwischen weltweit tätigen Herstellers von Abgasanlagen, Katalysatoren, Rußfiltern und Fahrzeugheizungen aus Esslingen am Neckar, erinnert sich jedenfalls noch genau seiner gemischten Gefühle, als er durch Vermittlung eines Freundes bis zu einem Vorstandsmitglied der Dortmund-Hörder-Hüttenunion vorgedrungen war und endlich hinter einer Tasse Kaffee Platz nehmen durfte:»Ich sehe heute noch das Backsteingebäude mit dem aufwachsenden Efeu vor mir. Das war ein feiner Herr, der mich da empfing, so wie man sich den Direktor einer Ruhrfirma vorstellte. Ich war ja quasi ein Bittsteller, der Stahl brauchte, und die hatten Stahl. Und gegen alle Bestimmungen konnte der mir eine Zuteilung geben.« Andernfalls, so Eberspächer, hätte er seine Pläne begraben müssen. Sein vornehmes Gegenüber, das blieb ihm im Gedächtnis haften, war der Hüttendirektor Franz Schily, der Vater des späteren Innenministers Otto Schily.

Wahrscheinlich mußte man wie Eberspächer ein Ritterkreuzträger der Luftwaffe, ein »Flieger-As« gewesen sein, um im Revier der späten 1940er Jahre sein Ziel derart punktgenau zu treffen. Wer als Nachtjäger in einer einsitzigen Focke-Wulf 190 den Krieg überlebt hatte, ließ sich nicht so einfach ins Bockshorn jagen. Aber selbst er hatte nicht immer das Glück, auf einen Gesprächspartner wie den alten Schily zu treffen. Daher fällt sein Kollektivurteil über die Kohlenpottgrößen vernichtend aus:»Die Kerle im Ruhrgebiet waren so selbstherrlich und so unerträglich, die gingen mir wirklich auf den Keks.«[167] Als die goldenen Jahre an der Ruhr zu Ende gingen, erregte das nur wenig Mitleid, vermutlich am wenigsten beim »gottesfürchtigen« Mittelstand in Württemberg.

Die zahlreichen eigenbrötlerischen »Blechlöffelesfabrikanten« und »Knöpflesmillionäre«, die genauso zum Aufschwung der Fünfziger gehörten wie die handverlesenen Spitzenkonzerne und Großbanken, hatten ihre eigenen Ansichten über den Reichtum an Rhein und Ruhr. Gegen das Geldverdienen als solches hatten sie natürlich nichts einzuwenden, ganz im Gegenteil, auch nicht gegen die Insignien des Reichtums und eine luxuriöse Lebensart: »Wenn Sie die schicken kleinen Häuschen der Schwaben in der Toskana oder auf Sardinien sehen mit den Ferraris in der Garage, dann wissen Sie, daß Bescheidenheit ihre Grenzen hat.«[168] Was sie an den Ruhrmagnaten störte, war etwas anderes. Das Fundament des dortigen Reichtums war in ihren Augen »geschenkt« – eine verschwenderische Mitgift der Natur, die nur ans Licht gehoben werden mußte. Sie selber konnten sich auf nicht viel mehr verlassen als auf ihr »Köpfchen« und auf die alten Tugenden des Pietismus: Fleiß, Sparsamkeit und die beherzte Hinwendung zur Tat. Zum festen Bestandteil des schwäbischen Weltwissens gehört die Überzeugung, daß Wohlstand nur vom »schaffe« kommen kann.

Beim zielstrebigen Aufbau seiner Firma ließ sich einer wie Eberspächer weder beirren noch aufhalten. Ursprünglich eine Glaswarenfabrik, hatte sie bis 1945 ihr größtes Werk in Leipzig gehabt, wo zweihundert Arbeiter ausschließlich für die Rüstungsproduktion schufteten und Zubehörteile für Flugzeugmotoren herstellten. Eberspächer spähte mit viel Phantasie und Geschick neue Marktnischen aus, wobei ihm der Autoboom gelegen kam. Mit seinen Abgasanlagen und Heizgeräten machte er sich schnell einen Namen und eroberte eine marktbeherrschende Stellung. Sein Einfallsreichtum war unerschöpflich. »Wenn es bei Ihnen im Auto warm wird, dann ist das von Eberspächer«, umschreibt der alte Herr seine Produktion.

Einer seiner besten Kunden in den 1950er Jahren war übrigens der Bremer Autobauer Carl F. W. Borgward, der in seiner Glanzzeit nach VW, Opel, Ford und Daimler-Benz auf Platz fünf in der Rangliste der deutschen Automobilindustrie rangierte. Eberspächer, noch mit neunzig Jahren eine kerzengerade, eindrucksvolle Erscheinung, wirkt wie ein idealtypischer Vertreter des schwäbischen Unternehmeradels. Kein Geringerer als der Schwabe Theodor Heuss, einer der Väter des Grundgesetzes und der erste Präsident der Bundesrepublik Deutschland, bereicherte das Stammesprofil dieses Schwabentums um die folgenden Tugenden: »Geschick und Geduld des Bastlertums, des zähen Herumprobierens, des nachdenklich den Dingen auf den Grund Gehens«, das sich mit dem »ausgreifenden Zug« einzelner Männer verbinde, »die ohne großen Kapitalhintergrund entschlossen waren, ihre Sache, an die sie glaubten, von deren Güte sie überzeugt waren, voranzubringen«.[169]

Mitten im kleinteiligen »Ländle« tauchte Ende der fünfziger Jahre eine echte Unternehmerpersönlichkeit auf, die weder zu den »Blechlöffelesfabrikanten« noch zu den »Knöpflesmillionären« paßte. Für deren bodenständige Verhältnisse wirkte sie zu groß, zu asketisch, zu preußisch, zu kategorisch, zu gravitätisch. Die Rede ist von Hans L. Merkle, dem »Heros von Bosch«. Merkle gehörte nicht mehr zur ersten Generation der Wundertäter. Seine große Zeit begann, als die Pioniere des Wiederaufbaus allmählich in die Jahre kamen.

Da Merkle nichts dem Zufall überließ, hatte er den Lebenslauf, der bei seiner eigenen Beerdigung im September 2000 verlesen werden sollte, eigenhändig verfaßt. Merkle, so hieß es darin, »wurde am 1. Januar 1913 als Sohn des Buchdruckereibesitzers und Verlegers Emil Friedrich Merkle und seiner Ehefrau Zeline geborene Kilgus in Pforzheim (im damaligen Großherzogtum Baden) geboren. Den frühen Tod seiner Mutter im Jahr 1921 überwand er lange nicht.«[170]

Als er 1931 mit dem Abitur in der Tasche aus der Schule entlassen wurde, gab es in Deutschland so viele Arbeitslose wie heute, nämlich über fünf Millionen. Merkle gehörte dazu. Das Familienvermögen war in der Inflation untergegangen, ein Stipendium nirgends aufzutreiben. Von einem regulären Studium konnte keine Rede sein, nur von »Studien ohne Abschluß«. Blieb nur die kaufmännische Lehre in der väterlichen Druckerei. Das machte ihm lange zu schaffen, aber 1945 hielt er diesen Makel für »belanglos«. Er wurde Kaufmann. Über Merkles Rolle während des »Dritten Reiches« wurde bisweilen gerätselt. Seiner betont geraden, leicht steifen Haltung wegen hielten ihn manche für einen ehemaligen Generalstabsoffizier – ein Mißverständnis, das Merkle offenbar als schmeichelhaft empfand. Zumindest tat er nichts, um es aus der Welt zu schaffen. In Wirklichkeit hatte er seit 1940, noch keine dreißig Jahre alt, als Geschäftsführer, später Hauptgeschäftsführer, der Reichsvereinigung Textilveredelung im Reichswirtschaftsministerium gearbeitet: eine Art Kartell, das die Rohstoffversorgung der Textilindustrie sichern sollte.

Merkle war nicht der einzige, der sich damals im Dickicht der Verbände über Wasser hielt. Theodor Eschenburg, der spätere Tübinger Staatsrechtler, fand Zuflucht in der Kurzwarenbranche. Als Geschäftsführer eines Kartells von Verbänden der Kleinindustrie widmete er sich Knöpfen, Reißverschlüssen, Zelluloid und Taschenlampenbatterien. Merkle fühlte sich zeitlebens mitverantwortlich für die Verbrechen der Nazis. Als er Mitte der 1970er Jahre Henry Kissinger vorgestellt wurde, der Beginn einer lebenslangen Freundschaft, verblüffte er Nixons Außenminister mit den Worten: »Sie sollten wissen, daß ich in leitender Position in einer militärischen Dienststelle in Berlin tätig gewesen bin. Ich mochte die Nazis zwar nicht, jedoch diente ich meinem Land in Kriegszeiten. Wenn Sie damit ein Problem haben, dann sollten Sie den Umgang mit mir meiden.«[171]

Nach dem Krieg, mit zweiunddreißig Jahren, trat Merkle in die Reutlinger Textilfirma Ulrich Gminder ein und arbeitete sich dort bis zum Vorstand empor. »Beim Bosch«, wie das weltbekannte Elektrounternehmen lapidar genannt wurde, das sich aus der 1886 von Robert Bosch gegründeten elektrotechnisch-feinmechanischen Werkstatt entwickelt hatte, führte unterdessen Hans Walz das Regiment. Der Stuttgarter Lehrersohn hatte 1913 als persönlicher Privatsekretär beim alten Bosch angefangen. Der Firmengründer galt damals schon als Pionier im Bau elektrischer Spezialausrüstungen. Er war der Erfinder der Zündkerze: 1902 hatte er die Hochspannungs-Magnetzündung für Kraftfahrzeugmotoren, den sogenannten Bosch-Zünder, auf den Markt gebracht und damit für einen technologischen Quantensprung gesorgt. Ohne die Schrittmacherrolle Boschs wäre der Aufstieg der deutschen Automobilindustrie gar nicht vorstellbar gewesen.

Nach Boschs Tod, der Seniorchef starb 1942 im Alter von achtzig Jahren, nahm sein alter Vertrauter Walz die Zügel für zwei Jahrzehnte in die Hand. In der Nazidiktatur war Walz der Kopf des »Bosch-Kreises« und einer der Hauptfinanziers von Carl Goerdeler, der seit 1937 als Lobbyist für Bosch wirkte. Darüber hinaus war er – obwohl SS-Mitglied – in den Aufstand vom 20. Juli verwickelt. Sein Ausschlußverfahren aus der SS wurde »bis nach dem Endsieg« zurückgestellt.

Als Walz auf die achtzig zuging, mußte er lange suchen, ehe er einen geeigneten Nachfolger für sich und für die Fortsetzung des Lebenswerks von Robert Bosch fand. Der Kandidat sollte nicht nur den berühmten »Bosch-Geist« verkörpern. Entscheidend war, daß er das »Unternehmerhändchen« hatte, das die Schwaben sich selber so gerne attestieren. Es war kein anderer als Hermann Josef Abs, der in dieser Personalie den entscheidenden Fingerzeig gab. Abs und Merkle kannten und schätzten einander, was auch damit zu tun hatte, daß beide nach dem Abitur ihre Karriere nicht mit einem akademischen Studium, sondern, ungeachtet ihrer geistigen und musischen Interessen, mit einer grundsoliden kaufmännischen Lehre begonnen hatten.

Im Herbst 1957 erfuhren die »Boschler« vom Neuzugang in der Chefetage durch eine karge Hausmitteilung: »Am 1. Oktober dieses Jahres wird Herr Hans L. Merkle, Vorstandsmitglied der Ulrich Gminder AG in Reutlingen, als stellvertretender Geschäftsführer in unsere Firma eintreten und sich in das Gebiet der Finanzhauptabteilung einarbeiten.«[172]

Als Finanzchef machte Merkle seine Sache so gut, daß die Firmenleitung wie von selbst auf ihn zulief. Er hatte nicht nur das kaufmännische Zahlenwerk sicher im Griff, sondern eignete sich auch den nötigen technischen Sachverstand an, durch eine Art Osmose, wenn man es so nennen will. Er legte größten Wert auf

Forschung und Entwicklung. Mit der Unvoreingenommenheit des visionären Außenseiters erkannte der Nichttechniker Merkle als einer der ersten die zukunftsweisende Bedeutung, die der Elektronik in der Automobilbranche zukommen würde. Schon 1958 begann man bei Bosch, das erste Halbleiterelement für die Kraftfahrzeugelektronik in Serie zu fertigen. Weitere Innovationen folgten mit schöner Regelmäßigkeit, etwa das Antiblockiersystem oder die elektronische Steuerung von Kraftstoffeinspritzung und Zündung. Unter Merkles einundzwanzigjährigem Regiment wuchs der Konzern von einem Umsatzvolumen von zwei Milliarden D-Mark im Jahre 1964 auf rund 21 Milliarden 1985. Zur Jahrtausendwende wurde ein Volumen von 60 Milliarden erreicht.

Es waren nicht nur die visionäre Kraft und das unternehmerische Gespür, die Merkle zu einem würdigen Nachfolger von Robert Bosch machten. Hinzu kam der moralische Imperativ, der ihn antrieb und in späteren Jahren zum gesellschaftspolitischen Denker machte. Sein publizistisches Engagement war ungewöhnlich. Ob sich darin auch der ungestillte Ehrgeiz des verhinderten Akademikers ausdrückte?

Am 1. April 1963 übernahm Merkle von Walz den Vorsitz der Geschäftsführung bei Bosch. Wie kein anderer nach ihm prägte Merkle den typischen Stil des Hauses, der auf vornehmer Untertreibung, einem nachgerade hanseatisch anmutenden Understatement, beruht. Wer das beste Einspritzsystem der Welt in seiner Produktpalette hat, muß sich nicht auch noch öffentlich damit brüsten.

Marcus Bierich, der berufliche Weggefährte und spätere Nachfolger von Merkle, formulierte den »Bosch-Geist« folgendermaßen: »Wir wollten das, was wir machen, gut machen. Das ist entscheidend, und das ist eigentlich auch die Lebensphilosophie von Bosch gewesen: wenn es irgend geht, sogar der Beste zu sein auf seinem Gebiet. Ich halte gar nichts vom Geld als Ziel des Unternehmers. Die Amerikaner glauben ja, daß wir für den Profit leben. Das halte ich für Schwachsinn. Wir brauchen ein Ziel, das jeder Mitarbeiter einsehen kann, weil es seinem Wesen und seinem Denken entspricht. Das kommt vom alten Bosch her, und das steht auch noch für uns.«[173] Untertreiben, um damit um so größeren Eindruck zu machen – diese Kunstform der sublimierten Eitelkeit beherrschte Merkle bis zur absoluten Perfektion. Strenggenommen nur angestellter Manager, erfand er eigens für sich die Bezeichnung »beauftragter Unternehmer«. Den schwäbischen Fabrikherren, denen er intellektuell und rhetorisch meilenweit überlegen war, gab er mitunter Rätsel auf. Aber auf intuitive Weise akzeptierten sie seine Persönlichkeit, deren grandseigneurales Auftreten und stets präsente Intelligenz sie beeindruckte und deren verblüffendes Gedächtnis sie immer wieder in Erstaunen versetzte. Merkle schien auf Abruf alles gespeichert zu haben, was er jemals gehört und gelesen hatte. Zudem besaß er ein sicheres Gespür für Menschen. Die Leute, die für ihn wichtig waren, nahm er spielend für sich ein. Henry Kissinger, der gewiß nicht im Verdacht steht, sich von seinen Gegenübern sonderlich leicht beeindrucken zu lassen, rühmte Merkle als »one of the most remarkable men I have known«.[174] Für seinen alten Freund Hermann Josef Abs war er die »Nummer eins der deutschen Industrie«.

Merkle war kein Jahr im Amt, als er 1964 die Bosch-Satzung revidierte und eine Stiftungskonstruktion durchsetzte, die Schule machte und von Experten als virtuoses Stück Unternehmensarchitektur bewundert wurde. Der alte Bosch hatte das Vermächtnis hinterlassen, daß die Firma nach seinem Tod gegen »unzweckmäßige Einwürfe und Eingriffe meiner Erben« unbedingt zu sichern sei. Merkle setzte 1964 durch, daß die Erben ihre Gesellschafteranteile an der Robert Bosch GmbH einträchtig auf eine gemeinnützige Stiftung übertrugen. Es sollte dann nur noch sieben Jahre dauern, bis mit dem 1928 geborenen Bosch-Sohn Robert jr. der letzte Familiensproß aus der Unternehmensführung ausschied und sich einem völlig anderen Metier zuwandte. 1978 eröffnete er in Gerlingen bei Stuttgart ein Altenhilfe-Zentrum. Die Stimmrechte der Stiftung wurden auf eine Industrietreuhand KG übertragen, die damit zum eigentlichen Führungs- und Kontrollorgan des Konzerns wurde. Bosch gehört seitdem nur noch »sich selbst«, das Sagen haben die acht Gesellschafter – ein Gremium, das Merkle mit Bedacht ausgesucht hatte und mit ihm gewogenen Persönlichkeiten wie Peter Adolff besetzte, damals Chef der Allianz in Baden-Württemberg. Merkle hatte ihn sieben Jahre lang auf Herz und Nieren geprüft, eher er ihn zum Gesellschafter machte.

Mit diesem Kunstgriff bewältigte Merkle das Problem, das ein Familienunternehmen vor dieselben Schwierigkeiten stellt wie eine Erbmonarchie. Hier wie dort gilt es zu verhindern, daß ein minderbegabter oder desinteressierter Thronfolger das Werk seiner Väter ruiniert. Welche Ausmaße die Reibereien zwischen den Alleinherrschern und den nächsten Generationen im schlimmsten Fall annehmen konnten, zeigt das Beispiel von Flick.

Als zu Beginn der sechziger Jahre das vielzitierte Wort von der »Deutschland AG« aufkam, gehörten Bosch und Merkle selbstverständlich dazu. Insider sprachen auch von der »Fünferbande« – als einer Gruppe finanzstarker und gut geführter Unternehmen, zu der neben Bosch namentlich Mannesmann, Siemens, die Deutsche Bank und die Allianz gehörten. Was hielt sie zusammen? Die gegenseitige Beteiligungssituation. Wolfgang Röller, der ehemalige Chef der Dresdner Bank, erläutert: »Während des Wiederaufbaus haben viele Unternehmen ihre Schulden zum Teil kapitalisiert, das heißt, die Banken bekamen aus den Schulden Aktien. Manche Beteiligungen entstanden in schwieriger Lage. Die Firmen wurden mit Krediten bedient, die Schulden wurden mit Beteiligungen beglichen. Es gab keine Eigenkapitalbildung über die normalen Finanzmärkte.«[175]

Es gehörte zu den von Kissinger bei Merkle festgestellten »scheinbaren Widersprüchen«, daß er einerseits versuchte, Bosch allen fremden Eingriffen zu entziehen, andererseits jedoch wie kaum ein anderer Manager – Abs einmal ausgenommen – in der deutschen Industrie vernetzt war. Seine Kreuz- und Querverbindungen zogen sich durch alle Branchen. Er saß in allen wichtigen Aufsichtsräten, bei der Deutschen Bank sogar im Allerheiligsten, im Kreditausschuß, wo im kleinsten Kreis nicht nur über alle Großkredite, sondern auch über die wichtigsten Personalfragen entschieden wird. Zeitweilig hatte er sogar den Vorsitz des Aufsichtsrats inne, ein Vertrauensbeweis, der weder vor noch nach ihm je einem Außenseiter zuteil wurde. Sitz und Stimme hatte Merkle natürlich auch in den Aufsichtsräten von VW, damals der wichtigste Bosch-Kunde, und beim Stuttgarter Nachbarn Mercedes. Der Allianz, der größten Geldsammelstelle der Bundesrepublik, stand er mit Rat und Tat zur Verfügung, enge Kooperationen gab es mit Siemens und Mannesmann.

Merkle war der erste Deutsche, der nach dem Zweiten Weltkrieg in den Aufsichtsrat eines internationalen Konzerns, nämlich zu Shell, berufen wurde. Er gehörte auch dem hochkarätigen Beraterkreis der Chase-Manhattan-Bank an, deren Chefberater kein anderer als Henry Kissinger war. Das Beratergremium tagte reihum bei den Mitgliedern und kehrte regelmäßig bei Bosch ein, im schönen Schwabenland, das Merkle seinen illustren Gästen mit Freuden zu Füßen legte. Daß er auch im Führungsgremium der Max-Planck-Gesellschaft zur Förderung der Wissenschaften saß, verstand sich fast schon von selbst.

Für ein Milliardenunternehmen wie Bosch war sein Führungsstil zwar höchst ungewöhnlich, aber vollkommen identisch mit der »Herr im Hause«-Attitüde, wie sie von den Wundertätern der ersten Generation an den Tag gelegt wurde. Alles lief bei ihm zusammen und wurde von ihm persönlich bearbeitet, meist nachts und mit peinlich genauer Aufmerksamkeit für das kleinste Detail. Seine zwölf Geschäftsführer im Direktorenrang besaßen zwar Generalvollmacht, standen aber jedesmal auf und schlossen den Jackenknopf, wenn der Chef am Telefon war. Ob dies ein Zeichen der berühmten Charakterfestigkeit war, die Merkle bei der Auswahl seines Führungspersonals höher als die fachliche Kompetenz veranschlagte, sei dahingestellt. Daß ihn die Belegschaft als »Gottvater« titulierte, war ein Scherz, den der »Prototyp eines Preußen im guten Sinne«, wie ihn Helmut Schmidt einmal nannte, nicht verstand.

. Als die goldenen fünfziger Jahre zu Ende gingen, bekam das auch die Firma Bosch zu spüren. Der schärfere Wind, der in der westdeutschen Automobilindustrie aufkam, blies auch den Zulieferern ins Gesicht. Die Spatzen pfiffen von den Dächern, daß es bei renommierten Autoherstellern wie Borgward oder BMW heftig zu kriseln begann. Der mittlerweile fast selbstverständlich gewordene Grundsatz, daß es jahrein, jahraus immer nur aufwärtsging, geriet urplötzlich ins Wanken.

6
Vom Wunderland in die Alltagswelt – der Eintritt in die Normalität
(1957 bis 1963)

Das »Wirtschaftswunder« verlor just in dem Moment seinen Glanz, als es vom Kanzler zur Normalität erklärt wurde. Dem vollzählig versammelten Bundesvorstand der CDU teilte Konrad Adenauer Ende November 1956 mit: »Man gewöhnt sich an Wunder.«[176] Als Politiker konnte er sich das Rechnen mit dem Wunder vergleichsweise gefahrlos erlauben. Daß dieselbe Haltung jedoch für einen selbständigen Unternehmer fatale Folgen haben konnte, illustrierte das Schicksal des Bremer Automobilherstellers Borgward. Sein Name stand sowohl für die Blüte als auch für das Ende der Wirtschaftswunderjahre. Bei Borgward wurden die ersten drei wirklich neuen deutschen Automodelle der Nachkriegszeit entwickelt. Mitte der Fünfziger stieg die Firma zum drittgrößten Autohersteller der Bundesrepublik auf und exportierte mehr Personenwagen nach Übersee als Mercedes. Leinwandgrößen wie Marcello Mastroianni oder Paul Newman ließen sich mit Vorliebe in ihrem Borgward ablichten, dem das Image eines außergewöhnlichen Autos für spleenige Charaktere anhaftete.

Carl Friedrich Wilhelm Borgward war einer der letzten von der seltenen Spezies, die ihren Namenszug noch selbstbewußt an den Kühlergrill der von ihnen ersonnenen Fahrzeuge schreiben konnten. Wie hatte er das fertiggebracht? Geboren am 10. November 1890 als Sohn eines Kohlehändlers in Hamburg-Altona, war ihm und seinen zwölf Geschwistern der Erfolg nicht an der Wiege gesungen worden. Mehr als eine Schlosserlehre und vier Semester an der Maschinenbauschule gab das knappe Budget des Vaters nicht her. Nach der Teilnahme am Ersten Weltkrieg riskierte Borgward mit einer Kleinfirma für Felgen, Kühler und Kotflügel den Sprung in die Selbständigkeit. 1924 brachte er seinen »Blitzkarren« in Kleinserie auf den Markt: ein Dreirad mit zwei PS und einer Ladefläche für fünf Zentner Fracht, wie gemacht für Gemüsehändler, Handwerker, Kleinkrämer und für die Reichspost, die ihre Boten damit von Briefkasten zu Briefkasten kutschieren ließ. Daß man dieses knatternde Gefährt nur durch Anschieben starten konnte und danach im richtigen Moment aufspringen mußte, wurde als völlig selbstverständlich erachtet.

Der »Goliath«, den Borgward als nächstes in immer ausgefeilteren Versionen anbot, war schon ein ernstzunehmender Dreirad-Transporter mit raffinierterer Technik und einem Zweizylinder-Zweitakt-Einspritzmotor. Mit seiner Traglast von zehn Zentnern mauserte sich das Vehikel zu einem echten Verkaufsschlager. »Goliaths« gehörten noch bis in die 1960er Jahre hinein zum Alltag auf deutschen Straßen.

Sein erstes Auto hatte Borgward 1934 mit dem Hansa 1100 auf die Räder gestellt, den er 1938 auf seinen eigenen Namen umtaufte und anschließend in den neuen, hochmodernen Werkhallen der »Carl F. W. Borgward Automobil- und Motorenwerke« in Bremen-Sebaldtsbrück zu Tausenden montieren ließ. Gewinne sofort wieder investieren, das war sein Erfolgsrezept, mit dem er gelegentlich kokettierte: »Geld gebe ich stets fünf Minuten, bevor ich es habe, wieder aus«, lautete eine seiner stehenden Redensarten.

Die Nazidiktatur betrachtete er, nur pro forma in der NSDAP, vorwiegend unter kaufmännischen Gesichtspunkten. Mittelklassewagen konnten die autobegeisterten Nazis von ihm haben, soviel sie wollten; im Krieg dann auch Lastautos, Halbkettenfahrzeuge, Panzer und Torpedos. Carl F. W. Borgward wurde wie alle, die in der Industrie etwas zu sagen hatten, zum »Wehrwirtschaftsführer« ernannt. Fast überflüssig zu erwähnen, daß auch er Zwangsarbeiter in seiner umfangreichen Rüstungsfertigung beschäftigte.

Nach Kriegsende mußte er ein Dreivierteljahr Haft im Kriegsverbrechergefängnis in Ludwigsburg absitzen. Er verbrachte

die Zeit mit der Lektüre zerlesener US-amerikanischer Auto-
zeitschriften, die ihm seine Bewacher großzügig zusteckten.
1948, nach dem Entnazifizierungsverfahren, fand er sich in der
Gruppe IV wieder, als Mitläufer, womit für ihn das Kapitel des
»Dritten Reichs« abgeschlossen war.

Danach benötigte Borgward nur ein knappes Jahr, um das
erste deutsche Auto mit der in Amerika längst üblichen Ponton-
karosserie zu bauen, die ohne die kutschenartig freistehenden
Kotflügel auskam – eine Lesefrucht aus dem Gefängnis. 1950
brachte er den Lloyd LP 300 heraus, einen Zweitakter mit zehn PS,
fünfundsiebzig Kilometern pro Stunde in der Spitze und einem
Preis, der die Konkurrenz in Wolfsburg erblassen ließ: 3300 D-
Mark. Weil die Karosserie bei den frühen Modellen noch weitgehend aus Sperrholz gefertigt wurde, mußten sich die stolzen
Besitzer mit dem Spottvers: »Wer den Tod nicht scheut, fährt
Lloyd«, aufziehen lassen und hinnehmen, daß ihr Fahrzeug den
Spitznamen »Leukoplastbomber« erhielt. 350 000 Stück wurden
verkauft, Autos waren noch Mangelware.

1954 schob Borgward ein elegant-sportliches Coupé, die
Isabella, hinterher – und bekam erstmals ernsthafte Qualitäts-
probleme. In den engen Fußraum drang Wasser, und der Sommer war zu allem Übel verregnet. Trotzdem verkaufte er über
200 000 Exemplare des schnellen Coupés, das auf der Autobahn
eine Klasse für sich war.

Noch konnte sich Borgward harmlose Schnitzer und kleinere
Fehlkonstruktionen ohne weiteres erlauben. Die Kauflust und
Kaufkraft der Westdeutschen waren ungebrochen, die Nachfrage so enorm wie der Nachholbedarf. Borgward erwirtschaftete
satte Gewinne. 1957 prangte der Autokönig auf der Titelseite
des US-Magazins »Newsweek«. Er vergrößerte seine Belegschaft
und stieg zu Bremens größtem Arbeitgeber und Steuerzahler auf.
20 000 Arbeiter und Angestellte gingen bei ihm tagtäglich durchs
Werktor.

Aber im tiefsten Herzen waren dem schrulligen Konstrukteur
die Gewinne gleichgültig, die seine Autos einbrachten. Sobald sie
die Phase des Entwurfs hinter sich gelassen und sein Refugium,

die Zeichen- und Modellierwerkstatt, passiert hatten, erlosch sein Interesse. Borgward wollte eigentlich nur eines: Autos entwerfen, und zwar immer neue und immer kühnere. Seiner Tüftlerpassion und seinem Erfinderehrgeiz ließ er freien Lauf. Daß seine Schöpfungen nicht immer ausgereift waren, kümmerte ihn nicht. Zum Typus gehörte, daß Borgward an die zivile Zukunft des Hubschraubers glaubte. Er war fest davon überzeugt, daß sich der Verkehr bald von der Straße in die Lüfte erheben würde. Zusammen mit dem Bremer Konstrukteur Heinrich Focke entwickelte er einen Hubschrauber für drei Personen. Aber bereits vorhandene Autos verbessern und verkaufen, den Markt beobachten, Messen besuchen, Bilanzen lesen, den Vertrieb aufbauen, das Geschäft ankurbeln: All das fand er zum Sterben langweilig. Die abwägende Kühle des hanseatischen Kaufmanns ging ihm ab, von Teamarbeit hielt er nichts. An sich hätte er jemanden gebraucht, der sein Imperium organisierte und sich dem Zahlenwerk mit derselben Hingabe widmete wie er sich seinen Modellen. Aber der Alleinherrscher duldete niemanden neben sich.

Borgward hatte eine Fülle an Personenwagen in zahllosen Varianten im Programm, von seinen Lkws gar nicht zu reden. Die Pkw-Palette reichte von Kleinwagen mit 600 oder 900 Kubikzentimetern Hubraum – Lloyd, Alex und Arabella –, über den Hansa und die Isabella, jeweils in drei Ausführungen, bis hin zu seinem Flaggschiff, mit dem er der Stuttgarter Konkurrenz von Daimler-Benz die Kundschaft abspenstig machen wollte: der luftgefederte »Große Borgward« mit einem 2,3 Liter Sechszylinder-Motor und einhundert Pferdestärken. Auch die Luxuskarosse war in drei Versionen lieferbar.

Am 10. November 1960, als der Firmenchef mit achthundert geladenen Gästen seinen siebzigsten Geburtstag feierte, zogen sich dunkle Wolken über seinem Werk zusammen. Der einzige, der es offenbar nicht wahrhaben wollte, war der Jubilar. Ein Angebot von Chrysler über 200 Millionen D-Mark hatte der Patriarch eben erst zum wiederholten Male abgelehnt. Er wollte die Mehrheit und die Entscheidungsgewalt in seiner Firma um keinen Preis aus der Hand geben. Dabei begann der Geldstrom, der aus dem Wirtschaftswunderland in seine Kassen floß, allmählich zu versiegen. Die Verkaufszahlen brachen ein, auf dem Bremer Werksgelände standen plötzlich einige tausend Neuwagen im Regen. Schuld daran war das als Antwort auf den Käfer geplante Kompaktmodell »Arabella 1959«. Mängel und technische Fehler machten kostspielige Nachbesserungen unumgänglich, während die Konkurrenz aus dem In- und Ausland mit neuen schnittigen Produkten aufwartete. Ford und General Motors drängten die europäischen Autos, darunter Borgwards Isabella, mit eigenen, stark verbesserten Modellen vom amerikanischen Markt.

Borgward mußte zweitausend Arbeiter entlassen und machte 1960 einen Millionenverlust, fast 15 000 Fahrzeuge standen mittlerweile auf den Fabrikhöfen. Kurz vor Weihnachten wurde er beim Bremer Senat vorstellig, an dessen Spitze damals mit Wilhelm Kaisen ein sozialdemokratischer Senatspräsident stand. Er verlangte eine Kreditbürgschaft bis zum nächsten Frühjahr, dem Beginn der Autosaison. Borgwards Argument, daß er momentan nicht zu wenig Geld, sondern lediglich zu viele Autos habe, wirkte weder auf Kaisen noch auf seinen Wirtschaftssenator überzeugend. Von Autos verstanden sie beide nichts. Die Probleme des viertgrößten deutschen Automobilbauers überstiegen ihre Kompetenz.

Am 30. Januar 1961 erfuhr Carl F. W. Borgward aus den Nachrichten, daß der Senat die Bürgschaft für den Überbrückungskredit storniert hatte. Seine Firma stand vor der Insolvenz. Neues Geld, so teilte der Bremer Wirtschaftssenator Karl Eggers brüsk mit, gebe es nur, wenn Borgward sein Unternehmen dem Bremer Senat übereignete. Anfang Februar unterschrieb Borgward und mußte mit ansehen, wie der vom Senat bestellte Sanierer seinem Lebenswerk den Rest gab. Bei dem Wirtschaftsprüfer von zweifelhaftem Ruf handelte es sich übrigens um denselben Johannes Semler, der vor Ludwig Erhard die Verwaltung für Wirtschaft geleitet hatte, ehe er von General Clay wegen der »Hühnerfutter-Affäre« entlassen worden war. Semler, ehemals Aufsichtsratsvorsitzender bei BMW, stufte das Borgward-Unternehmen zur allge-

Das Borgward Isabella Coupé, 1956.

meinen Überraschung als gesund ein. Trotzdem – oder vielleicht gerade deswegen – drosselte er die Produktion, blockierte die Entwicklungsabteilung und ließ die auch anderswo gefragten Techniker abwandern. Ungerührt sah er zu, wie das Schiff unterging. Am 11. September 1961 wurde das Konkursverfahren eröffnet. Statt der zehn Millionen D-Mark, die dem Unternehmen Ende 1960 gefehlt hatten, setzten Semler und der Senat in einem knappen halben Jahr fünfzig Millionen in den Sand.

Seltsamerweise sollte sich später herausstellen, daß Borgward strenggenommen nie bankrott gewesen war. Es gab keinen Gläubiger, der auf seinen Auslagen sitzengeblieben wäre. Der Bremer Autokönig hatte Kultobjekte geschaffen. Bis 1963 wurden die Borgwards verkauft, die aus den übriggebliebenen Teilen noch zusammengeschraubt werden konnten. 1967 kaufte ein Investor den Bremern einen Teil der Anlagen ab, um im mexikanischen Monterrey neue Wagen mit dem alten Namen zu fertigen.

Der Untergang von Borgward war für die Bremer Politiker kein Ruhmesblatt. Nach all den fetten Jahren besaßen sie weder

Erfahrung noch Geschick im Umgang mit wirtschaftlichen Krisensymptomen, dagegen nutzten sie die Gelegenheit, persönliche Rechnungen zu begleichen. Wirtschaftlich gesehen, wäre der Untergang nicht zwingend gewesen. Auch BMW steckte Ende der 1950er Jahre in schwersten Nöten und schrammte nur um Haaresbreite am Konkurs vorbei. Im November 1959 bezifferte das Unternehmen seine kurzfristigen Schulden auf 60 Millionen D-Mark. Im Gegensatz zu Borgward verfügte BMW jedoch über exzellente Beziehungen zu den Banken, vor allem zur Deutschen Bank. BMW hatte den richtigen Großaktionär, die Familie Quandt, und mit Eberhard von Kuenheim einen Mann an der Spitze, der das Unternehmen durch die Krise hindurch zum Erfolg führte. Heute ist BMW der drittgrößte deutsche Autobauer und Borgward Geschichte.

Borgward zog den Zeichenstift zeitlebens dem Rechenschieber vor. Wenn er als sein eigener Zaungast in Bremen-Sebaldtsbrück vor dem Gitter stand – ein einsamer, gebrechlicher Spaziergänger mit »Harras«, seinem Airedaleterrier –, begrüßten ihn die letzten Arbeiter mit Applaus. In Gedanken konstruierte er wohl noch immer Autos. Zu Hause, in seiner Bastelwerkstatt, knetete er weiter an neuen, kühn geschwungenen Modellen aus Plastilin. Als er am 23. Juli 1963 zweiundsiebzigjährig starb, wurde als Todesursache Herzschwäche attestiert. Der Zerfall seines Imperiums, so hieß es in Bremen, habe ihm das Herz gebrochen.

Aber noch heute gibt es Fans, die von den eleganten, immer etwas verwegen anmutenden Fahrzeugen des schrulligen Tüftlers schwärmen. Zu seinem hundertsten Geburtstag im Jahre 1990 organisierten sie in Bremen ein »Welttreffen« und veranstalteten eine großartige Parade aller Fahrzeugtypen von Goliath bis Isabella.

Der »Autokönig« Borgward war der erste, aber nicht der letzte Wundertäter, der mit einem spektakulären Bankrott Schlagzeilen machte. Sein Fall rief in die allgemeine Erinnerung zurück, daß sich die Wirtschaftsentwicklung nach wie vor in Wellen, als konjunktureller Wechsel von Auf- und Abschwüngen und keineswegs als immerwährender Aufstieg vollzog.

Diese Binsenweisheit mußte auch Willy H. Schlieker, der ehemalige Musterschüler Albert Speers, am eigenen Leibe erfahren. Er hatte nach der Währungsreform als Stahlhändler eine schwindelerregende Karriere hingelegt und eine Million nach der anderen gescheffelt. Schlieker war einer der größten Gewinnler des deutschen Wiederaufstiegs. 1950 schaffte er es sogar als »Wirtschaftswunderknabe Nr. 1« auf das Titelblatt des US-Magazins »Time«. Aber dieser hinreißende Wunderknabe, der schon als achtundzwanzigjähriger Abteilungsleiter in Speers Rüstungslieferungsamt unbekümmert mit mehrstelligen Millionenbeträgen jongliert hatte, besaß einen Makel. Der robust gebaute Schlieker war nicht nur der Sohn eines Hamburger Werftschmieds, er benahm sich auch so. Sein hemdsärmeliger Stil und seine rabiaten Methoden hatten ihm früh den Ruf eingetragen, nur bedingt gesellschaftsfähig zu sein.

Hans Kehrl, unter Speer Chef des Rohstoffamts im Rüstungsministerium, hielt Schlieker dennoch für einen bedeutenden Mann, bei dem sich »solide Tatsachenkenntnis bis in alle Details mit einem beinahe künstlerisch-intuitiven Empfinden über die komplizierte Verknüpfung wirtschaftlicher Dinge zu einem harmonischen Ganzen« verbänden. »Dazu kam noch eine hohe Intelligenz, Urteilsfähigkeit, Organisationstalent und mitreißende Tatkraft.« Kehrl weiter: »Trotz der saloppen, beinahe rotzigen Art, in der er Unterhaltungen und Diskussionen führte, und einer scheinbaren Arroganz, die wohl eine gewisse Schüchternheit überspielen sollte, war er äußerst sensitiv.«[177]

Es mochte mit diesem Hang zur Sentimentalität zu tun haben, daß Schlieker seine riesigen Gewinne nur als Mittel zur Verwirklichung eines Jugendtraums ansah. Der neureiche Konzernherr aus Düsseldorf träumte nämlich davon, in Hamburg, genau dort, wo sein Vater sein Leben lang als kleiner Kesselschmied malocht hatte, die modernste Werft Europas aus dem Boden zu stampfen. Er wollte nicht nur Schiffe kaufen, sondern selber welche bauen. Ein großartiger Werft- und Reedereibesitzer zu werden, es den hochnäsigen Hanseaten endlich zu zeigen, mit wem sie es zu tun hatten – das war der Ehrgeiz, der ihn antrieb. Dafür war ihm kein Risiko zu hoch. Schlieker kaufte dem Hamburger Senat ein brachliegendes Gelände auf der Elbinsel Steinwerder ab, wo einst die renommierte Werft Blohm & Voss ihre Schiffe auf Kiel gelegt hatte. Er investierte die märchenhafte Summe von achtzig Millionen D-Mark für eine neue Werftanlage, die über vier Trockendocks, eine gewaltige Schiffsbauhalle und sämtliche technischen Möglichkeiten verfügte, die für den Bau von Ozeanriesen und Spezialschiffen gebraucht wurden. Auf den Docks, an den Kränen, an den Hellingen prangte überall in weißen Lettern, weithin leuchtend, der Schriftzug »Schlieker Werft«.

Die feine Hamburger Gesellschaft brachte es nicht fertig, in ihm einen genialen Wundertäter zu sehen. Für sie blieb er der neureiche, ungeschliffene Emporkömmling, der Prolet ohne Stil und Tradition. Und Schlieker, der es sich bereits im Revier mit allen verdorben hatte, tat seinerseits alles, um diesem Image gerecht zu werden. So ließ er zu einer seiner ersten Schiffstaufen eine bayerische Trachtenkapelle aufmarschieren und besaß die Kühnheit, sich an der Hamburger Elbchaussee, wo Leute wie er nach Meinung der Alteingesessenen nicht hingehörten, eine protzige Villa bauen zu lassen.

All das hätte vielleicht gut gehen können, wenn nicht der langanhaltende Boom im Schiffsbau über Nacht zusammengebrochen wäre. Schlieker hatte fünf Jahre zu spät angefangen. Bis Ende der 1950er Jahre war es noch Usus gewesen, daß die Reeder, wenn sie ein Schiff bestellten, der Werft bei Vertragsunterzeichnung ein Fünftel des vereinbarten Gesamtpreises überwiesen. Die nächsten zwanzig Prozent folgten jeweils bei Kiellegung und zur Halbzeit des Rohbaus, die restlichen Raten wurden beim Stapellauf und bei der Übernahme durch den Auftraggeber fällig. Willy H. Schlieker schien anfangs noch im Geld zu schwimmen. Aber als die Nachfrage nach Schiffsneubauten weltweit sank und viele Werften ihre Überkapazitäten abbauten, saßen die Reeder plötzlich am längeren Hebel. Sie konnten die Schiffsbauer dazu zwingen, einen Großteil des Kaufpreises aus ihrer eigenen Tasche vorzuschießen, wenn sie einen Auftrag haben wollten.

Als kaum noch Vorauszahlungen eingingen, sank Schliekers

Finanzierungsvolumen auf Null. Daß er wie alle Manager, die bei Speer gelernt hatten, kaum Interesse für Finanzfragen aufbrachte – Geld hatte im Krieg, wie gesagt, nie eine Rolle gespielt –, machte seine Lage nicht besser. Jetzt hätte er eine gute Bankverbindung gebraucht. Aber die Hamburger Geldinstitute stellten sich schwerhörig, zumal der prominente Kunde bereits bei Dutzend Banken in der Kreide stand. Trotzdem hätten sie in vielen hundert anderen Fällen deutlich weniger Bedenken an den Tag gelegt. Das Ende war keineswegs unausweichlich. Im Juli 1962 fehlten Schlieker bereits drei Millionen D-Mark, um seine viertausend Beschäftigten bezahlen zu können.

Der Hamburger Senat – es war ausgerechnet der sozialdemokratische Finanzsenator und spätere Bürgermeister Herbert Weichmann, der sich wie ein Oberbuchhalter gebärdete – verweigerte ihm die dringend benötigte Bürgschaft. Parallelen zu Borgward und zu Bremen wurden unübersehbar. Weichmann benutzte die Gelegenheit, den Werftkönig persönlich auflaufen zu lassen: »Ich habe von Schlieker noch nie viel gehalten und auch niemals eine Einladung angenommen. Was sind denn sieben Millionen Mark Lohnsteuer im Jahr?! Die bekommen wir morgen auch, wenn die Arbeiter woanders beschäftigt sind.«[178]

Schlieker spielte die letzte Trumpfkarte aus. Er versuchte, sein gutgehendes Eisenhandelsgeschäft und sein Elektroblechwalzwerk Neviges im Rheinland abzustoßen, um die Werftkasse wieder aufzufüllen. Unglücklicherweise weckte sein Name bei den Schwerindustriellen an Rhein und Ruhr eher unangenehme Erinnerungen. Als das Verkaufsvorhaben dann trotz Schliekers guter Verbindung zu Ernst Wolf Mommsen, dem Manager der Phoenix-Rheinrohr AG und alten Kollegen aus der Speer-Ära, im Sande verlief, war sein Imperium am Ende.

Der von Schlieker vor dem Hamburger Amtsgericht beantragte Vergleich konnte den drohenden Konkurs zwar aufschieben, aber nicht mehr verhindern. Ähnlich wie Borgward wollte Schlieker selbst bestimmen und unabhängig bleiben. Sein Herr-im-Hause-Standpunkt machte ihn weitgehend beratungsresistent, Selbstkritik war für ihn ein Fremdwort. Am 10. August 1962

Die Hamburger Schlieker Werft, 1963

begann das Konkursverfahren, die Reste seines Reiches wurden Stück für Stück versilbert, um die zahlreichen Gläubiger abzufinden.

Der gestrandete Werftherr kehrte der Küste den Rücken. Schlieker zog sich auf das Jagdhaus seiner Frau im Berchtesgadener Land zurück, eröffnete einen Skilift und frönte ansonsten seiner alten Leidenschaft, der Jagd. 1980 starb er im Alter von sechsundsechzig Jahren an einem Krebsleiden. Der Mythos lebte weiter. Schliekers beispiellose Unternehmensfreude und sein unbändiger Hang zum Risiko blieben bei seinen Freunden bis heute unvergessen. Seinem Sturz mußten sie damals tatenlos zusehen. Sie hätten ihm gerne geholfen. Aber der »tolle Hecht« ließ sich auch von Freunden nichts sagen. Wenn sie sich heute treffen, gedenken sie seiner mit Wehmut.

Der Sturz von Borgward und Schlieker, hier wie da war die Fallhöhe beträchtlich, ließ keinen Zweifel daran, daß die große Zeit der Wundertäter vorbei war. Ein-Mann-Konzerne, wie die des »Autokönigs« und des »Werftkönigs«, gehörten der Vergangenheit an. »Der sentimentale Drang, Werft-Herr in Hamburg zu werden«, kommentierte der »Spiegel«, habe Schliekers Unternehmen zu jener Größe anwachsen lassen, »für die die Aktiengesellschaft die einzige angemessene Unternehmensform«[179] sei. Die selbstherrlichen Autokraten der alten Schule verloren in der unübersichtlicher und komplexer gewordenen Wirtschaftswelt den Überblick. Sie begingen Fehler und schaufelten sich ihr Grab. Oder aber es gelang ihnen, über ihren Schatten zu springen – wie Josef Neckermann.

Neckermann strebte seit Mitte der 1950er Jahre eine »grundsätzlichere Lösung unserer Kapitalprobleme«[180] an, wie er es nannte. Im Klartext: Er brauchte frisches Geld. Zunächst wurde er bei Friedrich Flick fündig. Wie es nun einmal seine Art war, wollte der alte Flick im Hintergrund bleiben, daher stieg er bei dem Versandhändler über eine Strohfirma namens »Investiha« ein. Seine Kommanditeinlage von 15 Millionen D-Mark ließ er sich mit stattlichen fünfzehn Prozent verzinsen. Neckermann war wieder flüssig und konnte sich entspannt der einzigen Passion hingeben, die er sich jenseits seines Geschäfts erlaubte: Er war ein leidenschaftlicher Dressurreiter, der es bis zur Deutschen Meisterschaft brachte. 1968, mit immerhin sechsundfünfzig Jahren, wurde er in Mexiko sogar Olympiasieger und verlieh damit seinem Slogan »Neckermann macht's möglich« eine neue Dimension.

An seinem stillen Gesellschafter fand er alles in allem kaum etwas auszusetzen: »Gewiß, Flick war teuer und manchmal schwierig wie eine Diva. Dafür hatte er als Partner eine Reihe unschätzbarer Vorzüge. Der für mich wichtigste war, daß ich ›Herr im Haus‹ blieb, darin hielt er sich streng an den Gesellschaftervertrag, der ihm paritätisches Stimmrecht garantierte. Flick verlangte exakte Zahlen, gute Rendite und ein hervorragendes Renommee. Er wollte stets umfassend informiert sein, setzte aber nie einen Fuß in die Firma.«[181]

1961, als Neckermann lediglich vier Millionen Mark Gewinn machte, was in keinem Verhältnis zum Warenumlauf stand, war Flick mit der Rendite erstmals unzufrieden. Ein Jahr später ließ der alte Fuchs durchblicken, daß er sein Geld künftig in der Automobil- oder Papierbranche besser angelegt sehe. Um ihn auszahlen zu können, brauchte Neckermann, der von einer vorübergehenden »Wachstumsschwäche« sprach, dringend Kapital. 1963 hatten sich seine Verbindlichkeiten bereits auf 131 Millionen Mark summiert. Friedrich Flick versuchte, Neckermann eine Kooperation mit dem anderen »Kaufhauskönig«, mit Helmut Horten, schmackhaft zu machen – eine Kröte, die Neckermann um keinen Preis schlucken wollte.

Horten, Jahrgang 1909, war drei Jahre älter als Neckermann. Der gewiefte Sohn eines rheinischen Juristen hatte nach dem Abitur in der Textilbranche Karriere gemacht. Im Duisburger Kaufhaus Arlsberg brachte er es bis zum Abteilungsleiter. Ähnlich wie Neckermann profitierte er von der »Arisierung«, die die Nazis mit perfider Energie durchsetzten: Als der Inhaber Mitte der dreißiger Jahre emigrieren mußte, übernahm Horten das Unternehmen dank eines Bankkredits und baute es zu einem Textilimperium aus, mit sieben Filialen im Rheinland und in den preußischen Ostprovinzen. Obwohl es bei der Übernahme des jüdischen Besitzes juristisch betrachtet korrekt zuging – natürlich gab es einen Kaufvertrag mit der Unterschrift des Eigentümers –, steht außer Zweifel, daß der Handel ohne die Drohkulisse des »Dritten Reiches« nicht abgeschlossen worden wäre.

1956 begründete der erfolgsverwöhnte Handelsherr in Düsseldorf die Helmut Horten GmbH. Zehn Jahre später verfügte er in Westdeutschland über fünfzig Kauf- und Warenhäuser, die einen Umsatz von anderthalb Milliarden D-Mark erwirtschafteten und der Konkurrenz allmählich das Wasser abgruben.

Im Februar 1963 forderte Flick den klammen Neckermann erstmals ultimativ auf, mit Horten zu fusionieren. Doch die beiden Handelsherren sahen sich als erbitterte Konkurrenten, obendrein waren sie einander viel zu ähnlich, um ins Geschäft zu kommen. Neckermann war nicht bereit, sich von Flick oder gar von Horten irgend etwas sagen zu lassen. Fieberhaft suchte er nach einem Ausweg aus seiner Finanzklemme. Hinter dem Rücken von Flick stand er seit einem Jahr mit einer angesehenen amerikanischen Makler- und Finanzierungsfirma in Verhandlungen, die für ihn den Kontakt zum Bankenriesen Morgan Guaranty Trust, Sitz in New York, herstellte. Mitte Mai 1963 war der Deal perfekt. Neckermann ließ seine Versandfirma offiziell als Kommanditgesellschaft auf Aktien ins Handelsregister eintragen. Es war das erste Versandhandelsunternehmen der Bundesrepublik, das sich in eine Publikumsgesellschaft wandelte. »Wer nicht mit der Zeit geht, geht mit der Zeit«, zitierte der Firmengründer sein Lebensmotto. Morgan & Cie erhöhten das Kapital im Gefolge der Umgründung auf 85 Millionen D-Mark. Neckermann wurde zusammen mit seinem Sohn persönlich haftender Gesellschafter, mit 51 Prozent hielten sie die Mehrheit. Der düpierte Friedrich Flick, der es den Amerikanern nie vergaß, daß sie ihn in Nürnberg als Kriegsverbrecher verurteilt hatten und bis zu seinem Tod keinen Fuß auf den Boden der Vereinigten Staaten setzte, schäumte vor Wut. Dank des Einstiegs von Morgan Guaranty konnte ihn Neckermann bis 1967 mühelos auszahlen.

Trotzdem konnte Neckermann das Kapitalproblem, den Geburtsfehler seines Unternehmens, nicht dauerhaft lösen. Die von ihm als Spagat bezeichnete Übung, »Konzern zu werden und Familienunternehmen zu bleiben«,[182] mißglückte gründlich. Der mit großen Hoffnungen begleitete Vorstoß in die Tourismusbranche änderte daran nichts, auch nicht das Rekordjahr 1965, in dem er seinen Katalog in einer Auflage von sage und schreibe 4,5 Millionen verschickte. Danach ging die Konjunktur langsam, aber sicher zurück. In den 1970er Jahren, als das Schwungrad des Wirtschaftswunders endgültig stehenblieb, geriet er in seine schwerste Strukturkrise und ging notgedrungen eine Verbindung mit Karstadt ein. 1976 mußte er von seinem Lebenswerk endgültig Abschied nehmen und seine Firma an den Karstadt-Konzern verkaufen. Was ihm blieb, waren ein finanziell sorgenfreier Lebensabend und der schwache Trost, daß wenigstens der Firmenname fortbestand. Der schlanke Mann mit dem knochigen Pferdegesicht, den großen Ohren und dem Zylinder engagierte sich später noch erfolgreich in seiner »Stiftung deutsche Sporthilfe«.

Mit der Ära der Wundertäter und Nachkriegshelden näherte sich auch die große Zeit des Friedrich Flick ihrem Ende. An seinem achtzigsten Geburtstag, den er am 10. Juli 1963 beging, vergällte ihm nicht nur Neckermanns kühne Transaktion auf dem amerikanischen Kapitalmarkt die Feierlaune. Das dunkelste Kapitel seiner Vergangenheit machte ihm zu schaffen. 1962 war eine Abordnung der Jewish Claims Conference vorstellig geworden und hatte von ihm 6,5 Millionen D-Mark als Entschädigung für die 1300 jüdischen KZ-Häftlinge gefordert, die in den letzten beiden Kriegsjahren bei der Dynamit Nobel AG geschuftet und das Elend trotz fürchterlichster Bedingungen bis zur Befreiung durchgehalten hatten. Pro Zwangsarbeiter waren das 5000 D-Mark, also alles andere als eine übertriebene Forderung.

Aber Flick, der im Aufsichtsrat von Dynamit Nobel saß und mittlerweile 82 Prozent der Anteile hielt, stellte sich stur. Das Bedürfnis nach moralischer Wiedergutmachung konnte den alten Flick schon deswegen nicht quälen, weil es ein Schuldeingeständnis vorausgesetzt hätte. Daß er sich unschuldig fühlte, hatte der starrköpfige Bauernsohn aus dem Siegerland schon den Nürnberger Richtern in seinem Schlußwort entgegengeschleudert. Warum sollte er dann auch nur eine einzige Mark für irgendwelche Opfer aufbringen?

Die Claims Conference wandte sich daraufhin an Hermann Josef Abs, der Flick ungeachtet seiner späteren Bekundungen beruflich nahestand und ihm schon häufiger beigesprungen war. Abs mußte sich aber von Flick ebenfalls sagen lassen, daß weder eine rechtliche noch eine moralische Handhabe für Zahlungen bestünden. Schließlich wurde auch noch der ehemalige amerikanische Hochkommissar John McCloy eingeschaltet − derselbe, der 1951 dafür gesorgt hatte, daß Friedrich Flick das Kriegsverbrechergefängnis in Landsberg am Lech zwei Jahre früher als vorgesehen verlassen durfte. McCloy wandte sich schriftlich an Abs: »Ich finde die Rechtsposition der Firma untragbar legalistisch und, was den moralischen Aspekt angeht, vollkommen irrelevant. Es handelt sich hier nicht um ›Forderungen im kaufmännischen Sinn‹. Erwiesen ist, daß die Firma jüdische Zwangsarbeiter beschäftigt hat, und es ist deshalb gewiß kein Beweis für Gewaltanwendung nötig, um geschehenes Unrecht dingfest zu machen.«[183]

Einen solchen Beweis hatte Flick immer wieder zur Bedingung erhoben, um die Rechtmäßigkeit der Ansprüche zu erhärten. In Wirklichkeit ging es ihm nur darum, Zeit zu gewinnen, zahlen wollte er niemandem etwas. Dies wurde spätestens bei einem Treffen zwischen McCloy und der Geschäftsführung des Flick-Konzerns deutlich. Eberhard von Brauchitsch, Flicks Hausmeier und ein aufsteigender Stern am deutschen Industriehimmel, versuchte wortreich geltend zu machen, daß Zahlungen an den fehlenden Beweisdokumenten scheiterten. McCloy, der mit leeren Händen nach New York zurückkehrte, berichtete aufgebracht, daß er angesichts der fadenscheinigen Ausflüchte seines Gegenübers mehrmals den Raum verlassen mußte, weil sich ihm der Magen umgedreht habe.

Neunzehn Jahre mußten vergehen, ehe die Deutsche Bank, die den kriselnden Konzern für eine Übergangsphase von Flick-Sohn Friedrich Karl übernommen hatte, die beschämend geringe Summe von fünf Millionen D-Mark an die Claims Conference überwies.

Das Spannungsverhältnis zwischen Firma und Familie, eine Art strukturelles Dilemma der Wundertätergeneration, ließ sich im Falle Flick besonders anschaulich studieren. Mit seinen schroffen Zügen rief der Patriarch sämtliche Vorurteile wach, die ein Kapitalist nur auf sich ziehen kann. Intellektuellen fiel es denkbar leicht, in ihm das von Max Weber beschriebene »stahlharte Gehäuse« des räuberischen Kapitalismus zu entdecken.

Darunter litten vor allem seine beiden Söhne. Sie hatten keine Chance, den Ansprüchen des mißtrauischen Vaters gerecht zu werden. Weder der ältere Otto-Ernst, der tüchtige Manager und vermeintliche Kronprinz, noch der jüngere Friedrich Karl, immerhin promovierter Betriebswirt, wurden zu Lebzeiten des Seniors für würdig befunden, an dessen einsamen strategischen Entscheidungen beteiligt zu werden. In der Ahnengalerie der großen Autokraten der Wirtschaft nahm der greise Flick einen der letzten Plätze ein. Hinter den Kulissen rumorte es gewaltig. Otto-Ernst führte gegen seinen Vater einen verbissenen Kampf, den er nicht gewinnen konnte. Schon 1960 hatte er sich außerhalb des Konzerns um einen Job bemüht. Wilhelm Zangen, der seit 1957 bei Mannesmann dem Aufsichtsrat vorsaß, bot ihm die Leitung des Eisenhandels und einen Vorstandsposten an.

1962 brach der Streit erneut aus, als der Konzernschmied überraschend seinen jüngsten Sohn Friedrich Karl – und nicht Otto-Ernst – zum persönlich haftenden Gesellschafter der Friedrich Flick KG berief. Zu allem Überfluß hatte der Senior, ohne die Familie zu informieren, den Gesellschaftervertrag so geändert, daß seine eigene Position gegen jeden Versuch, ihn mit juristischen Mitteln zu verdrängen, wasserdicht abgesichert war. Der ältere Sohn klagte – mit dem Ziel, den Konzern aufzulösen, woraufhin der Vater die bereits übertragenen Gesellschaftsanteile zurückverlangte. Der Prozeß »Flick gegen Flick« schlug riesige Wellen und versorgte über Jahre hinweg Wirtschaftspresse und Boulevardblätter mit saftigen Geschichten. Immerhin belief sich der Vermögenswert des Unternehmens bereits auf gut zwei Milliarden D-Mark. In der Wirtschaftsgeschichte der Bundesrepublik hatte es noch nie einen Prozeß mit so hohem Streitwert gegeben.

Im Herbst 1966, als alles zu Ende war, saß der Alte immer noch auf dem Bock. Gelegentliche Überlegungen, einen Außenstehenden auf die Kommandobrücke zu lassen, zerschlugen sich, nachdem Friedrich Flicks großer Favorit, kein anderer als Willy H. Schlieker, seine Hamburger Werft auf Grund gesetzt hatte. Im Frühjahr 1963 versuchte er dann, den Phoenix-Chef Otto A. Friedrich, der ihm bei seinem Deal mit Daimler-Benz behilflich gewesen war, zu einem Engagement in seinem Konzern zu bewegen – zunächst vergebens. So betrat Flick weiter jeden Morgen, pünktlich um halb neun Uhr, die Düsseldorfer Zentrale und schien seine Macht mit niemandem teilen zu wollen, zumindest nicht freiwillig. Den älteren Sohn, gerade fünfzigjährig, zahlte er zusammen mit dessen drei Kindern Gert-Rudolf, Friedrich Christian und Dagmar aus – man munkelte von über einhundert Millionen D-Mark. Otto-Ernsts Frau Barbara erhielt eine stattliche Altersversorgung.

Otto A. Friedrich erlag dann doch dem beharrlichen Werben Flicks. Er gab seinen Posten als Generaldirektor der Phoenix AG auf und wechselte zum 1. Januar 1966 nach Düsseldorf, in die Führungsetage des Flick-Imperiums. Friedrich Flick selber, nunmehr dreiundachtzig, zog sich nach dem Prozeß und dem Tod seiner Frau nach Konstanz zurück, wo er vom Inselhotel aus seinen Konzern weiterregierte, bis ihm am 20. Juli 1972 der Tod die Zügel aus der Hand nahm. Hermann Josef Abs, der sich auf seine Eloquenz viel zugute hielt, rief ihm eine Eloge hinterher: »Flick – das sind im Namen konzentriert die Anfangsbuchstaben von Fleiß, Loyalität und Ideenreichtum, basierend auf Conzentration und Kenntnis.«[184] Von diesen orthographisch gewagten Girlanden sollte nichts übrigbleiben. Gert-Rudolf Flick, der Enkel, stellte später aus eigener, mitunter leidvoller Erfahrung richtig: »Der Name Flick hallt in einem Dreiklang: Drittes Reich, Zwangsarbeiter, Flick-Affäre.«

Die Flick-Affäre ließ während der 1980er Jahre die politische Landschaft der Bundesrepublik in ihren Grundfesten erzittern. Was als Anklage wegen Steuerhinterziehung begann und zur rechtskräftigen Verurteilung zweier Wirtschaftsminister sowie zum Rücktritt eines Bundestagspräsidenten führte, wuchs sich zehn Jahre nach Flicks Tod zu einem Parteispendenskandal aus, der alle im Bundestag etablierten Parteien erfaßte.

Ludwig Erhards Nimbus als »Vater des Wirtschaftswunders« begann nach den Wahlen zum dritten Deutschen Bundestag vom 15. September 1957 seinen strahlenden Glanz einzubüßen. Die absolute Mehrheit gewonnen, die Alleinherrschaft errungen – ein Triumph, wie er größer nicht hätte sein können. Aber er war mit opulenten Wahlgeschenken teuer erkauft worden und wurde für den Wirtschaftsminister zum Pyrrhussieg.

Mit Konrad Adenauer verstand er sich schlechter denn je. Der Kanzler hatte alle Warnungen vor der bedrohlichen Ausuferung der Sozialleistungen und dem massiven Anschwellen des

Bundeshaushaltes in den Wind geschlagen. Adenauer wollte vor allem eins: die Wahl gewinnen und weiter regieren. Daß seine Wahlgeschenke ein permanentes »Wirtschaftswunder« mit dauerhafter Vollbeschäftigung und gleichbleibend hohen Zuwachsraten voraussetzten, bekümmerte ihn nicht. Im Sommer 1960 kletterten die Staatsausgaben – wie von Ludwig Erhard befürchtet – bereits auf rund vierzig Prozent des Bruttosozialprodukts, Tendenz steigend. Fatalerweise erreichte das Wirtschaftswachstum zur gleichen Zeit seinen Höhepunkt, um danach allmählich abzusinken. Die zu Beginn der Hochkonjunktur üblichen Zuwächse von fast zehn Prozent wurden nie wieder erreicht. Die deutsche Wirtschaft wuchs in den 1950er Jahren pro Jahr durchschnittlich noch um 8,5 Prozent. Bis zur epochalen Zäsur der ersten Ölkrise, Ende 1973/74, sollte sie sich auf ein Jahresmittel von knapp fünf Prozent einpendeln.

Die Krise der Kohleindustrie hatte die grundsätzlichen wirtschaftspolitischen Meinungsverschiedenheiten zwischen Adenauer und Erhard aufs neue entfacht. Während der Kanzler die sterbende Kohleindustrie aus politischen Gründen schützen wollte, sah Erhard keinerlei Sinn darin, den technologischen Wandel zugunsten des Erdöls, dem Energieträger der Zukunft, zu behindern. Warum sollte der Staat die offenkundig unrentabel gewordenen Strukturen des Kohlenbergbaus über ihr natürliches Verfallsdatum hinaus alimentieren? Trotzdem – und dies war ein Indiz dafür, daß sein marktwirtschaftlicher Elan allmählich schwand – ließ sich Erhard dazu breitschlagen, eine Vereinbarung zwischen den Kohleindustriellen und den Ölimporteuren zu vermitteln, die den Marktanteil der Kohle sichern sollte. Hinzu kam eine Heizölsteuer, die der Kohlewirtschaft, vor allem den um Beschäftigung bangenden Bergleuten, den Übergang in das neue Zeitalter erleichtern sollte.

Forderungen nach staatlichen Subventionen für die Kohle, die in dem Ruf nach einem »Schwarzen Plan« gipfelten, lehnte Erhard im September 1959 in einer Rundfunkansprache ab: »Wir sollten es […] aus schlimmster Erfahrung wissen, daß es einen staatlichen Plan, der alle künftigen Wandlungen, d.h. den Konjunkturablauf und alle denkbaren strukturellen Veränderungen, einbezieht und dies alles in langer Sicht zum Maßstab der wirtschaftlichen Entscheidungen erheben möchte, nicht gibt, und wenn wir ehrlich sind, auch gar nicht geben kann. Wer da behauptet, daß man auf Grund solcher Pläne oder mittels einer Sozialisierung des Bergbaus der weltweit angestoßenen Strukturwandlung des Energiemarkts Herr werden könnte, ist ein Scharlatan.«[185]

Die Meinungsverschiedenheiten zwischen Kanzler und Wirtschaftsminister, der seit neuestem auch das Amt des Vizekanzlers innehatte, wurden noch durch die Kanzlerfrage verschärft. Alles schien auf Erhard zuzulaufen, den Adenauer für einen denkbar ungeeigneten Kanzler hielt. Die Herren vom BDI, insbesondere Fritz Berg, der stets streitlustige Präsident, waren in diesem Punkt mit Adenauer einer Meinung. Kurz entschlossen versuchten sie, Ludwig Erhard auf den Stuhl des Bundespräsidenten abzuschieben. Theodor Heuss' zweite Amtszeit lief im Herbst 1959 aus.

Das Unternehmen schlug fehl, Erhard lehnte dankend ab. Adenauer selbst schien mit dem Amt des Bundespräsidenten zu liebäugeln. Er nahm sich die Mahnung seines Bankiers Robert Pferdmenges zu Herzen, wonach es für ihn als Dreiundachtzigjährigen doch allmählich an der Zeit wäre, sein Haus zu bestellen. Doch schon Anfang Juni 1959, als Adenauer erkannt hatte, daß er als Bundespräsident im wesentlichen auf repräsentative Befugnisse beschränkt bleiben würde, zog er seine wenig durchdachte Kandidatur unvermittelt wieder zurück. Die Bahn war damit frei für Landwirtschaftsminister Heinrich Lübke, der von Erhards Marktwirtschaft nur solange etwas hielt, wie sie die überkommenen Strukturen in der deutschen Landwirtschaft nicht gefährdete.

Im Streit um die Aufwertung der D-Mark konnte sich der gesundheitlich angeschlagene Erhard, der zu Jahresanfang auf einer Auslandsreise offenbar einen Herzinfarkt erlitten hatte, Ende 1960 gegen seinen hartnäckigen Widersacher Fritz Berg durchsetzen. Der Wirtschaftsminister plädierte für die Aufwertung, weil die im Außenhandel erzielten Devisenüberschüsse eine Inflation befürchten ließen. Seine Aufklärungskampagne startete er unter dem vielsagenden Motto, die Wirtschaft sei kein »Übungsplatz für Dilettanten«. Alle Versuche der Bundesbank, die massiven Devisenzuflüsse durch eine Verteuerung und Verknappung des Kredits zu kontrollieren, waren wirkungslos geblieben. Der BDI-Chef hingegen wollte partout die Exportvorteile und Gewinnspannen erhalten, die sich für die Unternehmer aus der unterbewerteten D-Mark ergaben. Unterstützt wurde er von Hermann Josef Abs, der Erhards Maßnahmen zur Dämpfung der Konjunktur ebenfalls ablehnte, wenn auch in sachlicherem Ton. Abs war gegen eine Paritätsänderung, weil er das im Jahre 1944 im amerikanischen Bretton Woods eingeführte System frei konvertibler, aber durch feste Wechselkurse untereinander verbundener Währungen als eine wichtige Voraussetzung für den Wirtschaftsaufschwung ansah. Der unverbesserliche Polterer aus dem Sauerland dagegen sah eine Katastrophe für die deutsche Wirtschaft heraufziehen. »Ich brauche nur einmal zum Kanzler zu gehen, und die ganze Aufwertung ist endgültig vom Tisch, vom Tableau!«,[186] schwadronierte Fritz Berg Ende September 1960 vor dem Bonner Presseclub, während Ludwig Erhard die Vereinigten Staaten besuchte. Aber anders als beim Tauziehen um das Kartellgesetz überschätzte Berg dieses Mal seine Kräfte – und die Rückendeckung Adenauers.

Der Kanzler nutzte Erhards Abwesenheit, um die Größen der deutschen Wirtschafts- und Finanzwelt für den 4. Oktober 1960 zu einer illustren Runde nach Bonn zu laden. Neben seinen Hofbankiers Hermann Josef Abs und Robert Pferdmenges erschienen Berthold Beitz für den Krupp-Konzern, Günter Henle für die Klöckner-Werke und Willy Ochel, der Vorstandsvorsitzende der Hoesch AG. Natürlich durften auch Hans-Günther Sohl, der Vorstandschef der August-Thyssen-Hütte, Hermann Reusch von der Gutehoffnungshütte, Ernst von Siemens sowie Carl Wurster, der Vorstandsvorsitzende der BASF, nicht fehlen.

Die Veranstaltung, die als gezielte Brüskierung Erhards zu verstehen war, führte zu nichts. Mittlerweile lag eine offizielle

Bitte der US-amerikanischen Regierung vor. An der Aufwertung war nichts mehr zu ändern. Am 5. März 1961 verkündete Erhard auf der Bundespressekonferenz triumphierend, daß am nächsten Tag die deutsche Währung um fünf Prozent aufgewertet werden würde. Für einen Dollar mußten nun nicht mehr wie bisher 4,20 D-Mark, sondern nur noch 4 D-Mark auf den Tisch gelegt werden. Bei dieser Entscheidung redete Konrad Adenauer am Schluß doch noch ein Wörtchen mit: »Nehmen wir 4 D-Mark für einen Dollar, dat ist ne runde Zahl, dat läßt sich leichter rechnen!«[187] Der Wirtschaftsminister hatte sich mit viel Mühe durchgesetzt und seinen Ruf gewahrt. Er habe sich auf dieses Wochenende gefreut wie ein Soldat auf das Ende seiner Dienstzeit, räumte Erhard später ein. Die Aufwertung wirkte schnell. Die Zahlungsbilanzüberschüsse sanken noch 1961 um fast zwei Milliarden D-Mark.

Für Fritz Berg war das ein schwerer Dämpfer. Jetzt nahmen auch seine Freunde in der Industrie wahr, daß seine kraftmeierische Art nicht mehr in die Zeit paßte. Da half auch der direkte Draht zu Adenauer nicht mehr. Berg redete sich zunehmend um Kopf und Kragen. Seine unbedachte Äußerung, wonach es der Industrie nur recht sein könne, »wenn alle Parteien vom Staat finanziert werden. Dann können wir viel Geld sparen und uns die nötige Anzahl von Abgeordneten einfach kaufen«, brachte ihn 1962 ernsthaft in die Bredouille: Der FDP-Abgeordnete Oswald Kohut stellte gegen den BDI-Chef Strafantrag wegen Verunglimpfung des Bundestages.

Berg, der sich in den Jahren seiner Regentschaft in eine grotesk anmutende Monarchenrolle hineingesteigert hatte, konnte sich immerhin noch fast zehn Jahre in seinem Amt halten. Erst im Juni 1971 wurde er verabschiedet. Daß er längst ein lebender Anachronismus geworden war, hatte er schon zwei Jahre vorher unter Beweis gestellt. Seinen Widerwillen gegen die Sozialdemokraten konnte Berg ebensowenig bezähmen wie seine Abneigung gegen die Gewerkschaften. Er mußte mühsam dazu überredet werden, den Mitgliedern von Brandts Kabinett die Hand zu geben. Seine Nachfolge an der BDI-Spitze trat mit Hans-Günther

Sohl ein alter Bekannter an. Der langjährige Chef der August-Thyssen-Hütte konnte es mit seinem Vorgänger an Machtbewußtsein und Selbstherrlichkeit jederzeit aufnehmen.

Hinter den Querelen um die Kohlesteuer, das Präsidentenamt und den Wechselkurs zog der nächste Bundestagswahlkampf herauf. In der Unionszentrale herrschte fieberhafte Unruhe. Das Traumergebnis von 1957 war nicht zu überbieten. Das wußten die Parteigranden auch ohne die zahlreich in Auftrag gegebenen Meinungsumfragen. Der Kanzler, inzwischen fünfundachtzig Jahre alt, konnte sich der bohrenden Frage nach seiner Nachfolge nicht mehr so mühelos entziehen wie noch vor vier Jahren. Zudem steckte er in einem Dilemma: Einerseits war er im Wahlkampf dringender denn je auf seinen Wirtschaftsminister angewiesen, andererseits aber wollte er Ludwig Erhard um jeden Preis als Nachfolger im Kanzleramt verhindern. Der werde niemals Bundeskanzler, ließ Adenauer intern immer wieder wissen. Er fand, daß Erhard von Außenpolitik keinerlei Ahnung habe: »Wenn mir jemand eine Staffelei und eine Palette gibt, dann bedeutet das noch lange nicht, daß ich malen kann. Und so steht es um Herrn Erhard als Außenpolitiker.«[188]

Man kann sich vorstellen, welch heftige Bauchschmerzen dem Kanzler der Wahlkampfslogan der Union bereitete: »Adenauer, Erhard und die Mannschaft«. Daß sich die SPD unlängst in Bad Godesberg vom ideologischen Ballast des neunzehnten Jahrhunderts verabschiedet, den Wandel zur modernen Volkspartei vollzogen und dem alten Kanzler in Willy Brandt, dem Regierenden Bürgermeister von West-Berlin, einen frischen, unverbrauchten und medienwirksamen Kanzlerkandidaten entgegengestellt hatte, machte die Ausgangslage für die Unionsparteien nicht leichter. Die FDP witterte Morgenluft und plante unverhohlen für die Zeit nach Adenauer: Parteichef Erich Mende machte sich einen Spaß daraus, im Wahlkampf süffisant darauf hinzuweisen, daß jedem Busfahrer mit Erreichen des 65. Lebensjahres die Erlaubnis zum Führen eines öffentlichen Verkehrsmittels entzogen würde.

Einer Umfrage vom April 1961 zufolge wollten zwei Drittel der Westdeutschen keine vierte Kanzlerschaft Adenauers. Es paßte ins Bild, daß sich der amtierende Kanzler zu keiner adäquaten Reaktion in der Lage sah, als die kommunistischen Machthaber in Ost-Berlin in der Nacht zum 13. August 1961 damit begannen, eine Mauer quer durch die ehemalige Reichshauptstadt zu ziehen.

Die zugkräftigste Wahllokomotive der Union blieb Ludwig Erhard, der fast zweihundert Wahlreden hielt und vor allem im bevölkerungsreichen Süddeutschland die Massen magnetisch anzog. Die bayerische CSU ließ nach dem Mauerbau ein Plakat mit seinem Konterfei und der Unterschrift »Dieser Mann verbürgt Deutschlands Freiheit« drucken. Erhard wurde nach wie vor viel, wenn nicht alles zugetraut.

Am Wahlsonntag, dem 17. September 1961, war er einer der Garanten des erneuten Wahlsieges der CDU/CSU. Auch wenn es für die absolute Mehrheit wie erwartet nicht gereicht hatte, kam die Union noch auf 45,3 Prozent der Stimmen. Die SPD legte 4,4 Prozent zu, und die FDP überzeugte mit ihrer bedingten Koalitionsaussage zugunsten der CDU/CSU, aber ohne Adenauer, stattliche 12,8 Prozent der Wählerschaft. Auch wenn der Deutsche Bundestag Konrad Adenauer am 7. November 1961 zum vierten Mal zum Bundeskanzler wählte, waren seine Tage gezählt. 258 Abgeordnete hatten für, 206 gegen ihn gestimmt, 25 sich der Stimme enthalten. Unmittelbar nach seiner Wiederwahl löste Adenauer sein während der Koalitionsverhandlungen gegebenes Versprechen ein: Er teilte den Fraktionsvorsitzenden der CDU/CSU und der FDP, Heinrich Krone und Erich Mende, brieflich mit, daß er sein Amt nicht volle vier Jahre ausüben, sondern frühzeitig genug zurücktreten werde, um seinem Nachfolger genügend Einarbeitungszeit bis zur nächsten Bundestagswahl zu lassen. Einen konkreten Zeitpunkt nannte er nicht.

Bei der Eröffnung des Bundestages nahm Ludwig Erhard den Platz des an einer Lungenentzündung erkrankten Kanzlers ein, um die Regierungserklärung der konservativ-liberalen Koalition vorzutragen: »Die Fortführung und Weiterentwicklung der So-

zialen Markwirtschaft«, ließ Erhard mit offensichtlich zurückge-
wonnenem Optimismus verlauten,»werde es gestatten, die immer
neuen Probleme einer modernen Industriegesellschaft befriedi-
gend zu lösen.«[189]

Die Sozialausgaben schwollen stetig an, das Wirtschaftswachstum flaute ab: Ironischerweise mußte dies nicht der Mann ausbaden, der es zu verantworten hatte, sondern mit Ludwig Erhard
ausgerechnet derjenige, der vergebens zur Mäßigung aufgerufen
hatte. Auf dem Kölner Bundesparteitag der CDU im April 1961
hatte Erhard den Delegierten minutiös vorgerechnet, daß die gesamten Sozialleistungen der Bundesrepublik innerhalb der letzten
zehn Jahre von rund zehn auf über 35 Milliarden angewachsen
waren. Der Sozialaufwand aus dem Bundeshaushalt habe sich
von vier auf zwölf Milliarden verdreifacht, während die Leistungen der sozialen Rentenversicherungen insgesamt von zweiein-
halb auf 16 Milliarden und die Leistungen der gesetzlichen Kran-
kenversicherungen von 1,7 auf acht Milliarden D-Mark gestiegen
seien. Dem stünde, betonte Erhard weiter, die Tatsache gegenüber, daß »im Jahre 1960 in der Industrie der Produktivitäts-
Zuwachs pro Beschäftigtem vom ersten bis zum vierten Quartal von 9,1 auf 3,6 Prozent und je Arbeitsstunde von 11,3 auf
6,8 Prozent gesunken ist, während die Lohnsteigerung je Arbeitsstunde im gleichen Zeitraum von 5,9 auf 13,6 Prozent zu-
nahm«.[190] Die Entwicklung zum »Versorgungsstaat« schien im
gleichen Maße voranzuschreiten, in dem der Staat die dafür er-
forderlichen Mittel einbüßte.

Mit der Aufwertung der D-Mark, die er gegen den hartnäckigen Widerstand des BDI durchgedrückt hatte, machte sich Erhard keine neuen Freunde, vor allem nicht bei den Industriellen,
die den Löwenanteil ihres Gewinns über den Export erzielten.
Der Wirtschaftsminister nahm dies gleichmütig in Kauf: Sein
Respekt vor der Leistung und den Initiativen des deutschen Unternehmers sei zu groß, ließ er matt verlauten, als daß er über
vorübergehende Spannungen hinweg an eine ernsthafte Schädi-
gung der deutschen Wirtschaft glauben könne.

Der VW-Käfer als Export-Limousine,
1962.

Mißmutige Gesichter zogen vor allem die Spitzenvertreter der Automobilindustrie, die auf Erhard große Stücke gehalten und sein wirtschaftspolitisches Programm stets unterstützt hatten. Die billige Mark war seit der Währungsreform ein Pfund gewesen, mit dem sie auf dem Weltmarkt trefflich wucherten und die Konkurrenz auf Abstand hielten. Mit der Wechselkursänderung vom Frühjahr 1961 verteuerten sich die westdeutschen Automodelle jedoch buchstäblich über Nacht. Jähe Umsatzeinbußen folgten vor allem auf dem gigantischen US-Markt, die Dividenden sanken.

Zu spüren bekam dies vor allem das größte deutsche Industrieunternehmen, das Volkswagenwerk. Es verkaufte seine Fahrzeuge zu 57 Prozent jenseits der deutschen Grenzen und belieferte Kunden in über einhundert Ländern. Wolfsburger Produkte machten fast ein Drittel des gesamten deutschen Exportvolumens in die USA aus. Die Aufwertung der D-Mark, monierte Firmenchef Heinrich Nordhoff Anfang Juli 1961, habe »unser in vielen mühevollen Jahren aufgebautes Exportsystem empfindlich gestört und die Ertragskraft des Unternehmens geschwächt, ohne irgendwo eindeutig nachweisbare Vorteile erbracht zu haben«.[191] Andere Faktoren schlugen ebenfalls negativ zu Buche. Inzwischen bevölkerten über zehn Millionen Personenkraftwagen die deutschen Straßen. Rundgerechnet kam auf sechs Einwohner ein Auto, was in etwa der Verkehrsdichte Frankreichs oder Großbritanniens entsprach. Die Deutschen hatten die führenden westeuropäischen Nationen eingeholt. Auch wenn die Binnennachfrage hoch blieb, machten sich erste Sättigungserscheinungen bemerkbar. Die»Motorisierungslücke«, eine Spätfolge des»Dritten Reichs« und des Zweiten Weltkriegs, hatte sich geschlossen.

Die steigenden Lohnkosten machten die Autos in der Fertigung teuer. Der»Käfer« hatte die 5300 D-Mark, die er anfangs gekostet hatte, weit hinter sich gelassen. Dafür hatte der aktuelle Wagen mit der Basiskonstruktion von 1948 nicht ein einziges Teil mehr gemeinsam, betonte Heinrich Nordhoff im Sommer 1961. Die Wochenarbeitszeit war seither deutlich von über fünfzig auf 42,5 Stunden gesunken, und das bei vollem Lohnausgleich. Seit Frühjahr 1957 hatte die Arbeitswoche bei VW nur noch fünf Tage. Die Wolfsburger waren die einzigen Autobauer auf dem Kontinent, die sich noch ausschließlich auf die Entwicklung eines einzigen Wagentyps konzentrierten; alljährliche Modellwechsel, wie sie in den USA längst gang und gäbe waren, kamen bei VW nicht in Betracht.

Firmenchef Nordhoff, der im Januar 1959 seinen sechzigsten Geburtstag gefeiert hatte, erkannte im Gegensatz zu den borniertenen Herren in der Kohle schon früh, daß sich die»abnorme Periode des ungebrochenen, stetigen und steilen Anstiegs«, wie er es nannte, ihrem natürlichen Ende zuneigte. Der feinfühlige Generaldirektor, der von hierarchischen Allüren frei war, hielt seine Belegschaft regelmäßig in präzisen, wohlformulierten Reden über die Situation und die Zukunftsperspektiven des Unternehmens auf dem laufenden. Nordhoff dachte in historischen Zusammenhängen. Er wußte genau, daß man die schnellebige Automobilbranche niemals mit denselben Maßstäben wie die vergleichsweise statischen Grundstoffindustrien messen durfte. Dafür sei sie viel zu empfindlich, zu störanfällig, zu »wetterwendisch«. Seit Beginn dieser Industrie, darauf wies er häufiger hin, seien an die dreitausend Automobilfirmen, viele mit klangvollen Namen, untergegangen.

Im Frühjahr 1960 hatte Heinrich Nordhoff mit seiner unverblümten Feststellung, daß die »goldenen Fünfziger« unwiderruflich vorbei seien und nun die schwierigen sechziger Jahre anbrächen, noch für ungläubiges Lächeln gesorgt. »Ich habe oft genug gesagt«, erklärte er im darauffolgenden Jahr, »daß die Bäume auch dieses Mal nicht in den Himmel wachsen werden – sie haben offensichtlich die Höhe erreicht, die ihnen zukommt. Würde man sie jetzt noch viel höher treiben wollen, so würde jeder Sturm sie umwerfen und entwurzeln.« Nordhoffs nüchterne Empfehlung lautete: »Seien wir also mit dem Erreichten zufrieden, und werden wir im ganzen wieder etwas bescheidener.«[192] Er selber ging mit gutem Beispiel voran. Beim abendlichen Spaziergang übers Firmengelände schlich er um das Gästehaus herum, in dem die VW-Vertragshändler in feucht-fröhlicher Runde beisammen saßen. Wenn sie es zu toll trieben, ließ er das Licht löschen.

Es galt als Indiz für den härter gewordenen Konkurrenzkampf auf dem Pkw-Markt, daß Volkswagen im Frühjahr 1963 erstmals einen Etat von zehn Millionen D-Mark in die Werbung steckte. Bis dahin hatte man derlei Aktivitäten schlicht für überflüssig, wenn nicht sogar für imageschädigend erachtet und lediglich die begeisterten Fahrerfahrungen der Kunden zusammen mit den neuesten Unternehmenszahlen publiziert. Wenn Nordhoffs damaliger Assistent Carl Hahn an diese Zeiten zurückdenkt, wird er ganz elegisch: »Die Löhne waren niedrig, die Zuwachsraten in der Fertigung waren astronomisch, und wir waren preußisch sparsam. Es herrschte ein spartanisches Klima, und niemand stellte Ansprüche. Das war ja das Sensationelle.«[193]

1961 ging als Schlüsseljahr in die ungewöhnliche Volkswagen-Geschichte ein. Die Volkswagen GmbH, deren Vermögen seit September 1949 das Land Niedersachsen als Treuhänder im Auftrag der Bundesregierung kontrollierte, wurde in eine Aktiengesellschaft umgewandelt. An Nordhoffs autonomer Stellung änderte das de facto nichts. Er war der wirkliche Treuhänder des Werkes, der seine Entscheidungen mit sich allein auszumachen pflegte. Zwar trat ab und zu der Aufsichtsrat zusammen, aber der kümmerte den Generaldirektor einen feuchten Kehricht. Der Abgesandte aus dem Bonner Finanzministerium, zuständig für bundeseigenes Vermögen, war sieben Jahre lang der Ministerialdirektor Carl Maria Öftering. Carl Hahn erinnert sich noch gut daran, wie er von Nordhoff abkommandiert wurde, um Öftering im Gästehaus zu bewirten. Nordhoff selber wollte seine Zeit mit ihm nicht verschwenden. Er vertrat weder Aufsichtsrats- noch Aktionärsinteressen, die einzigen Interessen, die er wichtig nahm, waren die der Belegschaft und des Werkes. So mußte sich Hahn die Klagelieder von Öftering über den Wolfsburger »Saustall, der ein anderer werden müßte«,[194] allein anhören. Doch konnte er gewiß sein, daß um 22 Uhr Schluß war; dann gab es auf Nordhoffs Geheiß nichts mehr zu trinken.

Die Privatisierung hing damit zusammen, daß besorgte Statistiker seit längerem auf die ungleichgewichtige Güter- und Vermögensverteilung hingewiesen hatten, die im Gefolge des Wiederaufbaus entstanden war. Das Gros des privaten Vermögenszuwachses, fast drei Viertel, verteilte sich lediglich auf siebzehn Prozent der Haushalte. Unternehmer und Selbständige profitierten vom vermeintlichen »Wirtschaftswunder« stärker als alle anderen Beschäftigten zusammen, so sehr sich ihre Einkommenssituation auch verbesserte. Eine Schieflage, die Ludwig Erhard schon seit längerem zu schaffen machte. Im Bundestagswahlkampf 1957 hatte er mit dem Slogan »Eigentum für alle« für den Gedanken des »Volkskapitalismus« geworben und landauf, landab versucht, den kleinen Leuten den Erwerb von Aktien schmackhaft zu machen, mit wenig Erfolg.

Dies sollte sich mit der Teilprivatisierung von VW ändern. Die Bundesregierung veräußerte VW-Aktien in Höhe von 360 Millionen D-Mark, was sechzig Prozent des kurz zuvor auf 600 Millionen D-Mark erhöhten Kapitals entsprach. Die verbleibenden vierzig Prozent teilten sich die Bundesrepublik und das Land Niedersachsen, während die Erlöse aus dem Aktienverkauf und ein Teil der Gewinne in die neugegründete »Stiftung Volkswagenwerk« zur Förderung von Wissenschaft und Forschung gingen. Jeder Werksangehörige von VW erhielt das Recht, bis zu zehn »Volksaktien« zu verbesserten Konditionen zu erwerben. Die Arbeitnehmer mit den geringsten Einkommen wurden bevorzugt. Fast zwei Millionen Menschen zeichneten die neue Aktie, die bald kontingentiert werden mußte. Der »Volkskapitalismus« freilich blieb ein Widerspruch in sich. Nennenswerte Gewinne erzielten nur diejenigen, die ihre Volkswagen-Aktie zum richtigen Zeitpunkt – also vor der Rezession, die Mitte der sechziger Jahre begann – wieder abgestoßen hatten.

Das Verhältnis zwischen Ludwig Erhard und seinem einstigen Bewunderer Heinrich Nordhoff, das schon durch die Währungsaufwertung gelitten hatte, kühlte sich weiter ab. 1962, als die Wolfsburger Unternehmensführung eine Preiserhöhung beschlossen hatte, die dem Bundeswirtschaftsminister ungelegen kam, trafen die beiden zu einem langen Vieraugen-Gespräch zusammen. Der Bundeswirtschaftsminister bot alle Argumente auf, um Nordhoff von dieser Entscheidung abzubringen. Vergebens. Die Autos aus Wolfsburg wurden fünf Prozent teurer, und Erhard dürfte sich danach an sein unerquickliches Gespräch mit den Bergwerksdirektoren erinnert haben, die sich bei ihrer Preispolitik keinen Deut um die Maßhalteappelle der Bundesregierung geschert hatten.

Die Männer in den Führungsetagen der Montanindustrie und der Automobilbranche mochten sich in vielem unterscheiden. Aber eines hatten sie gemeinsam: Ihr Interesse an Politik war nicht sehr ausgeprägt. Es gab niemanden, der sich mit der Politik auch nur im entferntesten so intensiv beschäftigte wie Erhard mit der Wirtschaft.

7

Vom Alltag in die Rezession –
das Ende der Hochkonjunktur
(1963 bis 1966)

Konrad Adenauers viertes und letztes Kabinett kam nie richtig in Tritt. Die Freidemokraten machten keinen Hehl daraus, daß sie den Kanzler für ein historisches Auslaufmodell hielten. Sie regierten nur halbherzig mit, gossen dafür aber genüßlich Öl in das Feuer des Nachfolgestreits. Neben Ludwig Erhard machte sich auch der Außenminister, Gerhard Schröder, Hoffnungen, ebenso zwei ungestüme konservative Nachwuchstalente, die bei Adenauer einen Stein im Brett hatten: Rainer Barzel und Franz Josef Strauß. Die beiden Jahre, die von Adenauers Wiederwahl bis zur widerwilligen Einlösung seines Rücktrittsversprechens verstrichen, wirkten wie der quälend lange Schlußakt eines Dramas, dessen Ausgang längst für jedermann vorhersehbar war. Adenauer konnte Erhards Kanzlerschaft allenfalls verzögern, verhindern konnte er sie nicht.

Zu allem Überfluß wurden während Adenauers langem Abschied schrille Mißtöne laut, vor allem in der »Spiegel-Affäre« des Spätherbsts 1962. In ihrem Verlauf trat keineswegs der vom Kanzler gemutmaßte Abgrund von Landesverrat, sondern lediglich eine schwer zu erklärende Überreaktion der Sicherheitsbehörden zutage, die eine Regierungsneubildung ohne den skandalumwitterten Franz Josef Strauß notwendig machte.

Das Prestige des Kanzlers trug einen unschönen Kratzer davon. Alles blickte auf den Nachfolger. Am 22. April 1963 rief die CDU Ludwig Erhard offiziell zum Kanzlerkandidaten aus. Dabei stellte sich zur allgemeinen Verwunderung heraus, daß der Wirtschaftsminister bisher nicht einmal der Partei angehört hatte – zwei Tage später wurde ihm ein nagelneues Mitgliedsbuch ausgestellt und sein Parteibeitritt auf den 1. März 1949 zurück-datiert.

Am 11. Oktober erklärte Adenauer in einem Brief an Bundes-präsident Heinrich Lübke in lapidaren Worten seinen Rücktritt vom Amt des Bundeskanzlers mit Ablauf des 15. Oktober 1963. In seiner der Vergangenheit zugewandten Abschiedsrede vor dem Deutschen Bundestag erklärte er:»Wenn wir vieles, nicht alles, wiederaufgebaut haben und wenn der deutsche Name im Aus-land wieder seinen Klang hat, dann, meine Damen und Herren, wäre das nicht möglich gewesen ohne das deutsche Volk selbst.«[195] Am darauffolgenden Tag, dem 16. Oktober 1963, wurde Lud-wig Erhard mit 279 gegen 180 Stimmen zum Bundeskanzler ge-wählt. Endlich schien sich ihm die langersehnte Chance zu bieten, seine puristische Konzeption der sozialen Marktwirtschaft zu verwirklichen, politische Fehlentscheidungen, gegen die er, wie im Falle der Rentenreform, zumeist vergebens angekämpft hatte, zu korrigieren oder zumindest einer Wiederholung vorzubeugen, insbesondere den staatlichen Interventionismus der letzten Jahre einzudämmen. Eine Herkulesaufgabe für einen abgekämpften Mann, dessen Kräfte nachließen.

Dem von Adenauer gerühmten deutschen Volk stellte Erhard in seiner ersten Regierungserklärung am 18. Oktober 1963 eine pessimistische Diagnose:»Wir laufen Gefahr, daß der produktive Elan unserer Gesellschaft zunehmend dem Genuß des Erreichten weichen will. Eine oft ausschließlich materiell bestimmte Grund-haltung weiter Kreise der Bevölkerung charakterisiert die Lage – 18 Jahre nach Beendigung der größten Katastrophe deutscher Geschichte.«[196] Zudem proklamierte Erhard das »Ende der Nachkriegszeit für die ganze Welt«, rund ein Vierteljahrhundert zu früh, wie wir heute wissen.

Die wirtschaftliche Lage der Bundesrepublik schien zu Beginn der Kanzlerschaft Ludwig Erhards zu ernsthafter Besorgnis keinen Anlaß zu bieten. Gewiß, der industrielle Strukturwandel dauerte ungebrochen an, das Zechensterben im Ruhrgebiet ging weiter: Allein im Kohlenbergbau hatten seit dem Ausbruch der Absatzkrise im Jahre 1958 rund 200000 Bergleute ihren Arbeitsplatz eingebüßt. Nur etwa zwei Drittel der Kumpel durften sich Hoffnungen auf ihre Weiterbeschäftigung unter Tage machen. Allerdings vollzog sich dieser grundstürzende Wandel zunächst unter denkbar günstigen Rahmenbedingungen. Die Wirtschaft insgesamt florierte derart, daß es Werner Abelshauser zufolge bis 1965/66 »für Bergleute relativ einfach« war, »wieder einen Arbeitsplatz im Revier zu finden«.[197]

Vor allem in der chemischen Industrie, im Fahrzeugbau, in der Elektrotechnik oder in der Mineralölverarbeitung entstanden so viele neue Arbeitsplätze, daß neben den ehemaligen Bergarbeitern auch immer mehr ausländische »Gastarbeiter« ein Auskommen fanden. Entsprechende Abkommen der Bundesregierung mit Spanien, Griechenland und der Türkei ließen ihre Zahl bis zum Juli 1965 auf über eine Million wachsen. Quer durch alle Branchen war eine starke Konzentrationsbewegung zu beobachten. Die Größten der jeweiligen Branche rissen immer mehr Umsatz an sich und drückten die kleineren Konkurrenten an die Wand.

Daß der wirtschaftliche und technologische Wandel an Tempo gewann, registrierten auch die führenden Köpfe in der deutschen Stahlindustrie. Ihre traditionellen Bande zur kriselnden Kohlewirtschaft hatten sie notgedrungen lockern müssen. Die alte Garde der »Schlotbarone«, denen diese Umorientierung alles andere als leichtfiel, kam während der sechziger Jahre langsam ins Rentenalter. Im Hintergrund zogen sie allerdings weiter die Fäden, besonders wenn es um die Rekrutierung der Nachfolger ging.

Wilhelm Zangen, der sich insgesamt dreiundzwanzig Jahre im Vorstandsvorsitz der Mannesmann AG behauptet hatte, war am 29. Juni 1957 in den Aufsichtsratsvorsitz gewechselt. Zu seinem 65. Geburtstag, am 30. September 1956, hatte die Mannesmann AG eigens eine Stiftung und einen Wilhelm-Zangen-Fonds mit einem Kapital von zwei Millionen D-Mark eingerichtet. Die Zinsen durfte der Jubilar nach eigenem Ermessen zur Nachwuchsförderung verwenden, die ihm, der bei seinen ersten Schritten »weder Vermögen noch einflußreiche Verwandte und keine akademische Vorbildung«[198] besessen hatte, besonders am Herzen lag. Daneben widmete er sich mit ungebrochener Begeisterung der Jagd und pachtete sich dafür eine eigene Rotwild-, Gams- und Rehjagd im Allgäu.

Die Generaldirektion überließ Zangen seinem Intimus Hermann Winkhaus, Jahrgang 1897. Sein langjähriger Vize hatte den gesamten Bergbausektor von Mannesmann unter sich gehabt. Er war einer der letzten, der noch einen »Bergassessor«, die Promotion zum »Dr.-Ing.« und acht Berufsjahre als Bergwerksdirektor vorweisen konnte. Seine bei der Belegschaft gefürchteten Weisungen und Nachfragen unterzeichnete er stets mit einem zackigen »Glückauf«. Winkhaus, der als autoritärer »Herr« vom alten Schlag galt, durfte noch fünf Jahre lang bei Mannesmann regieren, ehe sich sein Aufsichtsratschef Zangen auf die Suche nach einem Nachfolger begab. Der Kandidat mußte nicht mehr aus der Bergbranche kommen, sollte dafür aber »jung und kein Tonnenmacher« sein, wie Zangen verlauten ließ, aber gern Betriebswirt und – nach Möglichkeit – ein ehemaliger Generalstäbler.

Gefunden wurde Egon Overbeck. Er gehörte einer jüngeren Generation an und kam aus dem Anlagenbau. 1918 geboren, hatte er die Offizierslaufbahn eingeschlagen, es bis 1945 zum Major im Generalstab gebracht. Danach absolvierte er eine kaufmännische Lehre in einem Chemieunternehmen und hängte ein betriebswirtschaftliches Studium an. Zangen attestierte ihm Führungstalent, ohne ihn persönlich zu kennen – schließlich empfahl ihn die Deutsche Bank. Als Overbeck eines Abends zu Zangens nach Hause eingeladen wurde und Winkhaus, der amtierende Generaldirektor, wie zufällig dazustieß, war die Personalentscheidung perfekt: Am 1. Oktober 1962 trat Egon Overbeck die Nachfolge des Vorstandsvorsitzenden an. In Overbeck glaubte Zangen endlich »den Mann gefunden zu haben, der Mannesmann die nächsten zwanzig Jahre führen kann«[199] – eine Prognose, die fast auf den Tag genau eintraf. Overbeck blieb bis Juni 1983 im Amt.

Der Herr im Hause Mannesmann hieß nach wie vor Wilhelm

Zangen. 1966, als er den Aufsichtsratsvorsitz an Franz Heinrich Ulrich, Vorstandsmitglied der Deutschen Bank, übergab, wechselte Zangen in den eigens für ihn geschaffenen Ehrenvorsitz, den er bis zu seinem Tod am 3. Dezember 1971 innehatte. Ohne Zangen wäre der Mannesmann-Konzern nicht relativ unbeschadet durch die Nachkriegszeit gekommen. Im Grunde genommen blieb das Unternehmen ungeachtet der »Entflechtung« durch die Alliierten das, was es seit den 1930er Jahren gewesen war: ein vertikal gegliederter Montankonzern. Zangen, der von vielen für altmodisch gehalten wurde, besaß jedoch ein scharfes Gespür für die Erfordernisse des Marktes.

Den Strukturwandel in der Kohle hatte er genauestens verfolgt und seine Schlüsse daraus gezogen. Obwohl das Wort »Stahlkrise« noch unbekannt war, ahnte er bereits, daß auch seine Branche gegen strukturelle Verwerfungen auf Dauer nicht gefeit war. In der Zentralverwaltung am Düsseldorfer Rheinufer hatte er im April 1957 eine neue wirtschaftspolitische Abteilung einrichten lassen, die sich mit Grundsatzfragen, Zukunftsperspektiven und Öffentlichkeitsarbeit beschäftigte – übrigens unter der Leitung Richard von Weizsäckers. Bei dessen Bestallung hatte der passionierte Personalpolitiker Zangen ebenfalls ein entscheidendes Wörtchen mitgeredet. Die Personalpolitik ließ er sich nicht nehmen, sie war sein Machtinstrument. Ein Drittel seiner Arbeitszeit hielt er stets für Personalfragen reserviert. Den neu eingestellten Arbeitsdirektor ließ er dabei ebensowenig mitreden wie seinen unmittelbaren Nachfolger Winkhaus.

Vor allem aber leitete Wilhelm Zangen bei Mannesmann den Wandel vom Montanunternehmen hin zum Technologiekonzern in die Wege. Es galt, nicht nur für Traditionsprodukte wie Stahlrohr und Blech neue Anwendungsbereiche zu finden, sondern die Produktpalette gezielt zu erweitern. Zangens letzter großer Auftritt als Vorstandschef war Mitte Juni 1957 die Inbetriebnahme eines neuen Röhrenwerks in Kanada gewesen. Mit Egon Overbeck hatte er nicht von ungefähr einen Nachfolger aufgebaut, der aus dem Anlagenbau kam und sich seine Sporen bei der Vereinigten Deutschen Metallwerke AG verdient hatte.

Egon Overbeck, Vorstandsvorsitzender der
Mannesmann AG, 1970.

Ganz im Sinne seines Förderers konnte Overbeck in den späten 1960er Jahren dann mit Befriedigung vermelden, daß sich der ehedem vertikal gegliederte Montankonzern zu einem Unternehmen »mit relativ breit diversifizierter Produktion mit den Schwerpunkten Rohrherstellung auf eigener Stahlbasis, Maschinen- und Anlagenbau und Handel«[200] gemausert habe. Egon Overbeck profilierte sich als einer der ersten Vertreter der neuen Generation, die sich in den 1960er Jahren anschickte, die Bergassessoren und Eisenhüttenexperten in den Schaltzentralen der deutschen Schwerindustrie abzulösen. Die neuen Männer wurden meist von ihren Vorgängern persönlich ausgewählt, die damit ihrer traditionellen Funktion als »Türwächter« nachgingen. Sie kamen nicht selten aus revierfremden Bereichen, verfügten in der Regel über ein betriebswirtschaftliches oder juristisches Studium und über intensive Berufserfahrungen in den sogenannten Wachstumsbranchen.

Da sich die dunklen Wolken über der Eisen- und Stahlwirtschaft verdichteten – Rohstahlerzeuger und Walzwerke klagten über mangelnde Auslastung ihrer Kapazitäten –, mußten sich die Spitzen der Schwerindustrie auf die Suche nach neuen Märkten machen. Sie wendeten sich immer stärker der renditeträchtigen verarbeitenden Industrie zu.

Diesen Weg wollte auch Berthold Beitz beschreiten. Ausgestattet mit der Generalvollmacht des Inhabers, regierte er mittlerweile im zehnten Jahr unangefochten den Krupp-Konzern – eine Sisyphos-Aufgabe, die in den Zeiten der allmählich abklingenden Hochkonjunktur nicht einfacher geworden war. Beitz setzte voll auf Expansion, eine Strategie, die kundige Beobachter als Flucht nach vorn erkannten. Insider wie Johannes Schröder, der als Finanzchef des Krupp-Konzerns wußte, wovon er sprach, warnten vor den damit verbundenen unternehmerischen Risiken, bis hin zum »finanziellen Herzinfarkt«. Aber Beitz blieb bei seinem Kurs, während sich Schröder, der unbequeme Mahner, 1962 mit der vorzeitigen Entlassung in den Ruhestand anfreunden mußte. Der Konzern ähnelte einem Fieberpatienten, der das Thermometer wegwirft, um sich anschließend für gesund zu erklären.

Ende 1963 behauptete eine englische Zeitung, daß das Krupp-Imperium in ernsthaften finanziellen Schwierigkeiten stecke. Die Nachricht verunsicherte die Öffentlichkeit. Es sprach für die Autorität der Deutschen Bank, daß eine Aussage des Vorstandssprechers Hermann Josef Abs genügte, um alle Zweifel an Krupps Bonität einstweilen zu zerstreuen. Der Essener Konzern, so versicherte Abs lapidar, verfüge bei den deutschen Banken über ausreichende Blankokreditlinien – was immer das genau bedeuten mochte.

In Wirklichkeit trieben der Krupp-Konzern und sein Generalbevollmächtigter auf ein finanzielles Desaster zu. Der von Berthold Beitz seit den späten 1950er Jahren mit großem Elan vorangetriebene Ausbau des Osthandelsgeschäfts, vor allem mit der Sowjetunion, Polen, Ungarn und Rumänien, brachte ihm zwar viel politisches Prestige und persönliche Kontakte zu Ostblockgrößen wie Nikita Chruschtschow ein – ganz zu schweigen von den offenbar unvergeßlichen Jagderlebnissen, die Beitz noch Jahrzehnte später ins Schwärmen geraten ließen. Unter kaufmännischen Gesichtspunkten fiel der Osthandel jedoch nicht nur meilenweit hinter Beitz' hochgesteckten Erwartungen zurück: Die Aktivitäten in Osteuropa erwiesen sich als riesiges Verlustgeschäft. Die stalinistischen Regime verfügten weder über genügend Devisen noch über weltmarktfähige Produkte, um große Aufträge in die Bundesrepublik vergeben und vor allem auch bezahlen zu können. Weitere unlösbare Probleme brachten die schwerfällige Bürokratie und die mit dem westlichen Wirtschaftssystem nicht kompatible staatliche Planwirtschaft mit sich.

Manifest wurde die finanzielle Schieflage des Essener Traditionsunternehmens Ende 1966 – und dieses Mal drangen auch aus der Vorstandsetage der Deutschen Bank keine abwiegelnden Redensarten mehr, im Gegenteil: »Es ist die vornehmste Pflicht des Bankiers, nein zu sagen, wenn er sieht, daß die Grenze des vertretbaren Risikos überschritten ist«,[201] ließ Hermann J. Abs jetzt vernehmen.

Im Dezember sperrte die Frankfurter Ausfuhrkredit GmbH, ein Konsortium aus 54 westdeutschen Bankhäusern, der Firma Krupp alle weiteren Kredite. Die Finanzierung ihrer Außenhandelsaktivitäten war damit gescheitert. Hauptsächlich ging es um bereits vereinbarte Geschäfte mit Polen. Das Unternehmen stand in Frankfurt bereits mit 360 Millionen D-Mark in der Kreide und konnte die für die Kreditvergabe nötige Eigenbeteiligung von dreißig Prozent aus eigener Kraft nicht aufbringen. Obendrein drückten die Termine für Kreditrückzahlungen in Höhe von 260 Millionen D-Mark: Verbindlichkeiten, die Krupp nicht mehr bedienen konnte. Das Geschäftsjahr 1966 wurde mit einem Minus von 25 Millionen D-Mark abgeschlossen.

Berthold Beitz bot seine beträchtliche Überzeugungskraft auf, um die Hausbanken zu neuen Krediten zu bewegen – vergebens. Er sei behandelt worden »wie ein Schusterjunge«, klagte er später. Der Firma drohten der finanzielle Kollaps und das wirtschaftliche Ende. In der Gerüchteküche des Ruhrgebiets wurde die unvermutete Krise Fehlern des Managements zugeschrieben.

Mehr als hunderttausend Arbeitsplätze standen auf dem Spiel, damals eine unvorstellbare Zahl. Am Ende war es die schiere Größe, die dem Krupp-Konzern das Leben rettete – im Unterschied zu vergleichsweise kleinen Fischen wie Willy H. Schlieker oder Carl F. W. Borgward, die sich ein paar Jahre zuvor von den Banken und mißgünstigen Lokalpolitikern in Hamburg und Bremen gleichermaßen schnöde im Stich gelassen sahen. Die Krise bei Krupp dagegen war ein Politikum ersten Ranges. Schon deswegen mußte sich Beitz nicht wie vor ihm Schlieker oder Borgward mit den Finanzsenatoren von Stadtstaaten herumschlagen. Der Generalbevollmächtigte von Krupp traf auf Vermittlung des Wirtschaftsministers, der zuvor in Essen ein langes Gespräch mit dem gesundheitlich angeschlagenen Alfried Krupp von Bohlen und Halbach geführt hatte, im Bonner Ministerium mit den maßgeblichen Bankenvertretern zu Verhandlungen zusammen.

Die treibende Kraft hinter der Sanierung des angeschlagenen Konzernriesen war kein anderer als Hermann Josef Abs. Die Medien feierten ihn wegen seines enormen Einflusses auf die Welt des großen Geldes wie die der großen Politik als »Richelieu des europäischen Bankgeschäfts«. Sein Motto sprach für sich: »Was gut ist für die Deutsche Bank, ist auch gut für die Bundesrepublik.« Der fünfundsechzigjährige Bankier, der den Kontakt zwischen Krupp und der Bundesregierung eingefädelt hatte, machte sein Engagement jedoch von einer entscheidenden Bedingung abhängig: Alfried Krupp und Berthold Beitz mußten ihre bisherige Alleinherrschaft an der Spitze des Konzerns aufgeben. Als sich die Bundesregierung und die Banken diesem Verlangen anschlossen, blieb Krupp und Beitz nichts weiter übrig, als die Zähne zusammenzubeißen und ihrer kalten Entmachtung zuzustimmen. Bis dahin war der Konzern wie ein beliebiges Einzelhandelsgeschäft geführt worden. Alleiniger Inhaber: Alfried Krupp.

Abs diktierte einen Vertrag, dem zufolge der bisherige Inhaber einen Verwaltungsrat zu berufen hatte und der Umwandlung seines Unternehmens in eine Aktiengesellschaft oder in eine

GmbH zustimmen mußte. Auf diese Weise sollten einschneidende Sanierungsmaßnahmen in die Wege geleitet werden.

Im Gegenzug stellten der Bund und das Land Nordrhein-Westfalen zusammen mit einem Konsortium von achtundzwanzig Banken ein ansehnliches Hilfsprogramm für den Krupp-Konzern auf die Beine. Der Bund gewährte eine Bürgschaft von 300 Millionen D-Mark, das Land Nordrhein-Westfalen stand zusätzlich für 150 Millionen D-Mark ein. Diese Unterstützungen erlaubten es dem Unternehmen zunächst einmal, seine zahlreichen Exportaufträge zu erfüllen. Zum Vergleich: »Werftkönig« Schlieker hatten im Sommer 1962 drei Millionen Mark gefehlt, um seine 4000 Beschäftigten in Hamburg bezahlen zu können.

Alfried Krupp verwand die Krise seines Konzerns nur schwer. Als er am 30. Juli 1967, zwei Wochen vor seinem sechzigsten Geburtstag, nach schwerer Krankheit starb, gingen seine Firma und sein Vermögen aber nicht in den Besitz der Banken oder Aktionäre, sondern auf die Alfried Krupp von Bohlen und Halbach-Stiftung über. Diese Konstruktion hatte der Firmenchef zu Lebzeiten gemeinsam mit Berthold Beitz ausgeklügelt – nicht zuletzt, um Steuern zu sparen.

Mit dem Tod des Inhabers schien auch die Ära seines Generalbevollmächtigten zu Ende zu gehen. Am 14. Juli 1967 wurde er von Günter Vogelsang abgelöst, der als Vorstandsvorsitzender an die Spitze des in eine Kapitalgesellschaft umgewandelten Unternehmens rückte. Vogelsang, Jahrgang 1920, war ein Vertreter der neuen Generation, die nach den Wundertätern das Ruder in der Wirtschaft übernahm. Der brillante Finanzfachmann hatte erstmals im Jahre 1950, als dreißigjähriger Wirtschaftsprüfer, bundesweit für Aufsehen gesorgt: Bei der Durchsicht der Unterlagen Willy H. Schliekers fand Vogelsang nicht nur heraus, daß sein Mandant sieben Millionen D-Mark zuviel Einkommensteuer gezahlt hatte. Er erreichte sogar die Rückzahlung des überschüssigen Betrages.

Von 1954 bis 1960 hatte Vogelsang bei Krupp gearbeitet, war dann aber zu Mannesmann gewechselt und saß nebenher in zahlreichen Aufsichtsräten. In Spitzenzeiten betreute er siebzehn

Unternehmen. Dabei galt der »ambulante Aufsichtsrat«, der nie mehr als ein Büro beanspruchte, als unabhängiger Kopf, als eine Art Solitär der Branche. Er konnte sich seine Aufgaben aussuchen: »Ich habe keinerlei Zeitaufwand für Routine. Bei mir kommen nur erstrangige Fragen auf den Tisch«, lautete eine seiner ständigen Redensarten. Vogelsang war der richtige Mann zur richtigen Zeit, vielleicht der beste, um Krupp aus dem Liquiditäts-Engpaß herauszuführen.

Als Vorsitzender des zwanzigköpfigen Aufsichtsrates der neugebildeten Fried. Krupp GmbH wurde der Mann gewählt, bei dem während des Sanierungsprozesses alle Fäden zusammenliefen: Hermann Josef Abs, dessen Aufsichtsratsmandate in der Bundesrepublik längst ein flächendeckendes Ausmaß angenommen hatten. 1960 gehörte Abs 30 inländischen Aufsichts- oder Verwaltungsräten an, davon 21 als Vorsitzender. Bei der Deutschen Bundesbahn, deren Verwaltungsrat er seit 1952 angehörte, hatte er seit 1960 den Vorsitz inne, ebenso wie den des Aufsichtsrats der Deutschen Lufthansa. 1966 war ein neues Aktiengesetz in Kraft getreten, das kurz »Lex Abs« genannt wurde und das die Zahl der Aufsichtsratsmandate pro Person auf zehn beschränkte.

Dabei war Abs ein Aufsichtsrat, der seine Sache ernst nahm und in »seinem« Unternehmen genauestens Bescheid wußte. Dafür hatte er seine eigene Vorbereitungstechnik entwickelt: »Auf dem langen Fensterbrett seines häuslichen Arbeitszimmers«, so wußte der Bankier Klaus Dohrn aus seiner Zeit mit Abs zu berichten, »lagen wohlgeordnet nebeneinander die vielen Klarsichtmappen mit den Unterlagen für die Arbeit der nächsten Tage. Darunter standen in Reih und Glied in langer Kolonne die Aktenköfferchen mit dem Material für die bevorstehenden Aufsichtsratssitzungen. Zum Anfassen lag da vor meinen Augen das unfaßbar große Arbeitspensum, das dieser Mann mit immensem Fleiß bewältigte. Nur mit strenger Selbstdisziplin in der Lebensführung und jahrelanger Beschränkung auf wenige Stunden Schlaf konnte diese Leistung vollbracht werden.«[202]

Krupp war gewissermaßen nur ein weiteres Aktenköfferchen in Abs' beeindruckender Sammlung. Sein Verhältnis zu Berthold

Beitz war nicht einfach. Der ehemalige Generalbevollmächtigte, der sich fürs erste aus der operativen Geschäftsführung zurückgezogen hatte, mußte sich vom mächtigen Aufsichtsratsvorsitzenden harsche Kritik gefallen lassen. Wie es nun einmal dessen Art entsprach, war sie durchaus höflich im Ton, aber unmißverständlich in der Sache. Abs focht zeitlebens mit feiner, aber nicht selten tödlicher Klinge. Ende September 1968 schrieb er an Beitz: »Die besondere Struktur einer Einzelfirma, bei der Sie nun schon so lange die Vertretung führen, brachte zugleich den Nachteil einer nur eingeschränkten Verantwortung der Geschäftsführung mit sich. Sicherlich mußte das in den schwierigen Jahren, die hinter uns liegen, einmal dazu führen, daß nicht die stärksten, für die Bewältigung der Aufgaben aber notwendigen Persönlichkeiten auf die Kommandobrücke berufen wurden. Dies brachte mit sich – so scheint mir –, daß der an der täglichen Geschäftsführung nicht beteiligte Inhaber Verantwortungen trug, die er eigentlich nicht tragen konnte.«[203]

Seinen Sitz im Aufsichtsrat eroberte Berthold Beitz trotz alledem bald wieder zurück. Denn dort saß auch sein Freund, der I.G.-Metall-Boss Otto Brenner, den er in das Kontrollgremium geholt hatte, bevor die Mitbestimmung in Kraft trat. Beitz hatte stets das Vertrauen der Arbeitnehmer, ohne sich je bei ihnen anzubiedern. Seine direkte Art, Probleme anzusprechen, half ihm dabei. Daß er diesen Rückhalt hatte, war auch Abs bewußt. Es konnte deshalb keine Überraschung für ihn sein, als Beitz ihm 1970 mitteilte: »Herr Abs, Sie haben keine Mehrheit mehr.« Bis in die späten 1980er Jahre hinein machte er seinen beträchtlichen Einfluß auf die Konzernstrategie geltend. Dennoch: Die Tatsache, daß er als Generalbevollmächtigter 1966/67 nur um Haaresbreite an der Pleite vorbeigeschrammt war, verfolgte ihn noch jahrzehntelang. Hermann Josef Abs wußte dies so gut wie alle anderen.

Als Berthold Beitz am 26. September 1993 seinen achtzigsten Geburtstag feierte, kam Abs in seiner zierlichen Festrede auf die unselige Geschichte zurück. Nicht das Haus Krupp, so bekundete der Bankier, mit seinen 91 Jahren längst eine lebende Legende, habe sich seinerzeit in einer Krise befunden, sondern die Banken, die nicht mehr »Herr der Lage« gewesen seien. Diese vermeintliche Klarstellung, so offenbarte Abs, sei er den Herren Krupp und Beitz einfach schuldig. Selbst wenn es der Jubilar mit Vergnügen hörte: In Wirklichkeit machte Abs nur eines jener nostalgisch eingefärbten Komplimente, mit denen sich alte Kämpfer gegenseitig zu rühmen pflegen, wenn sie in gemeinsamer Rührung auf ihre großen Tage zurückblicken. Immerhin blitzte ein Vierteljahrhundert später noch einmal die Macht auf, über die Abs jahrzehntelang verfügt hatte – aber auch sein Charme und das Charisma, die ihn auch noch als sehr alten Herrn unwiderstehlich machten.

In der Konjunkturkrise Mitte der 1960er Jahre gehörten die Stahlindustriellen zu den ersten, die den wachsenden Druck auf den Markt zu spüren bekamen. Während die einen, Mannesmann und Krupp beispielsweise, ihr Heil mit unterschiedlichem Erfolg in der sogenannten vertikalen Diversifikation suchten, beschritt Thyssen-Chef Hans-Günther Sohl den entgegengesetzten Weg. Den Vorwurf, den Krupp zu hören bekam – daß er mit seinem Konzern auf zu vielen Hochzeiten tanze und sich dabei zusehends verzettele –, wollte sich Sohl auf keinen Fall machen lassen. Er setzte auf den zielgerichteten Ausbau des Stahlunternehmens und wollte den Verarbeitungsanteil auch zukünftig gering halten. Vom Vorstoß in fremde Branchen hielt er wenig.

Sohls Vision war die Zusammenfassung der gesamten Stahlerzeugung in wenigen großen, technologisch modern und kaufmännisch rentabel arbeitenden Werken nach dem Vorbild der US-amerikanischen Stahltrusts. Damit stand er in der direkten Tradition der Philosophie des Firmengründers, des Ruhrgewaltigen August Thyssen (1842–1926), der im Jahre 1902 seine unternehmerische Konzeption in einem Brief an Carl Klönne wie folgt formuliert hatte: »Wir müssen billiger arbeiten und dennoch Geld verdienen, was nur durch Zusammenlegung der Werke, durch Schaffung großer Betriebe und durch bessere Teilung der Arbeit möglich wird.«[204] Aber im Grunde blieben die Vereinigten Stahlwerke für Sohl das Maß aller Dinge.

Hans-Günther Sohl, der nach wie vor das Vertrauen der beiden Hauptaktionärinnen von Thyssen genoß und im Stile eines

Eigentümers auftreten konnte, sah sich in einer anderen Liga als die angestellten Vorstandsmanager der Konkurrenzunternehmen, die als »Hüttenknechte« bespöttelt wurden. Wenn es um die Frage ging, wer Koch oder Kellner war, scheute der Thyssen-Chef kein Kräftemessen. 1960 regte die bundeseigene Salzgitter AG – die ehemaligen Reichswerke »Hermann Göring« – den Bau eines Kaltwalzwerks mit vorgeschalteter Warmbreitbandstraße für die Feinblechproduktion an. Die Nachbarschaft des Volkswagenwerkes in Wolfsburg, wo in wachsendem Maße Feinblech für Autokarosserien verarbeitet wurde, legte das nahe. Für Salzgitter war das Projekt eine Existenzfrage. Aber Sohl, der seit 1956 Vorsitzender der Wirtschaftsvereinigung Eisen- und Stahlindustrie war, bei der sämtliche Investitionen gemeldet werden mußten, legte sich quer. »Ihr Investitionsausschuß ist wie ein Blasebalg. Jedesmal wenn Salzgitter etwas plant, pusten Sie«, haderte Paul Rheinländer, der Direktor der Salzgitter AG, mit Hans-Günther Sohl.

Der Thyssen-Chef ließ sich davon nicht beeindrucken. Er warnte vor Überkapazitäten und kämpfte weiter mit allen Mitteln, bis hin zu einer Intervention bei Adenauer persönlich, gegen das neue Werk – aber aus einem ganz anderen Grund. Wenig später gab die ATH ihre eigenen Pläne zum Bau des neuen, gigantischen Stahlwerkes Beeckerwerth bekannt: Das Kernstück der als »Werk im Grünen« und Musterbeispiel moderner Industriearchitektur gepriesenen Anlage bildete eine Warmbreitbandstraße mit angeschlossenem Feinblechwalzwerk. Die Öffentlichkeit staunte nicht schlecht. Endgültig verhindern konnte Sohl die Pläne der Salzgitter AG zwar nicht, aber für eine beträchtliche Verzögerung langte es allemal. Sohl machte seinem Ruf, ein »eleganter Hund« zu sein, alle Ehre: nach außen ein Biedermann, im Geschäft gerissen. »Herr Sohl war ein kleiner Mann, körperlich total gelassen. Beide Arme ließ er am Körper entlang hängen. Ich kann mich an keine Aufgeregtheit erinnern. Er war stets pünktlich. Gesprächstermine begannen auf die Minute, keiner mußte warten. Sitzungen endeten auf die Minute.«[205]

Nach mehreren vergeblichen Anläufen, in die auch Kanzler

Adenauer eingeschaltet worden war, kam Sohl Ende 1963 mit seinen Konzentrationsbestrebungen einen großen Schritt voran: die Hohe Behörde der Europäischen Gemeinschaft für Kohle und Stahl (EGKS) mit Sitz in Luxemburg gab der August-Thyssen-Hütte (ATH) grünes Licht für die Übernahme der Aktienmehrheit bei der Düsseldorfer Phoenix-Rheinrohr AG. Ende September 1964 besaß Sohls Thyssen-Hütte etwa 95 Prozent des Grundkapitals von Phoenix-Rheinrohr. »Mit der Übernahme der Aktienmehrheit von Phoenix-Rheinrohr«, erklärte Sohl im April 1964 selbstgewiß, »wird die Zusammenarbeit aller zum Thyssenbereich gehörenden Unternehmen vertieft, und die jeweils spezialisierten Produktionsbereiche werden horizontal zu einem weitgespannten Angebot an Hüttenwerkserzeugnissen zusammengefaßt. Mit Ausnahme von ganz wenigen Spezialprodukten umfaßt das Lieferprogramm unserer Gruppe jetzt sämtliche Erzeugnisse der Eisen- und Stahlindustrie.«[206] Die Übernahme von Phoenix-Rheinrohr hatte noch einen Nebeneffekt: Sie brachte noch einmal 200 Millionen D-Mark in den Fonds der Fritz-Thyssen-Stiftung.

Die gemeinnützige Stiftung sollte das Vermächtnis von Fritz Thyssen erfüllen, der einer der ganz wenigen deutschen Industriellen war, die das nationalsozialistische Regime durchschaut und mit Adolf Hitler gebrochen hatten. Obwohl der 1873 geborene Sohn des Firmengründers August Thyssen 1932 der NSDAP beigetreten war und Hitler finanziell unterstützt hatte, kehrte er den Nazis 1939 den Rücken und emigrierte über die Schweiz nach Frankreich. 1940 war er dort verhaftet und bis Kriegsende in verschiedenen deutschen Konzentrationslagern festgehalten worden. Nach dem Krieg hatte er dann erstmals erwogen, auf sein Eigentum an der ATH zu verzichten und eine Stiftung zu gründen – ein Gedanke, der nach seinem Tod im Jahre 1951 von seiner Witwe und der Tochter verwirklicht wurde.

Am 18. Juli 1960 hatte der Kölner Bankier Robert Pferdmenges, der unter anderem als Aufsichtsratsvorsitzender der August-Thyssen-Hütte fungierte, die Gründung der Stiftung im Fernsehen öffentlich bekanntgegeben. Die Witwe, Amélie Thyssen, und ihre Tochter, Gräfin Zichy, stellten einen wesentlichen Teil ihres

Vermögens, zusammen 100 Millionen D-Mark, in Aktien der Thyssen-Hütte zur Verfügung, was einem Börsenwert von fast 400 Millionen D-Mark entsprach. Neben Pferdmenges übernahm natürlich auch Sohl einen Sitz im Kuratorium der Neugründung. Mit der Fritz-Thyssen-Stiftung entstand die erste deutsche Einrichtung, die sich mit den großen »foundations«, wie sie seit Anfang des 20. Jahrhunderts von amerikanischen Großindustriellen ins Leben gerufen wurden, auf eine Stufe stellen konnte.

Als Hans-Günther Sohl 1966 seinen sechzigsten Geburtstag feierte, konnte er zufrieden auf sein Werk blicken: Aus der Industrieruine, die er 1953 übernommen hatte, war der größte und ertragreichste Stahlkonzern der Bundesrepublik erwachsen. Der von ihm gewählte Weg der horizontalen Konzentration hatte sich durchaus als erfolgreich erwiesen. Was ihre Rohstahlproduktion anbetraf, stand die Thyssen-Gruppe auf dem Spitzenplatz in Europa und an vierter Stelle in der Welt. Ihrem Umsatz nach rangierte sie in der Bundesrepublik auf dem dritten Platz nach dem Volkswagenwerk und Siemens. Die Belegschaft der Thyssen-Gruppe hatte sich in den letzten zehn Jahren mehr als verdreifacht – von rund 30 000 auf 95 000 Mitarbeiter.

Nach dem Machtwechsel vom Dezember 1966 waren Sohls Kontakte zur Bundesregierung besser denn je. Neben dem Christdemokraten Kurt Birrenbach, der dem 1962 verstorbenen Robert Pferdmenges im Vorsitz des Aufsichtsrats nachfolgte, gehörte mittlerweile auch der neue SPD-Wirtschaftsminister Karl Schiller dem Aufsichtsrat »seiner« Thyssen-Hütte an. Von der Generation der Bergassessoren und »Wehrwirtschaftsführer« war Sohl derjenige, der sich mit Abstand am längsten auf der Kommandobrücke eines Großunternehmens behauptete. Erst 1973 gab er den Vorstandsvorsitz der Thyssen AG ab, widerstrebend und selbstverständlich nur an einen Mann seiner Wahl: Dieter Spethmann, Jahrgang 1926, ein gelernter Volkswirt, der 1955 zu Thyssen gegangen war und sich seither als persönlicher Assistent und rechte Hand Sohls unentbehrlich gemacht hatte. 1970 war er als präsumtiver Nachfolger in den Vorstand aufgerückt. Im April 1973 trat er an die Spitze des Konzerns, während sein Mentor

Amélie Thyssen erhält von Konrad Adenauer
das Bundesverdienstkreuz, 1965.

und langjähriger Förderer Hans-Günther Sohl den Vorsitz im Aufsichtsrat übernahm und sich prompt mit Spethmann überwarf. Eine Geschichte, die Gesprächsstoff für Jahrzehnte lieferte.

Mit Sohl verließ der letzte Wundertäter der Nachkriegszeit die wirtschaftliche Bühne – zu einem Zeitpunkt, als der herausragende politische Wegbereiter des deutschen »Wirtschaftswunders« schon längst von der Bildfläche verschwunden war.

Die ewigen Kämpfe hatten den »Dicken«, wie ihn seine Anhänger fast liebevoll nannten, zermürbt. Er wurde erst Kanzler, als seine physische Vitalität und geistige Spannkraft schon nachge-

Ludwig Erhard und Konrad Adenauer, 1963.

lassen hatten. Auch in dieser Hinsicht unterschied er sich von Konrad Adenauer, der im Alter zu seiner Höchstform auflief. Als Erhard im Herbst 1963, mit fünfundsechzig Jahren, im höchsten Regierungsamt ankam, schien er sich in einer schlechteren Verfassung zu befinden als der gut zwanzig Jahre ältere Adenauer.

Die Außenpolitik war seine Sache nie gewesen, und insofern konnte es nicht überraschen, daß er auf dem diplomatischen Parkett keine glückliche Figur abgab. Aber auch in der Innenpolitik und vor allem in seiner alten Domäne, der Wirtschaftspolitik, machten seine engsten Mitarbeiter immer häufiger eine bestürzende Erfahrung: Ihr Chef war bei wichtigen Entscheidungen nicht mehr »voll an Deck«. Daß es am Ende ausgerechnet die Wirtschaftspolitik sein würde, über die er stolpern sollte, konnte sich niemand vorstellen.

Als Bundeskanzler ließ sich Erhard von seinem alten Credo leiten, die Eingriffe des Staates in das Wirtschaftsleben und das freie Spiel der Märkte so gering wie möglich zu halten und die ins Kraut schießenden Sonderinteressen der mächtigen Wirtschaftsverbände zurückzustutzen. Unglücklicherweise fiel ihm für dieses Konzept kein besseres Etikett ein als das mißverständliche Wort von der »formierten Gesellschaft«, das zu allen möglichen Fehldeutungen einlud und ihn nicht nur unter Intellektuellen zum Gespött machte. Der Begriff stammte übrigens von dem Publizisten Johannes Gross, der auf den gesellschaftspolitisch unerfahrenen, sinnsuchenden Erhard einigen Einfluß hatte.

Das Grundproblem seiner Regierung hatte Erhard von seinem Amtsvorgänger geerbt: die Explosion der staatlichen Ausgaben. Sie trieben den Bundeshaushalt immer tiefer in die roten Zahlen, die Staatsschulden stiegen. Adenauer nahm das in Kauf. Daß Erhard als Vizekanzler und Wirtschaftsminister einer der schärfsten Gegner dieser zum »Verteilerstaat« und zur »Gefälligkeitsdemokratie« führenden Tendenzen gewesen war, half ihm jetzt wenig. Als Kanzler mußte er die Folgen einer Politik ausbaden, die er nicht hatte verhindern können.

Seinen wortgewaltigen Maßhalteappellen, in denen er das um sich greifende »Anspruchsdenken« anprangerte, folgten keine ernsthaften Taten zur Eindämmung der Staatsausgaben. Die Sozialleistungen stiegen weiter, ganz gleich, ob es sich nun um die Sozial-, Kranken- und Rentenversicherung, Kindergeld und Wohngeld, die Kriegsopferversorgung oder die Förderung des Eigenheimbaus handelte. Im November 1964 wurde die Einkommenssteuer gesenkt und ein Arbeitnehmerfreibetrag eingeführt. »Zum ersten Mal seit 1949 wuchs der Staat schneller als die Wirtschaft und bildete einen Hemmschuh für weiteres Wachstum.«[207]

Noch zehrte Erhard von seinem Nimbus. Seine Popularität war in der Bevölkerung ungebrochen. Wenn der Mißerfolg nicht mehr weit ist, strahlen Erfolge immer am hellsten. 1965 – die Wahlen zum fünften Deutschen Bundestag standen bevor – überstiegen die Ausgaben des Bundeshaushalts erstmals die Einnahmen, während das Wirtschaftswachstum weiter abflaute. Erhard fehlte es an Kraft und Entschlossenheit, die von ihm als notwendig erkannten Haushaltskürzungen durchzusetzen. Er reiste lieber durch die Republik und ließ sich als Heilsbringer feiern. Nebenbei lieferte er sich einen unwürdigen Streit mit einigen Schriftstellern, die – von Sachkenntnis weitgehend ungetrübt –

öffentlich Zweifel an seiner Wirtschaftspolitik angemeldet hatten. Wie dünnhäutig Erhard mittlerweile geworden war, konnte man an seiner überzogenen Reaktion auf diese an sich harmlose Kritik ermessen. Der vermeintlich joviale Kanzler ließ sich zu dem schwachen Satz provozieren, daß hier der Dichter aufhöre und »der ganz kleine Pinscher« anfange, »der in dümmster Weise kläfft«. Die Wogen der Empörung schlugen hoch.

Als es dann aber auf den Wahltag zuging, waren alle Mißtöne vergessen. Ein altvertrautes Ritual aus den Wahljahren 1957 und 1961 begann sich zu wiederholen: Die Spitzenpolitiker der Regierungsparteien griffen wieder zu ihren Füllhörnern und ließen Wahlgeschenke über das Land regnen. Es funktionierte auch diesmal wieder. Am 19. September 1965 stimmten 47,6 Prozent der Wähler für die CDU/CSU, weil sie den äußerlich gemütlichen, selten ohne seine Zigarre anzutreffenden Ludwig Erhard nach wie vor nicht missen wollten. Nur rund 39 Prozent stimmten für die SPD und deren Kanzlerkandidaten Willy Brandt, der damit seine zweite Niederlage einstecken mußte.

Ludwig Erhard wirkte euphorisch. Sein Sieg schien überzeugend, weil er alle Prognosen weit übertraf. Damit hatte er seinen Kritikern, allen voran dem Altbundeskanzler, erst einmal den Wind aus den Segeln genommen. Erhards Hochstimmung hielt nicht lange an. Als er am 10. November 1965, nach einer als quälend lang empfundenen Phase der Regierungsbildung mit der FDP, vor den Bundestag trat, wirkte er deprimiert. Die Mühsal des Alltags drückte ihn nieder. »Unser deutsches Modell einer modernen Wirtschafts- und Sozialordnung«, diagnostizierte Erhard, »gerät aus dem Höhenflug des einstmals als ›Wunder‹ erschienenen Erfolges in die natürliche Phase allgemeiner, alltäglicher Bewährung. Es stellt sich uns die Frage, ob wir eingetretene Verkrustungen dieser Ordnung lösen, bislang außerhalb der sozialen Marktwirtschaft gebliebene Schutzbereiche in den Fortschrittsprozeß organisch einbeziehen und damit der noch anzutreffenden Neigung zu einer sterilen Verzünftelung sogenannter Besitzstände ein Ende bereiten können.« Danach kam ein Satz, der die Volksvertreter aufhorchen ließ: »Unsere wirtschaftliche

Ludwig Erhard löst 1966 Konrad Adenauer als CDU-Vorsitzenden ab.

Situation und die Lage der Staatsfinanzen kann nicht ohne Sorge betrachtet werden.«[208]

Erhard hatte vollkommen recht. Aber als Bundeskanzler hatte er herzlich wenig unternommen, um dem beklagten Dilemma entgegenzuwirken. Das Geheimnis seines politischen Erfolges und seiner Popularität lag seit jeher im wirtschaftlichen Aufschwung oder, kurz gesagt, im Wohlstand begründet, den er den Westdeutschen versprochen und auch tatsächlich in einem nicht für möglich gehaltenen Ausmaß beschert hatte. Deswegen liebten sie ihn, deswegen war er zum Bundeskanzler gewählt worden. Wenn Erhard nun öffentlich eingestand, daß seine Formel von der »sozialen Marktwirtschaft« ihre Zauberkraft eingebüßt hatte, dann glich er einem kleinlaut gewordenen Magier, der seinem verwöhnten Publikum auf offener Bühne plötzlich eingestehen muß, daß ihm sein spektakulärster Trick nicht mehr gelingt.

Insofern war es kein Wunder, daß die im Frühjahr 1966 unvermittelt auftretende Wirtschaftsflaute fast ausschließlich Ludwig Erhard angekreidet wurde. Dabei drückte sie sich in Zahlen aus, die im Rückblick lächerlich wirken. Das Wirtschaftswachstum halbierte sich demnach von 1965 bis 1966 von rund sechs auf knappe drei Prozent, während die Arbeitslosenziffer von gerade einmal 100 000 im Herbst 1966 auf rund 670 000 im Februar 1967 kletterte, was noch immer nicht einmal einem Prozent der westdeutschen Bevölkerung entsprach. Das Haushaltsdefizit näherte sich der Zehn-Milliarden-Grenze. Im Vergleich zu heute Petitessen.

Der sich ausbreitenden Hysterie, die von den Medien mit melodramatischen Rückblicken auf die Weltwirtschaftskrisen der 1920er und 1930er Jahre angeheizt wurde, tat es keinerlei Abbruch, daß sie sich vom ersten Tage an in einem krassen Mißverhältnis zu allen ökonomisch relevanten Fakten bewegte. Im Sommer 1966 berichteten die Zeitungen übereinstimmend von einer allgemeinen Rezession, die das Land befallen habe. Das fast blinde Vertrauen, das die westdeutsche Bevölkerung bislang wie selbstverständlich in die Wirtschafts- und Finanzpolitik der Regierung Erhard gesetzt hatte, wich tiefer Enttäuschung. Erklärbar war das nur vor dem Hintergrund der beispiellosen Erfolgsgeschichte der letzten anderthalb Jahrzehnte und der stillschweigenden Annahme, daß der Aufschwung ewig währen würde. Die schlichte Erkenntnis, daß sich das »Wirtschaftswunder« weder fortsetzen noch beliebig wiederholen ließ, sickerte nur langsam in die Wahrnehmung der verwöhnten Deutschen.

Die Automobilindustrie, an der sich seit den frühen fünfziger Jahren das Wirtschaftsklima der Bundesrepublik wie an einem Barometer ablesen ließ, gehörte zu den ersten, die den Umschwung spürten. Das Volkswagenwerk registrierte einen spürbaren Absatzrückgang, die VW-Kunden begannen sich für andere Marken zu interessieren. Die Nachfrage wandelte sich. Bisher wurden vor allem preisgünstige, sparsame und zuverlässige Autos gekauft – Vorzüge, die der »Volkswagen« allesamt in sich vereinen konnte. Jetzt wünschten sich Deutschlands Kraftfahrer »sportliche«, leistungsstarke und prestigeträchtige Autos. Zudem drängten immer mehr ausländische Kleinwagen auf den deutschen Markt, die dem nun doch in die Jahre gekommenen »Käfer« den Rang abliefen. Die Senkung der steuerfreien Kilometerpauschale und die Anhebung der Mineralölsteuer trugen ebenfalls nicht dazu bei, die Kauffreudigkeit der Kunden anzustacheln. Aus dem Verkäufermarkt, wie er in der Automobilbranche seit 1948 bestanden hatte, war längst ein hart umkämpfter Käufermarkt geworden. 1966 brachten die Wolfsburger 60 000 Wagen weniger unters Volk als im Vorjahr, und das trotz eines deutlich angehobenen Werbe-Etats, der sich inzwischen auf zwanzig D-Mark pro Fahrzeug belief.

Noch vor Ablauf dieses bisher schwierigsten Jahres in der Nachkriegsgeschichte des Unternehmens sah sich Heinrich Nordhoff erstmals gezwungen, »Kurzarbeit« anzukündigen – eine Maßnahme, die im Arbeitsleben der Bundesrepublik bislang so gut wie unbekannt gewesen war. Zudem reagierte er auf die veränderte Nachfragesituation, indem er einen »Superkäfer« mit 1,5 Litern Hubraum produzieren ließ und für preisbewußte Interessenten eine neue Variante des leistungsschwächeren, dafür aber kostengünstigen »VW 1200« herausbrachte. Der Mythos vom »Käfer« als unverwüstlichem, unsterblichem Erfolgsmodell war dahin. So genial die Konstruktion Ferdinand Porsches seinerzeit gewesen war, so schwer machte sie es den Wolfsburger Entwicklungsingenieuren, über den richtigen Zeitpunkt für die Einführung eines geeigneten Nachfolgemodells zu entscheiden.

Ende November 1966 faßte Nordhoff vor den Vertretern der saarländischen Metallindustrie die Erkenntnisse zusammen, die er angesichts der »Mini-Rezession« gewonnen hatte: »Nur Unternehmen, deren Führungskräfte Schritt halten mit der fachlichen, technischen und wirtschaftlichen Entwicklung, den psychologischen Erkenntnissen und Einsichten, dem zeitgemäßen Führungsstil haben begründete Aussichten, bei dem großen Ausleseprozeß, der in unserer Wirtschaft nach der Schonzeit der Erfüllung des Nachholbedarfs nach dem letzten Kriege begonnen hat, zu den Überlebenden zu gehören.«[209] Heinrich Nordhoff war es nicht mehr vergönnt, mitzuerleben, wie das von ihm begründete Werk seine erste schwere Absatzkrise überwand. Als der »König von Wolfsburg« am 12. April 1968 starb, war seine Persönlichkeit schon lange hinter ihrer Legende verschwunden. Für seine Zeitgenossen blieb er ein Wundertäter. Hat Nordhoff zu lange am »Käfer« festgehalten? Die Experten streiten darüber bis heute. Außer Zweifel steht, daß Nordhoff durch sein Beharren auf dem Vorrang der Produktion vor der Konstruktion dem modernen Automobilbau, wie er in den USA und in Westeuropa längst praktiziert wurde, in Deutschland den Weg bereitet hat. Sein Konkurrent Carl F. W. Borgward war schließlich nicht zuletzt daran gescheitert, daß er den entgegengesetzten Weg beschritten hatte und gute Autos fortwährend durch noch bessere ersetzen wollte, ohne dabei auf Dauer rentabel zu arbeiten. Das war ein altes Dilemma der deutschen Automobilherstellung.

Nordhoff dagegen verfügte über das richtige Konzept zur richtigen Zeit, zumindest so lange, wie der spektakuläre Autoboom der 1950er Jahre andauerte. Gemessen an dem ehrgeizigen Ziel, das er am 5. Januar 1948 in seiner ersten Ansprache über den Werkfunk sich und dem ausgemergelten Häuflein seiner Belegschaft gesetzt hatte – »aus diesem Werk einen Schrittmacher des Friedens und des Aufbaus werden zu lassen«[210] –, war er in ungewöhnlichem Maße erfolgreich. Aus der von ihm vorgefundenen Industriebrache machte er binnen fünf Jahren das modernste Pkw-Werk der Welt. Für diejenigen, die diesen frappierenden Wandel miterlebt hatten, blieb das ein Wunder.

Das Geschäftsjahr 1966/67 verlief nicht nur für Krupp und den Branchenprimus der Automobilindustrie unerfreulich. Auch beim »Weltunternehmen« Siemens, das gut ein Viertel vom Gesamtumsatz der deutschen Elektroindustrie erbrachte, sank zum ersten Mal in der Nachkriegsgeschichte der Inlandsumsatz. Daran änderten auch die öffentlichen Großaufträge durch die Bundesbahn und die Bundespost nichts. Daß der Einbruch wesentlich geringer ausfiel als in allen anderen Unternehmen der

Branche, war nur ein schwacher Trost. Das Auslandsgeschäft, bisher die Paradedisziplin des Hauses, ließ ebenfalls zu wünschen übrig: 1966/67 fiel auch hier die Umsatzsteigerung geringer aus als in irgendeinem anderen Geschäftsjahr seit 1945.

Seit Sommer 1963 zerbrachen sich Ernst von Siemens und seine Führungscrew den Kopf über eine Neuorganisation des Unternehmens. Das schnelle Wachstum aller Bereiche machte eine effiziente Umstrukturierung unausweichlich. Die treibende Kraft hinter dem Umbau war Gert Tacke, der als eine Art graue Eminenz des Hauses galt. Der Nationalökonom, Jahrgang 1906, hatte schon im Januar 1945 neben Ernst von Siemens im Holzvergaserwagen gesessen, um gemeinsam mit dem künftigen Chef des Unternehmens mögliche Standorte in Süddeutschland ausfindig zu machen. Tacke war ein weitblickender Mann. Für den Chef des Hauses war er der Vordenker in allen strategischen Fragen. Einige hielten ihn sogar für das »Hirn« des Unternehmens. Mit seinem cholerischen Temperament geriet Tacke allerdings immer häufiger mit seinem Führungskollegen Bernhard Plettner aneinander. Der bodenständige Ingenieur – sieben Jahre jünger als Tacke –, hatte es relativ früh zum Chef der Siemens-Schuckert-Werke gebracht.

Eine Zeitlang standen beide, der Choleriker Gert Tacke mit seiner philosophischen Ader und Bernhard Plettner, der rationale, knochentrockene Pragmatiker, gemeinsam an der Spitze: eine Herausforderung für beide, denn zu sagen hatten sie einander wenig. Ernst von Siemens, der seit 1956 den Vorstandsvorsitz innehatte, mußte Auseinandersetzungen schlichten, die Einheit des Hauses wahren und verhindern, daß die Führungsebene zur Brutstätte für Zwistigkeiten verkam. Der Vorstandsvorsitzende bildete nicht nur die letzte Entscheidungs-, Berufungs- und Schlichtungsinstanz, sondern erwies sich als die überragende Integrationsfigur, die immer wieder die personelle Kontinuität und Qualität auf der Führungsebene sicherte. Als Quelle seiner großen Menschenkenntnis führte Ernst von Siemens seine Erfahrungen als Bergsteiger an: »Auf Touren ist man mit mehreren zusammen, und da sind Sie doch sehr darauf angewiesen, daß die was können, und, was noch wichtiger ist, menschlich zuverlässig sind. Das habe ich immer als Seilgemeinschaft empfunden. Man braucht Menschen, die was können und auf die man sich verlassen kann.«[211]

Am 1. Oktober 1966 wurden die drei bisherigen Hauptfirmen – Siemens & Halske, Siemens-Schuckert und die Siemens-Reiniger-Werke – organisatorisch und aktienrechtlich zu einer Einheit verschmolzen. So entstand die Siemens AG. Alle Produkte erhielten fortan das vereinfachte und vereinheitlichte Signet »Siemens«. Ernst von Siemens, der sich mit seinen 63 Jahren eigentlich aus dem Tagesgeschäft zurückziehen wollte, übernahm als Vorsitzender des Aufsichtsrats der Siemens AG noch einmal die Rolle als »Chef des Hauses«. Er wurde gebraucht. Das Vorstandskollegium, das nun über das Schicksal des Unternehmens entschied, bestand aus starken Kurfürsten, die jeweils ihre Hausmacht ins Feld führten und nicht zur Kooperation neigten.

Ernst von Siemens traf auch weiterhin strategische Entscheidungen – daß sie ihm nach dem Aktienrecht eigentlich gar nicht mehr zufielen, beanstandete niemand. Der spätere Amtsnachfolger Heinrich von Pierer hat den letzten Enkel des Firmengründers, mit dem der prägende Einfluß der Familie auf den Konzern zu Ende ging, noch persönlich erlebt. Am Wittelsbacherplatz saßen sie Tür an Tür, der junge Vorstand und der alte Souverän, und hatten als Gesprächsthema ihre gemeinsame Leidenschaft für die Bergsteigerei entdeckt. Pierer blieb, bei aller zurückhaltenden Bescheidenheit, mit der sich der alte Herr umgab, dessen fortdauernder Einfluß nicht verborgen: »Auch als er keine Funktion mehr im Hause hatte, war er der eigentliche Konzernlenker.«[212]

Im Unterschied zu seinem Vater und zu seinem legendären Gründer-Großvater, im Unterschied auch zu vielen anderen erfolgreichen Unternehmern, verspürte Ernst von Siemens nie den Drang, der Nachwelt seinen Ruhm zu übermitteln. Weder hinterließ er Schriftliches, noch hielt er Vorträge, noch schrieb er Aufsätze; auch seine traditionellen »Jubilarreden« verfaßte er nicht selber. Das überließ er Nachwuchstalenten. »Welcher Krieger macht sich schon Notizen?« versuchte sein Freund Gerd Tacke die magere Quellenlage in der Rückschau zu rechtfertigen.

Daß Ernst von Siemens mehr als die meisten seiner ruhmredigen Kollegen zu sagen hatte, wurde einer breiteren Öffentlichkeit wohl erst 1987 bewußt. Drei Jahre vor seinem Tod ließ er sich als »Zeuge des Jahrhunderts« zum ersten und einzigen Mal vor eine Fernsehkamera locken. Der alte Herr mit dem schönen Patrizierkopf, im rotkarierten bayerischen Trachtenhemd, zog die Zuschauer mühelos in seinen Bann. Er schlug einen faszinierenden historischen Bogen, der sich vom Kaiserreich über die Weimarer Republik und die Nazizeit bis in die Bundesrepublik spannte. Die abschließende Frage nach seiner »Philosophie« wies er zurück. Er habe von diesem Fach eine viel zu hohe Meinung, um derlei für sich in Anspruch zu nehmen. Eine Erkenntnis stand für ihn außer Zweifel: »Das wichtigste sind im Grunde die Menschen.«[213]

Mitten hinein in den Beginn der vermeintlichen Wirtschaftskrise von 1965/66, die in Wirklichkeit nicht viel mehr als eine kleinere Konjunkturdelle war, fiel die Landtagswahl in Nordrhein-Westfalen am 10. Juli 1966. Bundeskanzler Erhard, dem sein früherer Instinkt für die deutsche Volksseele offenbar abhanden gekommen war, hatte die Wahl vorab zum Prüfstein seiner Politik erklärt. Ein kapitaler Fehler, wie sich hinterher herausstellte. Die SPD, die fast fünfzig Prozent gewann, wurde erstmals zur stärksten Partei, während sich die CDU/CSU mit knapp dreiundvierzig Prozent begnügen mußte. Eine unerwartete Niederlage. Ludwig Erhard büßte nun auch noch seinen Ruf als zugkräftigste Wahlkampflokomotive der Union ein. Die Luft um den Kanzler wurde dünner. Der nie sonderlich große Kreis seiner Verbündeten lichtete sich.

Das Ende seiner Kanzlerschaft kam dann doch überraschend schnell. Im Streit um die Frage des Haushaltsausgleichs, den Erhard mit Hilfe von Ausgabenkürzungen und Steuererhöhungen bewerkstelligen wollte, kam es im Oktober 1966 zum Eklat. Die Minister der FDP, die sich jeder Anhebung der Steuern populistisch widersetzten, verließen am 27. Oktober 1967 demonstrativ das Kabinett. Erhards Koalition war am Ende. Seine eigene Partei wollte den Kanzler jetzt schnellstmöglich loswerden und nötigte ihn unverhohlen zum Rücktritt. Es galt, den Weg für die Große Koalition mit der SPD freizumachen, eine Lösung, welche die Mächtigen in der CDU/CSU in der wirtschaftlich angespannten Lage für notwendig hielten. Dafür hoben sie Kurt Georg Kiesinger, den baden-württembergischen Ministerpräsidenten, auf den Schild.

Am 30. November 1966 bediente sich Ludwig Erhard ein letztes Mal des Mediums, das er im Juni 1948 gewählt hatte, um den Westdeutschen nach der Einführung der D-Mark Mut zuzusprechen. Er wandte sich in einer Rundfunk- und Fernsehansprache an das deutsche Volk: »In der Wirtschafts- und Finanzpolitik stehen wir in einer Phase des Übergangs. Nach 18 zum Teil geradezu stürmisch verlaufenen Jahren des Aufschwungs und der Expansion gilt es, nunmehr den Übergang in eine normale wirtschaftliche Entwicklung zu finden.«[214] Der scheidende Kanzler formulierte damit genau die Herausforderung, an deren Bewältigung er soeben gescheitert war.

Niemand wird ernsthaft behaupten wollen, daß seine fünf Amtsnachfolger aus den beiden großen Volksparteien, angefangen bei Kurt Georg Kiesinger und Willy Brandt über Helmut Schmidt und Helmut Kohl bis hin zu Gerhard Schröder, bei der Lösung dieses gravierenden Problems sehr viel erfolgreicher gewesen wären – es sei denn, man entschließt sich, fünf Millionen Arbeitslose als notwendigen Bestandteil des Übergangs in die »normale wirtschaftliche Entwicklung« anzusehen.

Einen Tag nach seiner Abschiedsansprache, am 1. Dezember 1966, erklärte Erhard offiziell seinen Rücktritt. Die Betroffenheit hielt sich in Grenzen. Die wohl wichtigste Ursache für sein Scheitern als Bundeskanzler hatte er den Westdeutschen eigentlich schon am 21. Juni 1948, in seiner berühmt gewordenen Rundfunkrede, verraten. Damals hatte er freimütig eingeräumt, daß er »keinen politischen Ehrgeiz« habe, am wenigsten »einen solchen parteipolitischer Art«. Aber ein Politiker ohne politischen Ehrgeiz ist ein Widerspruch in sich. Er wolle, so hatte Erhard schon 1962 betont, »glücklich und dankbar sein, wenn es mir vergönnt war, alle Fährnisse überwunden und zu meinem Teil dazu beigetragen zu haben, daß auch unser Volk, auf gesunder wirtschaftlicher Grundlage arbeitend, wieder ein Stück von jener irdischen Lebensfreude empfinden darf, ohne das es verkümmern und verderben müßte«.[215] Sein Vermächtnis ist bis heute aktuell.

Mit Erhards Rücktritt ging die Zeit der Wundertäter zu Ende – in der Politik wie in der Wirtschaft. Die Anforderungen hatten sich geändert, hier wie da. Endgültig vorbei die Zeiten, in denen es vornehmlich darum gegangen war, dem »spontanous growth«,[216] wie es in der angelsächsischen Literatur beschworen wird, die Richtung zu weisen.

Jetzt ging es darum, das bescheidenere, »normale« Wachstum zu managen. Aber schon bald trat eine andere Aufgabe in den Vordergrund: die Sicherung des Status quo, gepaart mit der Verwaltung des schleichenden Niedergangs. Den Platz der Wundertäter nahm die Generation der »Krisenmanager« ein. In der Wirtschaft wurde dieses neue Unternehmerprofil durch Akteure wie beispielsweise Detlev Rohwedder von Hoesch, Klaus Götte von der Gutehoffnungshütte oder Gerhard Cromme von Krupp verkörpert.[217] In der deutschen Politik dagegen vollzog sich der Übergang vom Wundertäter zum Krisenmanager erst mit dem Wechsel der Kanzlerschaft von Willy Brandt zu Helmut Schmidt. Der zweite sozialdemokratische Bundeskanzler, der sich im Gegensatz zu Ludwig Erhard mit einer echten Rezession herumschlagen mußte, personifizierte den neuen Typus des »Krisenmanagers« geradezu in Bilderbuchmanier. Ein gelungenes »crisis management«, wie er es gelegentlich zeitgemäß nannte, schien ihm das größte Erfolgserlebnis zu sein, das einem verantwortlichen Politiker überhaupt noch zuteil werden kann. Nicht anders ist es in der Wirtschaft.

Epilog

Als ich vor fünf Jahren anfing, die Grabplatten über den Wundertätern anzuheben, ahnte ich nicht, auf was ich mich einließ. Die Erfolgsgeschichte der alten Bundesrepublik sei ihre Wirtschaftsgeschichte, heißt es. Die aber ist nur halb beschrieben ohne ihr Personal – ein bisher vernachlässigtes Thema, das mich neugierig machte. Ich gehöre der Generation an, die nach dem Krieg großgeworden ist, und kenne die fünfziger Jahre nicht nur aus Büchern. Einige der Protagonisten dieses Buches habe ich noch selbst erlebt.

Einen festen Platz in meiner Erinnerung hat Fritz Berg, ein Matratzenfabrikant aus dem Sauerland, der zum allmächtigen ersten BDI-Präsidenten wurde. Beim alljährlichen »Berg-Fest« hing er im Kölner Hotel Excelsior wie ein Karnevalsprinz über der Fensterbrüstung im ersten Stock und winkte seinen vorfahrenden Gästen huldreich zu, die Herren im Frack, die Damen mit Klunkern behängt. Ich stand damals als Schulmädchen unter den Zuschauern und hatte keine Ahnung, wie wichtig es für die Leute in den Führungsetagen der deutschen Wirtschaft war, auf der Gästeliste zu stehen. Zum Begriff wurde mir später der liebenswürdige BASF-Chef Carl Wurster, der es als eine vornehme Pflicht ansah, die Wissenschaft zu fördern. Ich habe auch noch Hermann Josef Abs kennengelernt: Mit seinem Charme und seinem Witz war er als Tischnachbar auch im hohen Alter noch das reine Vergnügen.

Das waren meine credentials für das Thema. Hinzu kam ein allgemeines Interesse für unsere Geschichte, so wie der Philosoph Bodo Marquardt griffig formulierte: Zukunft braucht Herkunft.

Später habe ich mich oft und mit zunehmender Verzweiflung gefragt, warum ich mich auf ein solches Unternehmen eingelassen habe. Die Zeithistoriker haben die Finger davongelassen, und sie wußten warum. Sie begnügten sich damit, die Struktur- und Sozialgeschichte der Wirtschaftswunderjahre zu schreiben. Den »Kampf mit der Vergeßlichkeit« aufzunehmen, war harte Arbeit. Noch schwerer zu ertragen waren jene Freunde, die mich fragten: Wen interessiert das denn noch? Dagegen bekam ich nachhaltigen Zuspruch von Knut Borchardt, dem international angesehensten Wirtschaftshistoriker der älteren Generation. Ohne seine Einführung in die Fachliteratur wäre ich verloren gewesen. Wiederholt führte er mich auf die richtigen Spuren.

Die Schlüsselfiguren des Wirtschaftswunders sind unbesungene Helden, die in den Geschichtsbüchern der Bundesrepublik keine Rolle spielen. Dabei verdanken ihnen die Deutschen, daß Ludwig Erhards großes Versprechen »Wohlstand für alle« schon zehn Jahre nach dem Krieg für viele in greifbare Nähe rückte.

Aber das ist nur die halbe Wahrheit. Wer die »Wundertäter« beschreiben will, kommt um die erste Hälfte ihrer Geschichte nicht herum. Sie hatten schon eine Karriere gemacht, bevor sie sich besinnungslos in den Wiederaufbau stürzten. Die konzeptionelle Vorbereitung des Wirtschaftswunders reicht in die Jahre vor 1945 zurück und gründet in Traditionen, die von der »Stunde Null« nicht zerschnitten, sondern höchstens überdeckt wurden.

Je deutlicher mein Bild von den Gründerfiguren wurde, desto mehr veränderte sich das Thema. Je näher ich ihnen kam, desto tiefer geriet ich in Erklärungsnöte. Nicht die Anfänge der Bundesrepublik rückten näher, sondern die Schatten des »Dritten Reichs« wurden immer länger. Ich hatte die Wundertäter im zeitgeschichtlichen Rahmen der fünfziger und sechziger Jahre gesehen. In Wirklichkeit gehörten sie in die dreißiger und vierziger Jahre, und einige von ihnen hatten geistig noch nicht einmal den Ersten Weltkrieg verdaut. Es war eine braune Mannschaft, die ich zum Gruppenporträt versammelte, mit einem Wort: »Business-Globkes«(so genannt nach Konrad Adenauers berüchtigtem Staatssekretär Hans Globke, dem Mitverfasser der Nürnberger Rassengesetze). Freiwillig hätte ich mir dieses Thema nicht ausgesucht, aber als ich das merkte, war es zu spät.

Warum wirken sie heute noch so verstörend? Es fängt schon damit an, daß der Zusammenbruch 1945 offensichtlich »keine Kerbe in ihrer Zeitachse« hinterließ, wie ein alter Thyssen-Manager mir sagte. Sie machten einfach weiter, vom Willen zur radikalen Umkehr, die so viele Volkserzieher erhofften, war bei ihnen nichts zu spüren. Nirgendwo war die Kontinuität so ungebrochen wie in der Wirtschaft. Der Zivilisationsbruch sprach sich nicht bis zu ihnen herum, auch der Holocaust nicht. Das Vaterland, auf das sie als Patrioten schworen, war moralisch bis auf den Grund abgebrannt, aber nicht einmal davon wurden sie aus der Bahn geworfen. Die Tragödie spornte sie nur dazu an, die Ärmel hochzukrempeln, die Scheuklappen fester zu zurren und auf ihre technischen Fähigkeiten und ihr Erfahrungswissen zu vertrauen. Gesinnungsethiker meinen, daß sie mehr als andere den Auftrag gehabt hätten, aus der Geschichte zu lernen. Aber wenn sie handlungsfähig bleiben wollten, konnten sie dieses Ansinnen nur ignorieren. Als ihre Kinder sie später fragten, ob denn 1945 keine Zäsur gewesen sei, antworteten sie gerne: »Daß der Krieg verloren war, wußten wir schon vorher.«

Die Psychologie des Gedächtnisses verhinderte, daß sie in den Spiegel schauten. Etwas Besseres, als wieder arbeiten zu dürfen, konnte ihnen gar nicht passieren. Ihr Geheimnis? Der Kaufmann blickt nach vorn. Anders kann er nicht erfolgreich sein. »Hauptsache Zukunft« ist seine Devise.

Daß sie an diese Zukunft noch glauben konnten, hing wohl auch damit zusammen, daß sie den Krieg nur aus der Ferne erlebt hatten, in der Heimat, in ihren Villen, Landhäusern und Vorstandsbüros. Bis 1943/44 waren sie zu Hause in Sicherheit gewesen. Der Ostpreuße Eberhard von Kuenheim (Jahrgang 1928), der als langjähriger BMW-Chef zur zweiten Managergeneration nach dem Krieg gehörte, hat den Generationenbruch am eigenen Leib erfahren. Er war mit sechzehn Jahren als Marinehelfer in Pillau eingesetzt worden und hatte Deutschland anschließend noch in der Lüneburger Heide retten sollen. Das Kriegsende erlebte er als Verwundeter im Lazarett. »Die großen Leute, die das Wirtschaftswunder machten, haben den Krieg an der Heimatfront verbracht. Sie haben höchstens erlebt, daß ihr Haus zerbombt wurde, aber ihr Leben wurde nicht in Stalingrad geopfert. Ihre Wettbewerber waren tot.«[218] Von den Männern der Jahrgänge 1911 bis 1925 war jeder vierte gefallen. Das verbesserte die Karrierechancen der Jüngeren enorm; den Älteren bescherte es nach dem Zusammenbruch eine zweite Chance. Karl Otto Pöhl, Jahrgang 1929 und von 1980 bis 1991 Bundesbankpräsident, wird sarkastisch, wenn er an die Toten denkt, »die uns nicht mehr im Wege standen ... Davon haben wir alle profitiert. Es gab ja niemanden, der vor uns war. Ein Faktor, der sich förderlich auf die Karriere auswirkte.«[219] Als Musterbeispiel für die Chancen der Älteren steht der 1891 geborene Mannesmann-Generaldirektor Wilhelm Zangen. In seine 58 Berufsjahre fielen zwei Weltkriege, zwei Wiederaufbauphasen und zwei Perioden als Firmenchef, von 1934 bis 1945 und von 1948 bis 1957. Danach war er noch einmal zehn Jahre Aufsichtsratsvorsitzender bei Mannesmann.

Aus der Sicht von heute ist es kein Kunststück, mit der Generation der Wundertäter kurzen Prozeß zu machen. Ihnen gerecht zu werden, ist schwerer. Von der Geschichte haben sie ein Pensum auferlegt bekommen, das keine andere Generation zu schultern hatte: Zwei Weltkriege und vier politische Systeme – das Kaiserreich, die Weimarer Republik, das »Dritte Reich« und die Bundesrepublik im schnellen Wechsel. Ihren politischen Instinkt und ihren persönlichen Mut hat dieses Wechselbad der Erfahrung nicht gestärkt. Vielmehr machte sie ihr Schicksal anpassungsfähig bis zur Selbstverleugnung. Aus ihrem Blickwinkel war es offenbar kein großer Unterschied, ob »draußen« eine Monarchie, eine Republik oder eine Diktatur die Regeln bestimmte. Nur die Kontonummern auf den Schecks änderten sich. Es wurde immer dorthin gespendet, wo die Macht war, egal, wer sie in Händen hielt. Für die Geschäfte war es nur vernünftig, ein gutes Verhältnis zur Regierung zu haben und zu wissen, was die Politiker im Sinn hatten. Aber das war keine Spezialität der Wundertäter. Auch ihre Nachfolger ließen sich (und lassen sich) die »Pflege der politischen Landschaft« (wie der Flick-Manager Eberhard von Brauchitsch die Beziehung seines Konzerns zur Politik feinsinnig umschrieb) angelegen sein.

Intellektuell war an den Wundertätern nichts faszinierend. Sie liebten es, Goethe zu zitieren. »Die Tätigkeit ist es, die den Menschen glücklich macht.« Oder auch: »Es lobt den Mann die Arbeit und die Tat.« Diese Verse fielen ihnen bei jedem Jubiläum und bei jedem runden Geburtstag ein – im »Dritten Reich« und später in der Bundesrepublik. Der hochverehrte Patriarch der Vereinigten Stahlwerke, Albert Vögler, gab 1943 vorweihnachtliche Lesefrüchte zum besten und empfahl dem Vorstand die »Biene Maja« zur Lektüre, um defätistische Gedanken zu vertreiben. Dort werde »der große Kampf geschildert, als die Hornissen über die Bienen herfielen« und »ungeheures Sausen die Luft erfüllte und die Hornissen mit einer Übermacht kamen, die ungeheuerlich war. Trotzdem hatten die Bienen, weil sie besseres Material hatten, weil sie tapfer und standhaft waren, gewonnen«.[220]

Wonach sie sich sehnten, als dann doch alles verloren war? Sie wollten raus aus dem Schlamassel. Auch nach dem Krieg strotzten sie noch vor Energie. Die Nazizeit hatte zwölf Jahre gedauert, der Krieg sechs, nur die letzten zwei Jahre waren auch für die Kämpfer an der Heimatfront riskant. In ihren Karrieren, die vierzig Jahre dauerten, war das keine lange Zeit.

Man kann den Männern, von denen in diesem Buch die Rede ist, viel nachsagen, aber Schwächlinge waren sie nicht, und gut trainiert hatten die Nazis sie auch. Ungerührt wie eine Büffelherde zogen sie weiter in die Bundesrepublik. Ob das »Dritte Reich« die Modernisierungsschmiede für den Wiederaufbau war? Das ist eine Frage, über die die Zeithistoriker nächtelang debattieren können. Praktiker halten sie eher für trivial. »Die Amerikaner haben während des Krieges Forschungsschwerpunkte gesetzt und wirkliche Durchbrüche erzielt. Deutschland mußte wegen des ungeheuren Materialverschleißes eigentlich nur produzieren. Der Personalmangel war groß. Immer wieder wurden Fachkräfte abgezogen und ging Wissen verloren, das durch Kriegsgefangene nicht ersetzt werden konnte. Man hatte weder die Zeit noch die Ressourcen, um entweder bahnbrechend Neues zu erfinden oder Bekanntes zu optimieren. Auch Albert Speer war kein Erfinder. Er mußte dauernd bauen, mal hier mal da, und Rohstoffe quer durch den Kontinent schieben. Alles mußte schnell passieren. Für Neues fehlte die Zeit.«[221]

Deutschland ist einmal eine Erfindernation gewesen, aber seit dem Krieg hat dieser Ruf seinen Glanz verloren. Als sie wieder arbeiten durften, konzentrierten sich die Wirtschaftsführer auf das, was sie konnten. Ihr Ehrgeiz galt dem Wiederaufbau ihrer Unternehmen. Dafür verwendeten sie die Rezepte der Vergangenheit, die sie nach allen Regeln der Kunst anwendeten. Sie waren Macher und großartige Rekonstruktionskünstler. Ohne ihr Instrumentenwissen hätte es das Wirtschaftswunder nicht gegeben. Aber ihr Zukunftsbild orientierte sich an der Vergangenheit. Es bezog sich auf die Wiederherstellung des Status quo ante. Sie mußten ihre Produktionsanlagen wieder in Gang setzen, die Leute zur Arbeit motivieren, neue Märkte erobern, Vorkriegsverbindungen wiederbeleben. Aus der Perspektive der Wundertäter war der Erfolg in den fünfziger Jahren nichts anderes als die geglückte Wiederholung der dreißiger – diesmal nur ohne Hitler, ohne Nationalsozialismus und ohne Weltkrieg. Aber war es etwas Neues?

»Das einzig Neue, was die Bundesrepublik hervorgebracht hat, war Ludwig Erhard«, sagt der Unternehmensberater Roland Berger kategorisch. Wer Erhard nur als »Gummilöwen« in seiner Leidenszeit als Bundeskanzler erlebt hat, versteht das nicht. Er war ein Solitär: ein isolierter Querdenker; ein oratorisches Naturtalent; introvertiert, anerkennungsbedürftig und wenig beeinflußbar. Dabei war er die Wahlkampflokomotive der CDU: ein Mann, bei dem sich die Nachkriegsdeutschen wohl fühlten.

»Die Faszination, die von diesem Menschen ausging, ist den heute Lebenden gar nicht mehr zu erklären«, sagt Julia Dingwort-Nusseck, die ihn als junge Rundfunkjounalistin erlebte und zu einer glühenden Bewunderin wurde. Sie gehörte zu den ersten, die ihren Hörern sagte: »Das Wirtschaftswunder ist kein Wunder, es ist nur der eindringlichste Anschauungsunterricht über das, was geschehen kann, wenn Kräfte freigesetzt werden und es Leute gibt, die ihr persönliches Schicksal damit verknüpfen.« Mit seinem marktwirtschaftlichen Konzept war Erhard der kreative Kopf der Wirtschaftspolitik. Seine entscheidende Tat war die Aufhebung der Bewirtschaftung, die er im Moment der Währungsreform per Ermächtigung durchsetzte –»ein eindeutig vorsätzliches Amtsdelikt«, wie Theodor Eschenburg, der kluge Ratgeber der Bonner Politik, nicht ohne Bewunderung schrieb. Er vollbrachte dieses taktisch geschickte und technisch gelungene Kunststück, ohne über irgendwelche politische Erfahrung zu verfügen.

Erhards altfränkisches Gehabe führte dazu, daß er schon früh madig gemacht wurde. Die Industriellen lehnten ihn ab. Für ein Unglück hielten sie ihn, als sie merkten, daß er auf ein Kartellverbot zusteuerte. Einen wettbewerbsmäßig organisierten Markt konnte sich keiner von ihnen vorstellen. Bereits vor 1933 gehörten Kartelle und Syndikate zur deutschen Industriekultur. Dagegen vorzugehen, erforderte ungeheuren Mut. Aber Erhard war wie ein Missionar von der Notwendigkeit durchdrungen, die deutsche Kartelltradition zu zerschlagen.

Für Fritz Berg und seine Gefolgschaft rührte Erhard mit der Wettbewerbsgesetzgebung nicht nur an einzementierte Strukturen, sondern auch an ihre Herrschaftsansprüche. Sie glaubten, die Ordnung der Märkte sei ihr natürliches Recht.»Aus dieser Perspektive war das Verhältnis des Staates zur Wirtschaft die eigentliche Frage der Wettbewerbsgesetzgebung.«[222] Es ging um die Macht. Als das Gesetz gegen Wettbewerbsbeschränkungen 1957 verabschiedet wurde, waren ihm viele Zähne gezogen. Daß es dennoch ein Erfolg war, belegt das Europäische Wettbewerbsrecht, das 1958 im Vertrag von Rom weitgehend nach deutschem Vorbild ausgestaltet wurde. Als das geschafft war, wurde Ludwig Erhard nur noch als Prediger wahrgenommen. Der Kampf für die Marktwirtschaft und gegen ihre Feinde hatte ihn zermürbt und seine Kräfte erschöpft.

Im Hinblick auf die Leute »mit Vergangenheit« gibt es von Konrad Adenauer das berühmte Wort:»Man schüttet kein dreckiges Wasser aus, wenn man kein reines hat.« Er brauche »Instrumente«, um die Arbeit zu tun. Solange er nichts Besseres habe, müsse er sich eben eines Instrumentes bedienen, »so wie es da ist«.[223] Die Wirtschaftler, die an der Heimatfront gekämpft hatten, waren da und konnten von Glück reden. Andere gab es nicht. Als »men of all seasons«, wie der Abs-Biograph Lothar Gall sie apostrophiert, wußten sie ihre zweite Chance zu nutzen. Ob sie insgeheim dafür dankbar waren? Selbstzweifel waren ihnen jedenfalls fremd, auch unter Skrupeln litten sie nicht. Im Gegenteil, sie erwarteten breite Dankbarkeit dafür, daß sie die Menschen mit Arbeit und Brot versorgten. Die Selbstherrlichkeit der Vorstände in den fünfziger Jahren würde heute von niemandem mehr akzeptiert.

Im Rückspiegel besehen waren die »Wundertäter« eigentlich glückliche Leute. Als sie begannen, schien ihre Situation hoffnungslos zu sein. Aber als sie wieder loslegen durften, konnten sie täglich erleben, wie es aufwärtsging. In vieler Hinsicht hatten sie es besser als die heute aktiven Manager. Sie hatten es mit einer geschlossenen Volkswirtschaft zu tun und mit berechenbaren Märkten. Die Weltwirtschaft schien unerschöpfliche Absatzmärkte zu bieten. Die Rentabilität der Investitionen war garantiert. Das Verkaufen war kein Problem, Sorge machte nur die Finanzierung.

Geld war Mangelware und wurde den Bankern aus der Hand gerissen. Sie mußten es nur verteilen. Damals gab es keinen Banker, der nicht Insidergeschäfte machte. Die Bankvorstände lebten nicht von ihren Einkommen, sondern von der Verwertung ihres Wissens. Ihre Sekretariate teilten sich gegenseitig mit, wann und wo ein An- oder Verkauf von Firmenteilen anstand. Dann schaute jeder zu, daß er seinen Schnitt machte. Nein, das taten die Herren nicht selber, ihre Vorzimmerdamen nahmen es ihnen ab oder die stille Post. »Dolose Handlungen« nennen das die Juristen heute.

Juristische und moralische Grenzen zu überschreiten, war damals normal. Corporate governance gehörte noch nicht zu den zehn Geboten der Gründerväter. Der Vorstand wählte sich seinen eigenen Aufsichtsrat. Der hatte nichts zu sagen. Wer abtrat, sorgte für seinen Nachfolger. Mit dieser Methode wurden manchmal Volltreffer gelandet, andere Male ging es schief. Insgesamt wurde damit für einen endlosen Zufluß aus »alten« Strukturen gesorgt.

In der Regel waren die Unternehmer der ersten Stunde ihre eigenen Personalchefs. Headhunter brauchten sie nicht. Die entscheidende Rolle bei der Besetzung eines Vorstandspostens spielten nicht Studium und Examensnote, sondern Kontakte und Freundschaften, die in den Aufsichtsräten, in Clubs, kleinen Zirkeln und auf der Jagd gepflegt wurden.

Wenn sie Patriarchen von Format waren, hatten sie Respekt vor dem Können ihrer Mitarbeiter und behandelten sie nicht wie ein Stück Holz. Kaum einer von ihnen mußte rudern, um von unten nicht abgeschossen zu werden. Ihre Eigentümer kümmerten sie einen feuchten Kehricht. Die waren zufrieden, wenn die Gewinne flossen. Den damaligen Managern wurde ihr Herr-im-Hause-Standpunkt von niemandem streitig gemacht.

Das Buch sollte eine Heldengeschichte werden. Ein mentaler Trugschluß. »Unglücklich das Land, das keine Helden hat«, heißt es in Brechts »Leben des Galilei«. Und Galilei antwortet: »Unglücklich das Land, das Helden nötig hat.« Nach dem Krieg brauchten wir unsere »Helden«. Andere als sie waren nicht da. Unglücklich sind wir nicht mit ihnen geworden. Was von ihnen in der Erinnerung bleibt? Der Respekt vor einer enormen Aufbauleistung und das Erschrecken über ihre völlige moralische Unempfindlichkeit.

Anhang

Anmerkungen

1 Bundeskanzlerin Angela Merkel auf dem Weltwirtschaftsforum in Davos am 25. Januar 2006 und in ihrer Regierungserklärung am 30. November 2005 vor dem Deutschen Bundestag.

2 Erhard, Ludwig: Deutsche Wirtschaftspolitik. Der Weg der sozialen Marktwirtschaft, Düsseldorf 1962, S. 64.

3 Allgemeine Kölnische Rundschau, 27. August 1948. Vgl. auch Pünder, Heinrich: Von Preußen nach Europa, Lebenserinnerungen, Stuttgart 1968, S. 239 ff.

4 Schmidt, Matthias: Albert Speer. Das Ende eines Mythos, Bern, München 1982, S. 9.

5 Abelshauser, Werner: Deutsche Wirtschaftsgeschichte seit 1945, Bonn 2004, S. 11.

6 Joachim Fest im Gespräch mit N. G. am 6. Februar 2003.

7 Thyssen-Archiv.

8 Der Spiegel, 8. 10. 1958.

9 Brauchitsch, Eberhard von: Der Preis des Schweigens, Berlin 1999, S. 35.

10 Vgl. dazu Abelshauser, Werner: Die Langen Fünfziger Jahre. Wirtschaft und Gesellschaft der Bundesrepublik Deutschland 1949 bis 1966, Düsseldorf 1987.

11 Dahrendorf, Ralf: Eine neue Oberschicht?, in: Die Neue Gesellschaft (25) 1962, S. 17.

12 Müller, Wolf-Dieter: Der Manager der Kriegswirtschaft. Hans Kehrl. Ein Unternehmer in der Politik des Dritten Reiches, Essen 1999, S. 131.

13 Speer, Albert: Erinnerungen, Berlin 1969, S. 368.

14 Vgl. Mutter, Rolf Dieter: Die Manager der Kriegswirtschaft, Essen 1999, S. 30.

15 Berghahn, Volker: Unternehmer und Politik in der Bundesrepublik, Frankfurt/Main 1985, S. 54.

16 Speer 1969, S. 371.

17 Kehrl, Hans: Krisenmanager im Dritten Reich, 6 Jahre Frieden, 6 Jahre Krieg. Erinnerungen, Düsseldorf 1973, S. 396.

18 So seine Sekretärin, zit. nach Sereny, Gitty: Albert Speer, München 1995, S. 351.

19 Fest, Joachim: Speer, Berlin 1999, S. 314.

20 Kehrl 1973, S. 355.

21 Major Peter Popp vom Militärgeschichtlichen Forschungsamt, E-Mail vom 18. November 2003.

22 Kehrl 1973, S. 402.

23 Neckermann 1990, S. 104.

24 Eschenburg, Theodor: Letzten Endes meine ich doch. Erinnerungen 1933–1999, Berlin 2002, S. 74.

25 Gall, Lothar: Der Bankier Hermann Josef Abs. Eine Biographie, München 2004, S. 118.

26 Ramge, Thomas: Die Flicks. Eine deutsche Familiengeschichte über Geld, Macht und Politik, Frankfurt/Main 2004, S. 124.

27 Berghahn 1985, S. 40ff.

28 Neckermann 1990, S. 159.

29 Hausenstein, Wilhelm: Licht unter dem Horizont, München 1976, S. 347.

30 Brandt, Willy: Mein Weg nach Berlin, aufgezeichnet von Leo Lania, München 1960, S. 207.

31 Dieter Spethmann im Gespräch mit N. G. am 31. Juli 2002.

32 Hans-Günther Sohl 1985 in einem Interview für den Westdeutschen Rundfunk » 1945 – wie alles anfing«.

33 Rohland, Walter: Bewegte Zeiten. Erinnerungen eines Eisenhüttenmannes, Stuttgart 1978, S. 115.

34 Höpker-Aschoff an Professor Müller. Zit. nach Henke, Klaus Dietmar: Die amerikanische Besetzung Deutschlands, München 1996, S. 569.

35 Zangen, Wilhelm: Aus meinem Leben, Düsseldorf 1968, S. 164.

36 Johanna von Bennigsen-Foerder im Gespräch mit N. G. am 17. Oktober 2002.

37 Sohl, Hans-Günther: Notizen, Bochum-Wattenscheid 1983, S. 48.

38 Gall 2004, S. 128.

39 Neckermann 1990, S. 37.

40 Herbert Gienow im Gespräch mit N. G. am 19. März 2003.

41 Zit. nach Kleßmann, Christoph: Die doppelte Staatsgründung. Deutsche Geschichte 1945–1955, Bonn 1991, S. 66.

42 Rohland 1978, S. 158.

43 Faulenbach, Bernd: Die preußischen Bergassessoren im Ruhrbergbau, Göttingen 1982, S. 230.

44 Sohl 1983, S. 38.

45 Vgl. Krocker, Evelyn: Heinrich Kost, Rationalisierung und Sozialbeziehungen im Bergbau, in: Erker, Paul/Pierenkemper, Toni: Deutsche Unternehmer zwischen Kriegswirtschaft und Wiederaufbau, München 1999, S. 291.

46 Der Spiegel, 18. Januar 1947.

47 Kost, Heinrich: Die Tätigkeit der Deutschen Kohlenbergbau-Leitung. Schlußbericht, in: Glückauf (90) 1954, S. 2.

48 Dönhoff, Marion Gräfin von: Von Gestern nach Übermorgen, Hamburg 1981, S. 149.

49 Zit. nach Clay, Lucius D.: Entscheidung in Deutschland, Frankfurt a. M. 1950, S. 135.

50 Zit. nach Pörtner, Rudolf (Hg.), Kinderjahre der Bundesrepublik. Von der Trümmerzeit zum Wirtschaftswunder, München 1992, S. 251.

51 Interview mit Hans-Günther Sohl, 1985.

52 Ernst von Siemens, »Zeugen des Jahrhunderts«, 1985.

53 Zangen 1968, S. 171.

54 Günter Vogelsang im Gespräch mit N. G. am 20. Februar 2004.

55 Vondran, Ruprecht: Leben mit Stahl, Düsseldorf 2000, S. 1.

56 Sohl 1983, S. 67.

57 Zit. nach Michaelis H./Schrapler E. (Hg.): Ursachen und Folgen. Vom deutschen Zusammenbruch 1918 und 1945 bis zur staatlichen Neuordnung Deutschlands in der Gegenwart, Berlin o. J., Bd. 25, S. 31ff.

58 Uebbing, Helmut. Stahl schreibt Geschichte, Düsseldorf 1999, S. 202.

59 Ebd.

60 Gillingham, John: Die Europäisierung des Ruhrgebiets. Von Hitler bis zum Schuman-Plan, o. O., o. J., S. 35.

61 Zit. nach Kleßmann 1991, S. 395.

62 Zit. nach Müller-List, Gabriele: Neubeginn bei Eisen und Stahl im Ruhrgebiet. Die Beziehungen zwischen Arbeitgebern und Arbeitnehmern in der nordrhein-westfälischen Eisen- und Stahlindustrie 1945–1948, Düsseldorf 1990, S. 208f.

63 Treue, Wilhelm/Uebbing, Helmut: Die Feuer verlöschen nie. August-Thyssen-Hütte 1926–1966, Düsseldorf und Wien 1969, S. 123.

64 Günter Vogelsang im Gespräch mit N. G. am 20. Februar 2004.

65 Der Spiegel, 26. September 1956.

66 Zangen 1968, S. 174.

67 Briefwechsel Abs–Zangen, September 1948, in: Mannesmann-Archiv.

68 Alfred von Oppenheim im Gespräch mit N. G. am 25. November 2003.

59 Pritzkoleit 1955, S. 383.

70 Zangen 1968, S. 175.

71 Zangen 1968, S. 183.

72 Stenographische Berichte des Deutschen Bundestages, Bd. 1, 20. September 1949, S. 22ff.

73 Adenauer, Konrad: Erinnerungen 1945–1953, Stuttgart/Hamburg 1965, S. 236.

74 Ebd., S. 286.

75 Vgl. dazu Gall 2004, S. 122 und 132.

76 Pell, Robert T., in: Henke, Klaus-Dietmar: Die amerikanische Besetzung Deutschlands, München 1996, S. 487f.

77 Zit. nach Damm, Veit: Carl Wurster, Chemiker und Manager, Dresden 2000, S. 44.

78 Zit. nach Chemische Industrie, Zeitschrift für die deutsche Chemiewirtschaft, Oktober 1952, S. 807.

79 Zit. nach Lindner, Stephan H. Hoechst, München 2005, S. 212.

80 Zit. nach Damm 2000, S. 44.

81 Ronaldo Schmitz im Gespräch mit N. G. am 26. April 2004.

82 Zit. nach Der Spiegel, Geschichte eines Autos, Hamburg 1960.

83 Ebd.

84 Ebd.

85 Zit. nach Nelson, Henry Walter: Die Volkswagenstory, Frankfurt/ Main 1968, S. 68.

86 Nordhoff, Heinrich: Reden und Aufsätze. Zeugnisse einer Ära, Düsseldorf, Wien u. a. 1992, S. 46.

87 Ebd., S. 59.

88 Carl Hahn im Gespräch mit N. G. am 15. Oktober 2002.

89 Ebd.

90 Ernst von Siemens, »Zeugen des Jahrhunderts«, 1985.

91 Dr. Hermann Franz im Gespräch mit N. G. am 8. November 2002.

92 Ernst von Siemens, »Zeugen des Jahrhunderts«, 1985.

93 Ebd.

94 Ebd.

95 Werner Otto im Gespräch mit N. G. am 3. Dezember 2002.

96 Ebd.

97 Ebd.

98 Zit. nach Faulenbach, Bernd: Die preußischen Bergassessoren im Ruhrbergbau, in: Mentalitäten und Lebensverhältnisse. Rudolf Vierhaus zum 60. Geburtstag, Göttingen 1982, S. 225ff.

99 So Charles Wighton, zit. nach Silber-Bonz, Christoph: Pferdmenges und Adenauer, Bonn 1997, S. 17. Vgl. Gall 2004, S. 234.

100 Zit. nach Jakobsen, Nikolaus: Robert Pferdmenges, München, Köln 1957, S. 31.

101 Henle, Günter: Weggenosse des Jahrhunderts, Stuttgart 1968, S. 84.

102 Stürmer, Michael u. a.: Wägen und Wagen. Sal. Oppenheim jr. & Cie. Geschichte einer Bank und einer Familie. München 1994, S. 392.

103 Zit. nach Jacobsen 1957, S. 33.

104 Ebd. S. 9.

105 Julia Dingwort-Nusseck im Gespräch mit N. G. am 12. Januar 2004.

106 Zit. nach Jacobsohn 1957, S. 3.

107 Rhöndorfer Ausgabe, Briefe 1955–1957, Berlin 1998, S. 188.

108 Julia Dingwort-Nusseck im Gespräch mit N. G. am 12. Januar 2004.

109 Zit. nach Koerfer 1987, S. 108.

110 Vgl. Gall 2004, S. 135.

111 Vgl. Gall 2004, S. 157.

112 Kennan, George F.: Memoiren eines Diplomaten. Memoirs 1925 bis 1950, Stuttgart 1968, S. 497.

113 Abelshauser 1987, S. 45.

114 Zit. nach Thamer, Hans-Ulrich: Verführung und Gewalt. Deutschland 1933–1945, Berlin 1998, S. 475f.

115 Zit. nach Adamsen, Heiner R.: Investitionshilfe für die Ruhr, Wuppertal 1981, S. 41.

116 Zit. nach Abelshauser, Werner: Ansätze »korporativer Marktwirtschaft« in der Korea-Krise der frühen 50er Jahre. Ein Briefwechsel zwischen dem Hohen Kommissar John McCloy und Bundeskanzler Konrad Adenauer, in: VfZ 30 (1982), S. 734ff.

117 Zit. nach Berghahn 1985, S. 274.

118 Zit. nach Lauschke, Karl: Vom Schlotbaron zum Krisenmanager. Der Wandel der Wirtschaftselite in der Eisen- und Stahlindustrie. Eine Skizze, in: Berghahn, Volker R. u. a.: Die deutsche Wirtschaftselite im 20. Jahrhundert. Kontinuität und Mentalität, Bochum 2003, S. 115–128.

119 Zit. nach Treue/Uebbing 1969, S. 195.

120 Ebd., S. 199.

121 Eglau, Hans-Otto: Erste Garnitur. Die Mächtigen der deutschen Wirtschaft, Düsseldorf 1980, S. 45.

122 Sohl zur Wirtschaftsjournalistin Fides Krause-Brewer, WDR-Interview, 16. April 1988.

123 Gerd Bucerius, in: Die ZEIT vom 23. September 1988.

124 Berthold Beitz im Gespräch mit N. G. am 12. Mai 2004.

125 Ebd.

126 Ebd.

127 Karl-Heinz Bund im Gespräch mit N. G. am 28. November 2002.

128 Vgl. Czapski, Holger: Zwischen Struktur und Ereignis. Biographische Annäherung an den Unternehmer Dr. Egon Overbeck, o. O., 2006.

129 Sohl 1983, S. 123.

130 Zangen 1968, S. 209.

131 Nordhoff 1998, S. 117.

132 Sten. Ber. , Bd. 18, 20. Oktober 1953, S. 18.

133 Pritzkoleit, Kurt: Männer, Mächte, Monopole, Düsseldorf 1960, S. 294.

134 Engelmann, Bernt: Die Macht am Rhein. Meine Freunde, die Geldgiganten, München 1984, S. 66.

135 Zit. nach Berghahn, Volker R./Friedrich, Paul J.: Otto A. Friedrich, ein politischer Unternehmer. Sein Leben und seine Zeit 1902–1975, Frankfurt/Main 1993, S. 328.

136 Zit. nach Ramge 2004, S. 165.

137 Pritzkoleit, Kurt: Gott erhält die Mächtigen, Düsseldorf 1963, S. 9.

138 Julia Dingwort-Nusseck im Gespräch mit N. G. am 12. Januar 2004.

139 Berghahn/Friedrich 1993, S. 117.

140 Ebd.

141 Sten. Ber., Bd. 18, 20. Oktober 1953, S. 15.

142 Zit. nach Jakobsen 1957, S. 10.

143 Ebd., S. 33.

144 Zit. nach Gall 2004, S. 180f.

145 Ebd., S. 232.

146 Ebd., S. 198.

147 Neckermann 1990, S. 227.

148 Ebd., S. 234.

149 Brauchitsch 1999, S. 44.

150 Ebd.

151 Sten. Ber., Bd. 26, 19. Oktober 1955, S. 5823.

152 Feldenkirchen, Wilfried: Siemens. Von der Werkstatt zum Weltunternehmen, München 2003, S. 281.

153 Zit. nach Berghahn/Friedrich 1993, S. 260.

154 Priester, Hans E.: Das deutsche Wirtschaftswunder, Amsterdam 1936, S. 10.

155 Zit. nach Mierzejewski, Alfred C.: Ludwig Erhard. Der Wegbereiter der Sozialen Marktwirtschaft, München 2005, S. 219.

156 Bericht des Staatssekretärs Hermann Wandersleb, zit. nach Koerfer, Daniel: Kampf ums Kanzleramt, Erhard und Adenauer, Stuttgart 1987, S. 121.

157 Zit. nach Ramge 2004, S. 167.

158 Mierzejewski 2005, S. 240.

159 Sten. Ber., Bd. 39, 29. Oktober 1957, S. 20.

150 Zit. nach Gall 2004, S. 229.

151 Ebd., S. 285.

162 Protokoll des Kohlegesprächs vom 1. Oktober 1957, in: Ludwig Erhard-Stiftung.

163 Ebd.

164 Vgl. dazu Abelshauser, Werner: Der Ruhrkohlenbergbau seit 1945, München 1984, S. 86ff.

165 Ebd.

166 Klaus Tenfelde im Gespräch mit N. G. am 22. Oktober 2002.

167 Helmut Eberspächer im Gespräch mit N. G. am 23. Januar 2003.

168 Jürgen Großmann im Gespräch mit N. G. am 26. Juli 2003.

169 Heuss, Theodor: Robert Bosch, Tübingen 1946, S. 92.

170 Trauergottesdienst für Hans L. Merkle am 27. September 2000 in Pforzheim, Privatdruck.

171 Merkle, Hans L.: Dienen und Führen. Erkenntnisse eines Unternehmers, Stuttgart 2001, S. 8.

172 Bosch-Archiv.

173 Grunenberg, Nina: Die Chefs, Bonn 1990, S. 85.

174 Hans L. Merkle – Remarks by Henry A. Kissinger, in: Merkle, Hans L.: Dienen und Führen. Erkenntnisse eines Unternehmens, Stuttgart und Hohenheim 2001, S. 7.

175 Wolfgang Röller im Gespräch mit N. G. am 7. November 2003.

176 Auf einer Sitzung des CDU-Bundesvorstands am 23. November 1956, zit. nach: Morsey, Rudolf: Die Bundesrepublik Deutschland. Entstehung und Entwicklung bis 1969, München 1995, S. 48.

177 Kehrl 1973, S. 255.

178 Der Spiegel, 1. August 1962.

179 Ebd.

180 Neckermann 1990, S. 282.

181 Ebd., S. 283.

182 Ebd., S. 291.

183 Zit. nach Ramge 2004, S. 169.

184 Ebd., S. 191.

185 Die Sorgen des Steinkohlenbergbaus, Rundfunkansprache vom
    10. September 1959, in: Erhard 1962, S. 442.
186 Zit. nach Koerfer 1987, S. 504.
187 Ebd., S. 516.
188 Ebd., S. 323.
189 AdG 31 (1961), S. 9513.
190 Erhard 1962, S. 572ff.
191 In einer Ansprache am 1. Juli 1961, in: Nordhoff 1998, S. 282.
192 Nordhoff 1992, S. 269.
193 Carl Hahn im Gespräch mit N. G. am 15. Oktober 2002.
194 Ebd.
195 Sten. Ber., Bd. 53, 15. Oktober 1963, S. 4165.
196 Ebd., S. 4193.
197 Abelshauser, Werner: Deutsche Wirtschaftsgeschichte seit 1945,
    München 2004, S. 205.
198 Zangen 1968, S. 212.
199 Ebd.
200 Zit. nach Lauschke 2003, S. 121.
201 Zit. nach Rasch, Harold: Unternehmer und Manager. Wie man Er-
    folge macht und wie man scheitern kann, Stuttgart-Degerloch 1967,
    S. 35.
202 Dohrn, Klaus: Meine Zeit. Erinnerungen eines Bankiers, Pfullingen
    1991, S. 198.
203 Schreiben von Abs an Beitz vom 25. September 1968, zit. nach Gall
    2004, S. 388.
204 Zit. nach Treue/Uebbing 1969, S. 235.
205 Jürgen Blankenburg im Gespräch mit N. G. am 3. August 2001.
206 Zit nach Treue/Uebing 1969, S. 234.
207 Mierzejewski 2005, S. 301.
208 AdG 35 (1965), S. 12159.
209 Nordhoff 1992, S. 359f.
210 Ebd., S. 47.
211 Ernst von Siemens, »Zeugen des Jahrhunderts«, 1985.
212 Heinrich von Pierer im Gespräch mit N. G. am 2. Juni 2004.
213 Ernst von Siemens, »Zeugen des Jahrhunderts«, 1985.

214 AdG 36 (1966), S. 12840.

215 Erhard 1962, S. 68.

216 Vgl. Giersch, Herbert u.a.: The fading miracle. Four decades of market economy in Germany, Cambridge 1992.

217 Vgl. dazu vor allem Lauschke 2003, S. 126ff.

218 Eberhard von Kuenheim im Gespräch mit N. G. am 9. Oktober 2002.

219 Karl Otto Pöhl im Gespräch mit N. G. am 17. März 2002.

220 Herbst, Ludolf: Der Totale Krieg und die Ordnung der Wirtschaft. Die Kriegswirtschaft im Spannungsfeld von Politik, Ideologie und Propaganda 1939–1945, Stuttgart 1982, S. 345f.

221 Ronaldo Schmitz im Gespräch mit N. G. am 26. April 2005.

222 Jochen Westmäcker im Gespräch mit N. G. am 15. Juni 2004.

223 Adenauer, Teegespräche 1950–1954, Rhöndorf 1984, S. 243.

Literatur

Abelshauser, Werner: Ansätze »korporativer Marktwirtschaft« in der Korea-Krise der frühen 50er Jahre. Ein Briefwechsel zwischen dem Hohen Kommissar John McCloy und Bundeskanzler Konrad Adenauer, in: Vierteljahrshefte für Zeitgeschichte 30 (1982).

Abelshauser, Werner: Der Ruhrkohlenbergbau seit 1945, München 1984.

Abelshauser, Werner: Die Langen Fünfziger Jahre. Wirtschaft und Gesellschaft der Bundesrepublik Deutschland 1949–1966, Düsseldorf 1987.

Abelshauser, Werner: Wirtschaftsgeschichte der Bundesrepublik Deutschland 1945–1980, Frankfurt/Main 1987.

Abelshauser, Werner: Deutsche Wirtschaftsgeschichte seit 1945, München 2004.

Adamsen, Heiner R.: Investitionshilfe für die Ruhr, Wuppertal 1981.

Berghahn, Volker: Unternehmer und Politik in der Bundesrepublik, Frankfurt/Main 1985.

Berghahn, Volker R./Friedrich, Paul J.: Otto A. Friedrich, ein politischer Unternehmer. Sein Leben und seine Zeit 1902–1975, Frankfurt/Main 1993.

Bönisch, Georg (Hg.): Die 50er Jahre: Vom Trümmerland zum Wirtschaftswunder. München 2006.

Borchardt, Knut: Grundriß der deutschen Wirtschaftsgeschichte, Göttingen 1978.

Brandt, Willy: Mein Weg nach Berlin, aufgezeichnet von Leo Lania, München 1960.

Brandt, Willy: Erinnerungen, Berlin 1994.

Brauchitsch, Eberhard von: Der Preis des Schweigens, Berlin 1999.

Clay, Lucius D.: Entscheidung in Deutschland, Frankfurt/Main 1950.

Dahrendorf, Ralf: Eine neue Oberschicht?, in: Die Neue Gesellschaft (25) 1962.

Damm, Veit: Carl Wurster, Chemiker und Manager, Dresden 2000.

Dohrn, Klaus: Meine Zeit. Erinnerungen eines Bankiers, Pfullingen 1991.

Dönhoff, Marion Gräfin von: Von Gestern nach Übermorgen, Hamburg 1981.

Eglau, Hans-Otto: Erste Garnitur. Die Mächtigen der deutschen Wirtschaft, Düsseldorf 1980.

Engelmann, Bernt: Die Macht am Rhein. Meine Freunde, die Geldgiganten, München 1984.

Erhard, Ludwig: Deutsche Wirtschaftspolitik. Der Weg der Sozialen Marktwirtschaft, Düsseldorf 1962.

Erker, Paul/Pierenkemper, Toni: Deutsche Unternehmer zwischen Kriegswirtschaft und Wiederaufbau, München 1999.

Eschenburg, Theodor: Letzten Endes meine ich doch. Erinnerungen 1933–1999, Berlin 2002.

Faulenbach, Bernd: Die preußischen Bergassessoren im Ruhrbergbau, Göttingen 1982.

Feldenkirchen, Wilfried: Siemens. Von der Werkstatt zum Weltunternehmen, München 2003.

Fest, Joachim: Speer, Berlin 1999.

Gall, Lothar: Der Bankier Hermann Josef Abs. Eine Biographie, München 2004.

Giersch, Herbert u. a.: The fading miracle. Four decades of market economy in Germany, Cambridge 1992.

Gillingham, John: Industry and politics in the Third Reich. Ruhr coal, Hitler and Europe, Stuttgart 1985.

Grunenberg, Nina: Die Chefs, Bonn 1990.

Hausenstein, Wilhelm: Licht unter dem Horizont, München 1976.

Henke, Klaus-Dietmar: Die amerikanische Besetzung Deutschlands, München 1996.

Herle, Günter: Weggenosse des Jahrhunderts, Stuttgart 1968.

Herbst, Ludolf: Der Totale Krieg und die Ordnung der Wirtschaft. Die Kriegswirtschaft im Spannungsfeld von Politik, Ideologie und Propaganda 1939–1945, Stuttgart 1982.

Heuss, Theodor: Robert Bosch, Tübingen 1946.

Jakobsen, Nikolaus: Robert Pferdmenges, München, Köln 1957.

Kehrl, Hans: Krisenmanager im Dritten Reich, 6 Jahre Frieden, 6 Jahre Krieg. Erinnerungen, Düsseldorf 1973.

Kennan, George F.: Memoiren eines Diplomaten, Stuttgart 1968.

Kleßmann, Christoph: Die doppelte Staatsgründung. Deutsche Geschichte 1945–1955, Bonn 1991.

Koerfer, Daniel: Kampf ums Kanzleramt. Erhard und Adenauer, Stuttgart 1987.

Lauschke, Karl: Vom Schlotbaron zum Krisenmanager. Der Wandel der Wirtschaftselite in der Eisen- und Stahlindustrie. Eine Skizze, in: Berghahn, Volker R. u. a.: Die deutsche Wirtschaftselite im 20. Jahrhundert. Kontinuität und Mentalität, Bochum 2003.

Lindlar, Ludger: Das missverstandene Wirtschaftswunder: Westdeutschland und die westeuropäische Nachkriegsprosperität, Tübingen 1997.

Lindner, Stephan H.: Hoechst, München 2005.

Merkle, Hans L.: Dienen und Führen. Erkenntnisse eines Unternehmens, Stuttgart 2001.

Michaelis, Herbert/Schrapler Ernst (Hg.): Ursachen und Folgen. Vom deutschen Zusammenbruch 1918 und 1945 bis zur staatlichen Neuordnung Deutschlands in der Gegenwart, Berlin 1975–1979.

Mierzejewski, Alfred C.: Ludwig Erhard. Der Wegbereiter der Sozialen Marktwirtschaft, München 2005.

Morsey, Rudolf: Die Bundesrepublik Deutschland. Entstehung und Entwicklung bis 1969, München 1995.

Müller, Rolf-Dieter: Der Manager der Kriegswirtschaft: Hans Kehrl. Ein Unternehmer in der Politik des Dritten Reiches, Essen 1999.

Müller-List, Gabriele: Neubeginn bei Eisen und Stahl im Ruhrgebiet. Die Beziehungen zwischen Arbeitgebern und Arbeitnehmern in der nordrhein-westfälischen Eisen- und Stahlindustrie 1945–1948, Düsseldorf 1990.

Mutter, Rolf Dieter: Die Manager der Kriegswirtschaft, Essen 1999.

Neckermann, Josef: Erinnerungen, Berlin 1990.

Nordhoff, Heinrich: Reden und Aufsätze. Zeugnisse einer Ära, Düsseldorf, Wien u. a. 1992.

Pörtner, Rudolf (Hg.): Kinderjahre der Bundesrepublik. Von der Trümmerzeit zum Wirtschaftswunder, München 1992.

Priester, Hans E.: Das deutsche Wirtschaftswunder, Amsterdam 1936.

Pritzkoleit, Kurt: Die neuen Herren. Die Mächtigen in Staat und Wirtschaft, Wien u. a. 1955.

Pritzkoleit, Kurt: Gott erhält die Mächtigen, Düsseldorf 1963.

Pritzkoleit, Kurt: Männer, Mächte, Monopole, Düsseldorf 1960.

Pünder, Heinrich: Von Preußen nach Europa, Lebenserinnerungen, Stuttgart 1968.

Ramge, Thomas: Die Flicks. Eine deutsche Familiengeschichte über Geld, Macht und Politik, Frankfurt/Main 2004.

Rasch, Harold: Unternehmer und Manager. Wie man Erfolge macht und wie man scheitern kann, Stuttgart 1967.

Rohland, Walter: Bewegte Zeiten. Erinnerungen eines Eisenhüttenmannes, Stuttgart 1978.

Schmidt, Matthias: Albert Speer. Das Ende eines Mythos, Bern, München 1982.

Sereny, Gitty: Albert Speer, München 1995.

Silber-Bonz, Christoph: Pferdmenges und Adenauer, Bonn 1997.

Sohl, Hans-Günther: Notizen, Bochum 1983 (Privatdruck).

Speer, Albert: Erinnerungen, Berlin 1969.

Stürmer, Michael u. a.: Wägen und Wagen. Sal. Oppenheim jr. & Cie. Geschichte einer Bank und einer Familie, München 1994.

Thamer, Hans-Ulrich: Verführung und Gewalt. Deutschland 1933 bis 1945, Berlin 1998.

Treue, Wilhelm/Uebbing, Helmut: Die Feuer verlöschen nie. August-Thyssen-Hütte 1926–1966, Düsseldorf/Wien 1969.

Uebbing, Helmut: Stahl schreibt Geschichte, Düsseldorf 1999.

Vondran, Ruprecht: Leben mit Stahl, Düsseldorf 2000.

Weisbrod, Bernd (Hg.): Von der Währungsreform zum Wirtschaftswunder: Wiederaufbau in Niedersachsen, Hannover 1998.

Zangen, Wilhelm: Aus meinem Leben, Düsseldorf 1968.

Die Wundertäter von A–Z

Abs, Hermann Josef
(Aufnahme aus den fünfziger Jahren)
* 15. Oktober 1901 in Bonn
† 5. Februar 1994 in Bad Soden

Herkunft

Sohn eines begüterten, weltoffenen Wirtschaftsjuristen

Ausbildung

Nach dem Abitur Banklehre im Bonner Privatbankhaus Louis David: internationale Lehr- und Wanderjahre in Amsterdam, London, USA und Südamerika.

Berufliche Laufbahn

1929 Prokurist bei Delbrück, Schickler und Co. In der Weltwirtschaftskrise wurde er Spezialist für »Sorgenengagements« der Bank und eine unverzichtbare Kraft. Seit 1937 Vorstandsmitglied der Deutschen Bank. Weigerte sich, in die NSDAP einzutreten; als Vorstand der Deutschen Bank an der »Arisierung« jüdischer Banken und Unternehmen beteiligt. 1945 interniert. 1948 Vorstandssprecher der Kreditanstalt für den Wiederaufbau. 1951 mit der Verhandlungsführung für das Londoner Schuldenabkommen betraut. 1957 Vorstandssprecher der neugegründeten Deutschen Bank. 1967 bis 1976 Aufsichtsratsvorsitz; widmete sich danach der Kunst- und Kulturförderung.

Berg, Fritz
(Aufnahme 1951)
* 27. August 1901 in Altena
† 3. Februar 1979 in Köln

Herkunft

Sohn einer mittelständischen westfälischen Unternehmerfamilie
(Stahl-, Eisen- und Metallwaren)

Ausbildung

Realgymnasium, praktische Ausbildung im Bank- und Exportgeschäft, Studium der Volks- und Betriebswirtschaft in Köln,
drei Jahre Aufenthalt in den USA und Kanada.

Berufliche Laufbahn

1928 Eintritt in das elterliche Unternehmen, 1940 Alleininha-
ber. 1937 Eintritt in die NSDAP, machte seine Fabrik zum
nationalsozialistischen Musterbetrieb. 1945 Bürgermeister der
Stadt Altena. 1948 Präsident der Südwestfälischen Industrie-
und Handelskammer Hagen. 1949–1971 erster Präsident des
Bundesverbands der Deutschen Industrie (BDI).

Borgward, Carl Friedrich Wilhelm
(Aufnahme 1954)

* 10. November 1890 in Altona
† 28. Juli 1963 in Bremen

Herkunft

Sohn eines Kohlenhändlers

Ausbildung

Schlosserlehre, Maschinenbaustudium in Hamburg und Hannover.

Berufliche Laufbahn

Gründete 1920 sein erstes Unternehmen, die »Bremer Kühlerfabrik Borgward & Co.«, brachte 1924 sein erstes Fahrzeug, den dreirädrigen »Blitzkarren«, auf den Markt. 1928 Gründung der »Goliath Werke« und später der »Carl F. W. Borgward Automobil- und Motorenwerke« in Bremen. 1938 wurde der erste »Hansa«-Typ produziert. Im Krieg Mitglied der NSDAP und Wehrwirtschaftsführer, nach dem Krieg zwei Jahre in Haft. 1948 Wiederaufbau des im Krieg zerstörten Werks in Bremen-Sebaldtsbrück. 1954 produzierte er die »Isabella« und den »Leukoplastbomber«; mußte 1961 Konkurs anmelden.

Flick, Friedrich
(Aufnahme 1966)
* 10. Juli 1883 Ernsdorf (Kreis Siegen)
† 20. Juli 1972 in Konstanz

Herkunft

Sohn eines Bauern und Grubenholzhändlers

Ausbildung

Kaufm. Lehre in der Eisenindustrie des Siegerlandes, Handels-schule in Köln; 1906 Diplomkaufmann.

Berufliche Laufbahn

1915 Generaldirektor der Charlottenhütte in Niederschelden (Krs. Siegen), Ende der 20er Jahre war er bereits Großaktionär der Hütte; sicherte sich die Mehrheit an zahlreichen Eisenhüt-ten in Deutschland. Erreichte 1930 maßgeblichen Einfluß auf die Vereinigten Stahlwerke. Schwenkte von der Deutschnatio-nalen Volkspartei zur NSDAP um.

1937 Wehrwirtschaftsführer. Seine guten Kontakte zur Partei-führung halfen dabei, seinen Stahlkonzern zum Imperium aus-zubauen. Im Krieg besaß und kontrollierte Flick nahezu alle Montanwerke in den besetzten Ländern Europas. Nach dem Krieg Verhaftung und Verurteilung in Nürnberg 1946 als Kriegsverbrecher zu sieben Jahren, 1950 vorzeitige Entlassung. Neubeginn; als er mit 89 Jahren stirbt, hinterläßt er das damals größte deutsche Industrieimperium mit rund 330 Unterneh-men, 300 000 Arbeitnehmern und etwa 18 Mrd. DM Umsatz.

Friedrich, Otto A.
(Aufnahme 1951)

* 3. Juli 1902 in Leipzig
† 8. Dezember 1975 in Düsseldorf

Herkunft

Sohn eines Medizinalrats

Ausbildung

Medizinstudium abgebrochen, Volkswirtschaftsstudium abgebrochen; Schauspielunterricht, kaufmännische Lehre; 1926 Auswanderung nach Amerika. Kaufm. Angestellter in der B.F. Goodrich Company, einem der weltgrößten Reifenwerke, deren Berliner Niederlassung er von 1930–1932 leitete.

Berufliche Laufbahn

Arbeitete als Geschäftsführer in verschiedenen Verbänden der Kautschukindustrie, wurde 1939 Vorstand der Phoenix Gummiwerke AG in Hamburg-Harburg. 1941 Eintritt in die NSDAP; Berater bei der Reichsstelle Kautschuk, 1943 stellvertr. Reichsvertreter für Kautschuk. 1945 Rückkehr in den Vorstand der Phoenix Gummi Werke, deren Vorstandsvorsitzender er wurde. 1969 Präsident der Bundesvereinigung der Arbeitgeberverbände (BdA). Eintritt in die Geschäftsführung des Flickkonzerns.

Haberland, Ulrich
(Aufnahme 1958)
* 6. Dezember 1900 in Sollstedt (Sachsen)
† 10. September 1961 in Antweiler (Eifel)

Herkunft

Fünftes Kind einer Pfarrersfamilie

Ausbildung

Abitur, 1918 Militärdienst, 1919 Studium der Chemie in Halle, 1924 Promotion.

Berufliche Laufbahn

Assistent im Chemischen Institut der Universität Halle; 1925 Tätigkeit als Chemiker in einer Mineralfarbenfabrik in Hannover; 1928 Eintritt in das IG-Farben Werk in Uerdingen, 1935 Prokurist, 1943 Gesamtleitung der vier IG-Farbenwerke Niederrhein; seit 1945 Vorstandsvorsitzender. Widmete sich dem Wiederaufbau des Unternehmens, dessen Produktionsanlagen zum Teil demontiert wurden. 1951 Neugründung der »Farbenfabriken Bayer AG«, bis zu seinem Tod Vorsitzender des Vorstands.

Kost, Heinrich
(Aufnahme 1955)
* 11. Juni 1890 in Betzdorf (Sieg)
† 3. Juli 1978 in Kapellen bei Moers

Herkunft

Sohn einer königlich-preußischen Bergwerksfamilie

Ausbildung

Studium des Bergfachs, Bergreferendarexamen und Diplom-ingenieurexamen 1919 an der TH Berlin; 1921 Bergassessor.

Berufliche Laufbahn

Von 1922–25 bei der Deutschen Erdöl AG; 1932 Generaldirektor der Gewerkschaft Rheinpreußen. Baute 1935 eine der ersten Anlagen zur Treibstoffgewinnung aus Kohle nach dem Fischer-Tropsch-Verfahren. Als Gegner der Nationalsozialisten wurde Kost bereits 1934 einmal verhaftet und Anfang 1945 im Zusammenhang mit dem Attentat auf Hitler erneut festgenommen und zum Tode verurteilt. Das Kriegsende rettete ihm jedoch das Leben. 1947 wurde Kost von den Alliierten zum Generaldirektor der Deutschen Kohlenbergbauleitung ernannt und war bis 1964 Präsident der Wirtschaftsvereinigung Bergbau.

Merkle, Hans Ludwig
(Aufnahme 1967)
* 1. Januar 1913 in Pforzheim
† 22. September 2000 in Stuttgart

Herkunft

Sohn eines Druckereibesitzers

Ausbildung

Abitur, kaufmännische Lehre in der väterlichen Druckerei.

Berufliche Laufbahn

Kaufm. Angestellter in der Reutlinger Textilfirma Ulrich Gminder, 1940 Geschäftsführer; später Hauptgeschäftsführer der Reichsvereinigung Textilveredelung im Reichswirtschaftsministerium. 1949 Rückkehr zu Gminder als Vorstandsmitglied; 1958 Geschäftsführung der Robert Bosch AG in Stuttgart, 1963–1984 Vorsitz der Geschäftsführung, 1984–1988 Vorsitz im Aufsichtsrat, bis 1993 persönlich haftender Gesellschafter von Bosch.

Josef Neckermann als Dressurreiter mit »Asbach«,
1960.

Neckermann, Josef

* 5. Juni 1912 in Würzburg
† 13. Januar 1992 in Dreieich bei Frankfurt/Main

Herkunft

Sohn eines wohlhabenden Kohlengroßhändlers

Ausbildung

Lehre bei der Bayerischen Hypotheken- und Wechselbank in Würzburg, Lehr- und Wanderjahre in Stettin, Newcastle und Lüttich, 1933 Rückkehr nach Deutschland.

Berufliche Laufbahn

1935 im Zuge der »Arisierung« Erwerb des jüdischen Würzburger Textilkaufhauses Ruschkewitz und des dazugehörigen Kleinpreisgeschäfts Merkur. 1938 Erwerb des jüdischen Versandgeschäfts »Wäschemanufaktur Carl Joel« in Berlin und Gründung der »Wäsche- und Kleiderfabrik Josef Neckermann«. 1939 Mitgründer der »Zentrallagergemeinschaft für Bekleidung GmbH«, die Kriegssonderprogramme durchführte; stellvertr. »Reichsbeauftragter für Kleidung und verwandte Gebiete«. 1945 Arbeitsverbot, Verurteilung zu einem Jahr »hard labour« (Arbeitslager).

1950 erneuter Start seines Unternehmens. 1951 Gründung der Großhandlung »Neckermann Versand KG«. Später Einstieg in das Massentourismusgeschäft; 1977 Ausstieg aus dem kränkelnden Geschäft. Er widmete sich dem Reitsport, war als Dressurreiter 1964 und 1968 Mannschaftsolympiasieger, 1966 Einzel- und Mannschaftsweltmeister sowie Olympia-Zweiter. 1967–89 Vorsitzender der Stiftung Deutsche Sporthilfe.

Nordhoff, Heinrich
(Aufnahme 1966)
* 6. Januar 1899 in Hildesheim
† 12. April 1968 in Wolfsburg

Herkunft

Sohn eines Bankiers

Ausbildung

Maschinenbaustudium an den Technischen Hochschulen in Berlin und Braunschweig; 1926 Ingenieursdiplom.

Berufliche Laufbahn

1927 Konstrukteur im Flugmotorenbau bei den Bayerischen Motorenwerken. 1929 Einstieg bei der Adam-Opel-AG in Rüsselsheim. 1936 Vorstandsmitglied und 1942 Leiter des Opel-Lkw-Werks in Brandenburg; 1945 Entlassung bei Opel durch die amerikanische Militärregierung; Übernahme einer Opelvertretung in Hamburg. 1948 Übertragung der Leitung des Volkswagen-Werks in Wolfsburg durch die britischen Besatzungsbehörden; seit der Umwandlung in eine Aktiengesellschaft Vorstandsvorsitzender; unter seiner Leitung Aufbau des VW-Werks zur größten Automobilfabrik Europas.

Otto, Werner
(Aufnahme 1959)
* 13. August 1909 in Seelow (Brandenburg)

Herkunft

Sohn eines Lebensmittelgroßhändlers

Ausbildung

Mußte nach dem Zusammenbruch des elterlichen Geschäfts das Gymnasium verlassen und absolvierte eine kaufmännische Lehre in Angermünde.

Berufliche Laufbahn

Selbständiger Einzelhandelskaufmann in Stettin. Wegen seiner Sympathien für den einstigen NS-Ideologen Otto Strasser von den Nationalsozialisten mit zwei Jahren Haft bestraft. Nach der Entlassung kaufte er in Berlin einen Zigarrenladen. Obergefreiter bei Ende des Krieges.

Nach seiner Ankunft als mittelloser Flüchtling in Hamburg gründete er eine Schuhfabrik und begann 1949 mit vier Mitarbeitern und einem Anfangskapital von 6000 D-Mark einen Versandhandel. Der erste Otto-Katalog erschien 1950, 1953 setzte er bereits fünf Millionen D-Mark um. Von 1965 an lag der Otto-Versand mit der Höhe seiner Zuwachsrate fast immer vor seinen Konkurrenten. 1966 zog sich Otto weitgehend aus der aktiven Unternehmensführung zurück und übernahm den Vorsitz des Aufsichtsrats.

Schlieker, Willy Hermann
(Aufnahme 1963)

* 28. Januar 1914 in Hamburg
† 12. Juli 1980 in Starnberg

Herkunft

Sohn eines Hamburger Kesselschmieds

Ausbildung

Kaufmännische Lehre, 1934 bis 1938 als Handelsvertreter für verschiedene deutsche Firmen in Haiti.

Berufliche Laufbahn

1939 Exportleiter für die Rohstoffindustrie bei den Vereinigten Stahlwerken. 1942 bis Kriegsende Abteilungsleiter im Rüstungsministerium. Nach dem Krieg beriet er das Verwaltungsamt Stahl und Eisen in der britischen Besatzungszone. Er baute einen Stahlkonzern mit insgesamt 25 in- und ausländischen Tochter- und Betriebsgesellschaften sowie seit 1957 die Schlieker-Werft in Hamburg auf. Nach dem Konkurs der Werft gründete er ein florierendes Skizentrum in Berchtesgaden und war als Industrie- und Personalberater tätig.

Siemens, Ernst von
(Aufnahme 1962)

* 9. April 1903 in Kingston upon Hull (England)
† 31. Dezember 1990 in Starnberg

Herkunft

Sohn des Großindustriellen Carl F. von Siemens

Ausbildung

Abitur, Studium der Physik an der Technischen Hochschule München.

Berufliche Laufbahn

1929 Eintritt bei Siemens & Halske und seit 1934 Abteilungsleiter für Rundfunk und Kleinfabrikate; 1943 Vorstandsmitglied von Siemens & Halske, 1945 bei Siemens-Schuckert. 1949 Vorstandsvorsitzender der Siemens & Halske AG. Nach der Umstrukturierung der Siemensgruppe 1966 Aufsichtsratsvorsitz der Siemens AG in Berlin und München (bis 1971).

1973 stiftete er den Ernst-von-Siemens Musikpreis und gründete 1978 gemeinsam mit der Siemens AG die Ernst von Siemens-Stiftung München zur Förderung des künstlerischen Nachwuchses auf dem Gebiet der Musik.

Sohl, Hans-Günther
(Aufnahme 1955)
* 2. Mai 1906 in Danzig
† 13. November 1989 in Düsseldorf

Herkunft

Sohn eines Ministerialrats, wilhelminisch geprägtes Elternhaus

Ausbildung

Abitur, Studium des Bergfachs, 1932 Bergassessor.

Berufliche Laufbahn

Seit 1932 bei den Stinnes-Zechen in Essen, übernahm 1935 das Rohstoff-Dezernat bei Krupp. 1939 im Vorstand der Vereinigten Stahlwerke. 1941 stellvertr. Vorsitzender, nach Kriegsende eineinhalb Jahre Internierung durch die Alliierten. 1947 Liquidator der Vereinigten Stahlwerke im Ressort Demontage und Dekartellierung. Nach der Wiedergründung der August-Thyssen-Hütte in Duisburg 1953 Generaldirektor des Unternehmens. Sohl zählte zu den Initiatoren der Ruhrkohle AG und wurde nach seinem Wechsel in den Aufsichtsrat des Thyssen-Konzerns 1972 Präsident des Bundesverbands der Deutschen Industrie (BDI).

Winnacker, Karl
(Aufnahme 1956)

* 21. September 1903 in Barmen
† 5. Juni1989 in Königstein/Taunus

Herkunft

Professorensohn aus großbürgerlichen Verhältnissen

Ausbildung

Studium der Chemie an den Technischen Hochschulen Darmstadt und Braunschweig, Promotion, Assistent an der TH Darmstadt.

Berufliche Laufbahn

1933 Eintritt bei Hoechst, 1938 Leiter der anorganischen Abteilung, 1949 Leiter der chemikalischen Sparte. Mitglied der NSDAP; 1945 von den Amerikanern entlassen. Ende 1951 kehrte er als technischer Leiter der neugegründeten Farbwerke Hoechst zurück. Von 1952 an war er Vorstandsvorsitzender, 1969 wechselte er in den Aufsichtsrat und wurde 1980 Ehrenvorsitzender auf Lebenszeit.

Wurster, Carl
(Aufnahme 1958)

* 2.Dezember 1900 in Stuttgart
† 14. Dezember 1974 in Frankenthal

Herkunft

Spross einer württembergischen Beamtenfamilie

Ausbildung

Studium der Chemie an der TH Stuttgart, Promotion, Hochschulassistent.

Berufliche Laufbahn

1924 Eintritt in die BASF; 1938 Vorstandsmitglied, Leiter des Werks Ludwigshafen. Wehrwirtschaftsführer, Mitglied der NSDAP. 1947 in Nürnberg auf der Anklagebank, 1948 freigesprochen, erneute Leitung des fast völlig zerstörten Werks in Ludwigshafen; 1952–1965 Vorstandsvorsitzender der BASF, danach Wechsel in den Aufsichtsrat.

Zangen, Wilhelm
(Aufnahme 1956)
* 30. September 1891 in Duisburg
† 25. November 1971 in Düsseldorf

Herkunft

Sohn eines Maschinisten

Ausbildung

Volksschule, kaufmännische Lehre, Handelsschule.

Berufliche Laufbahn

Angestellter bei Thyssen, der Gelsenkirchener Bergwerks- und Hütten AG und der Deutschen Maschinenfabrik AG (DEMAG). Seit 1925 gehörte Zangen dem Vorstand der Schiess-Defries AG in Düsseldorf an, 1929–1934 dem Vorstand der DEMAG. 1934–57 war er Generaldirektor der Mannesmann Röhren-werke AG. Seit 1927 Mitglied der NSDAP, seit 1937 Wehrwirt-schaftsführer und Mitglied der Akademie für deutsches Recht, von 1938 bis Kriegsende Leiter der Reichsgruppe Industrie. 1945 Internierung, seit 1948 wieder bei Mannesmann tätig, 1957–66 als Aufsichtsratsvorsitzender.

Dank

Die Erinnerungsfäden, an denen die Wundertäter heute noch hängen, sind dünn. Für den Versuch, sie noch einmal ins Gedächtnis zurück zu rufen, brauchte ich vielerlei Hilfe aus ganz unterschiedlichen Bereichen.

Mein Dank gilt zu allererst jenen, die damals mit dabei waren und mir davon noch erzählen konnten: Werner Otto, der geniale Gründer des Otto Versands; Berthold Beitz, der einsame Leuchtturm im Ruhrgebiet; Dieter Spethmann, der ehemalige Thyssen-Chef; Günter Vogelsang, ein alter Krupp-Chef und hauptberuflicher Aufsichtsrat, der seine Unabhängigkeit immer zu wahren wusste; die Edel-Schwaben Berthold Leibinger und Helmut Eberspächer und schließlich der neunzigjährige Fritz Hellwig, ein Verbandsfunktionär, der die Anfänge der Montanunion als Kommissar in Luxemburg miterlebte.

Glücklicherweise ist die Liste der Zeitzeugen noch lang. Die Gespräche mit den »Ehemaligen« und manchen noch »Aktiven« waren eine Fundgrube für mein Buch: Peter Adolff, Johanna von Bennigsen-Foerder, Roland Berger, Jürgen Blankenburg, Karl-Heinz Bund, Gerhard Cromme, Julia Dingworth-Nusseck, Jürgen Dormann, Hermann Franz, Günter Fahr, Herbert Gienow, Jürgen Großmann, Heinz Gumin, Karl Gutbrod, Wilfried Guth, Carl Hahn, Rudi Häusler, Jörg Henle, Peter Henle, Wolfgang Knellessen, Klaus Liesen, Karl Mahlert, Heribald Närger, Horst Niemeyer, Alfred von Oppenheim, Heinrich von Pierer, Karl-Otto Pöhl, Wolfgang Röller, Edzard Reuter, Ronaldo Schmitz, Rudolph Stilcken, Wolfgang Vormbrock.

Ich wollte keine Strukturgeschichte der Wirtschaftswunderjahre schreiben, aber auch nicht gegen die Regeln der historischen Wissenschaft verstoßen. Dafür brauchte ich die Hilfe von Persönlichkeiten vom Fach, die nicht davor zurückschreckten, einer Journalistin auf die Sprünge zu helfen. Ich danke für informative Gespräche, gebührenfreie Vorlesungen und entscheidende Tipps: Knut Borchardt, Werner Bührer, Lothar Gall, Ulrich Herbert, Friedrich Hirzebruch, Jochen Mestmäcker, Paul Mikat, Hans-Peter Schwarz, Klaus Tenfelde, Hans Zacher, Wolfgang Zapf.

Albrecht Ritschl las das Manuskript. Für seine kritischen Kommentare und Anregungen bin ich ihm zu besonderem Dank verpflichtet.

Unternehmensarchive sind gut behütete Schatzkammern. Daß ich dennoch Zugang fand, verdanke ich dem Verständnis ihrer Archivdirektoren: Michael Farrenkopf, Bergbauarchiv Bochum; Wilfried Feldenkirchen, Siemens; Manfred Grieger, VW; Gert Kollmer-von Oheimb-Loup, Wirtschaftsarchiv Baden-Württemberg; Hans-Hermann Pogarell, Bayer; Manfred Rasch, Thyssen; Ulrich Soenius, Stiftung Rheinisch-Westfälisches Wirtschaftsarchiv; Norbert Uersfeld, Institut der deutschen Wirtschaft; Horst A. Wessel, Mannesmann.

Ich weiß nicht, was ich ohne Uta Wagner angefangen hätte, die Leiterin des ZEIT-Archivs: Sie begleitete meine Arbeit mit großem Einfühlungsvermögen und sorgte dafür, dass die Literatur, die ich brauchte, pünktlich auf dem Tisch lag und dass sie ebenso pünktlich wieder zurückgegeben wurde.

Zu danken habe ich auch Karl-Otto Schütt von der Forschungsstelle für Zeitgeschichte in Hamburg für seine verständnisvolle Ausleihpraxis.

Ein Rückhalt waren auch die Kollegen, die mir mit ihrem Urteil und gutem Rat über manche Verzweiflungsanfälle hinweghalfen: Hermann Bösenecker; Beate Brüninghaus, Heinz-Günter Kemmer; Joachim Fest, Ingrid Grimm; Hermann Rudolph; Theo Sommer.

Karl-Otto Eglau und Michael Naumann haben sich die Zeit genommen, das Manuskript zu lesen.

Immer wieder Mut hat mir Helmut Schmidt durch sein Interesse und seinen Ansporn gemacht.

Dank gebührt Thomas Karlauf, meinem Agenten, der mich für dieses Thema gewann und hohe Telefonrechnungen inkauf nehmen mußte, um mich bei der Stange zu halten. Seinen Glauben an das Buch hat er nie verloren.

Frank Fischer, mein Lektor und von Hause aus Historiker, trug entscheidend zur Gesamtkomposition des Buches bei.

Dem Siedler Verlag danke ich, dass er sich auf dieses Wagnis einließ und die Geduld nicht verlor.

Nina Grunenberg
Grimaud, Juli 2006

Personenregister

Die kursiven Zahlen beziehen sich auf Bildunterschriften.

Bildnachweis